KB200626

믿는 만큼 행동한다

믿는만큼
행동한다

권성수 지음

규장

우리 믿음의 현주소는 어디인가?

2014년 6월 저는 미국에서 안식월을 지냈습니다. 안식월을 보낼 때마다 저는 제가 하나님과 일대일 수련회를 하는 기분입니다. 하나님께서는 사람을 통해서, 교회를 통해서, 책을 통해서, 인터넷을 통해서, 여러 환경과 자연을 통해서 저를 훈련시켜주셨고 저는 하나님께 수련을 받았습니다. 많은 것을 깨닫고 많은 것을 얻었고 영적인 양식을 준비하는 귀한 시간이었습니다. 또 목회의 방향과 지혜, 도전과 감동도 받았습니다.

그런데 안식월을 가기 전에 저희가 계속해서 귀가 닳도록 들었던 방송이 있었지요. 바로 세월호 침몰 사건이었습니다. 또 세월호의 실소유주인 구원파 유병언 씨가 세간에 화제가 되는 것을 보며 제 안에 여러 질문이 생겨났습니다.

"하나님께서 왜 이런 일이 일어나도록 하셨을까? 하나님께서 죄를 지으시는 것도 아니고 악을 조장하시는 것도 아닌데 왜 이런 일을 허용하시는가?"

안식월을 보내기 위해 미국에 갔을 때에도 연일 계속되는 보도에 귀를 기울이지 않을 수 없었고 제 질문은 자꾸 커져갔습니다.

"이 사태 앞에서 불신자들이 기독교를 어떻게 보겠는가? 저런 방송과 보도 기사를 접하면서 과연 어떤 생각을 할까? 기독교가 저런 거냐고, 유병언 회장이 구원파 목사라고 하는데 목사가 저런 거냐고, 신앙이 저런 거냐고 손가락질하지 않을까? 왜 하나님께서 모든 사람들이 방송과 보도를 통해 계속해서 그것을 보게 하셨는가? 하나님의 뜻은 뭘까?"

제가 얻은 답은, 하나님께서는 지금 이 사건 앞에 우리를 흔들고 계신다는 것이었습니다. 지금 한국 기독교가 이래도 되는지 점검하기를 원하신다는 마음이 들었습니다. "우리가 말하는 신앙이 진짜인지 점검하라, 우리가 받은 구원이 진짜인지 점검하라, 그에 합당한 삶을

살고 있는지 점검하라, 지금 우리 교회가 정말 바로 가고 있는지를 점
검하라"고 하시는 것 같았습니다.

　오늘날 한국 교회가 '개독교'라는 비난을 면치 못하며, 교회를 이탈
하는 신자들이 속출하고, 세상의 빛과 소금의 역할을 감당하기는커
녕 우리 사회로부터 강한 불신을 받는 것은, 우리가 믿는 신앙과 우
리의 삶이 분리되어 있기 때문입니다. 말하는 대로 살지 않고, 믿는 대
로 살지 않으면서도 구원받는다고 믿는 잘못된 믿음 때문이라는 생
각으로 성경을 떠올렸을 때 야고보서가 제 뇌리에서 떠나지 않았습니
다. 성령께서 야고보서의 메시지를 전하지 않으면 안 되겠다는 안타
까움으로 제 심령에 불을 붙이시고 활활 타오르게 하시는 것 같았습
니다. 살아 있는 신앙, 'living faith', 생생 신앙이 야고보서의 교훈이
기 때문입니다.

　이 책은 제가 안식월을 마치고 돌아온 2014년 6월 29일부터 16차

례에 걸쳐서 설교한 생생 신앙 시리즈 야고보서 강해 설교를 정리한 것입니다. 아무쪼록 이 책을 통해 예수님을 제대로 믿는 것이 어떤 것인지 다시 한번 확인하고, 살아서 활발하게 움직이는 진짜 신앙의 모습을 구체적으로 점검해볼 수 있기를 바랍니다.

자신의 신앙을 점검하는 일은 정말 중요합니다. 예수님을 믿는 참된 신앙, 진정한 경건을 회복하는 여러분이 되시기 바랍니다.

권성수

프롤로그

CONTENTS
차례

PART

1

진짜
믿음
테스트

1 하나님과 주 예수 그리스도의 종 야고보는 흩어져 있는 열두 지파에게 문안하노라 2 내 형제들아 너희가 여러 가지 시험을 당하거든 온전히 기쁘게 여기라 3 이는 너희 믿음의 시련이 인내를 만들어 내는 줄 너희가 앎이라 4 인내를 온전히 이루라 이는 너희로 온전하고 구비하여 조금도 부족함이 없게 하려 함이라 5 너희 중에 누구든지 지혜가 부족하거든 모든 사람에게 후히 주시고 꾸짖지 아니하시는 하나님께 구하라 그리하면 주시리라 6 오직 믿음으로 구하고 조금도 의심하지 말라 의심하는 자는 마치 바람에 밀려 요동하는 바다 물결 같으니 7 이런 사람은 무엇이든지 주께 얻기를 생각하지 말라 8 두 마음을 품어 모든 일에 정함이 없는 자로다

━

야고보서 1장 1-8절

진짜 신앙을
점검하라

2014년 4월 세월호 참사가 일어난 뒤 TV, 인터넷 등 각종 매체를 통해 연일 이 사건과 구원파 유병언 씨에 대한 보도가 이어졌습니다.

물론 구원파는 이단이고 유병언 씨 역시 이단의 교주이지만, 그것을 잘 모르는 불신자들은 이 사건을 보고 기독교를, 또 목사를 어떻게 오해할까 하는 의문이 생겼습니다. 그리고 하나님께서 이번 사건을 통해서 한국 교회에 들려주시는 메시지가 무엇인지 생각해보았습니다.

그것은 우리 신앙을 점검하라는 것이었습니다. 우리가 진짜 믿는 신앙인지 점검해서 회복할 것들을 회복하고, 떨어질 대로 떨어진 한국 교회의 위상과 공신력을 회복해야 한다고 생각했습니다. 그러는 가운데 제 마음에 야고보서가 떠올랐습니다. 살아서 활발하게 움직

이는 '진짜 신앙'의 모습을 점검해보기에 야고보서의 교훈만 한 것이
없기 때문입니다.

시련 중에 기뻐하라?

> ¹ 하나님과 주 예수 그리스도의 종 야고보는 흩어져 있는 열두 지파
> 에게 문안하노라 약 1:1

순서대로 송신자 누가 수신자 누구에게 인사를 전하는 것으로 시
작하는 것이 일반적인 편지의 포맷입니다. 이때 야고보가 흩어진 디
아스포라에게 인사하고 나서 과연 맨 처음에 어떤 메시지를 던지느
냐가 중요합니다. 이를테면 그것은 일간신문 일면의 헤드라인을 무
엇으로 삼을 것이냐 하는 문제입니다.

> ² 내 형제들아 너희가 여러 가지 시험을 당하거든 온전히 기쁘게 여
> 기라 약 1:2

2절 말씀을 보니 "시련 중에 기뻐하라"를 표제로 삼은 것 같습니
다. 그런데 '시련'과 '기쁨'이라니, 이것은 맞지 않는 것이 아닙니까? 시
련을 당해보면 알지만 시련이란 몸도 힘들고 마음도 힘들어지는 것입

니다. 질병은 시련입니다. 시험에 떨어지는 것도 시련입니다. 자식에게 전부 다 해줬지만 자식은 말도 안 듣고 공부도 안 하고 게임에 빠져 있다면 그 자식이 부모에게는 시련입니다. 죽고 싶은 생각이 나를 지배한다면 우울증이 시련입니다. 그런데도 시련 중에 기뻐하고, 그것도 보통 기뻐하는 것이 아니라 '온전히' 기쁘게 여기라고 말씀하는 것입니다.

"여러 가지 시험을 당하거든", 이때의 '시험'은 헬라어 '페이라스모스'로, 정확히 번역하면 '시련'(trials)입니다. 시련 중에 온전히 기뻐할 수 있습니까? 정상적인 사람이 어떻게 시련을 온전히 기뻐할 수 있습니까? 남루한 옷을 입고 쓰레기통을 뒤져서 먹을 것을 구하면서도 피식피식 웃는 사람이 아니고서야 정상인 사람이 그럴 수 있을까요?

"온전히 기쁘게 여기라", 헬라어 원문으로 보니 "모든 기쁨(파사 카라)으로 여기라"는 말입니다. 오염되지 않은 기쁨, 순수한 기쁨, 때 묻지 않은 기쁨, 희석되지 않은 기쁨, 세상이 줄 수 없는 기쁨이 '모든 기쁨'입니다. 이것이 어떻게 가능할까요?

시련을 당할 때 기뻐서 도리어 펄쩍펄쩍 뛰라는 것입니다. 시련을 당할 때 낙심하거나 절망하지 말고 우울해하지도 말고 기쁨에 겨워하라는 것은 '역설'(paradox)입니다. "망했어. 하나님이 날 버리셨어", "내가 왜 이런 고통을 당해야 돼?" 이렇게 시련을 이상하게 여겨 슬퍼하거나 불평하거나 원망하지 말고 온전히 기쁘게 여기라는 이 역설 속에 귀한 보물이 숨겨져 있습니다. 분명히 진리입니다. 그 안에 하나님의 생명이 있습니다.

현재의 시련

시련을 당할 때 우리는 먼저 '내게 왜 이런 시련이 찾아왔는가?' 하는 생각으로 괴로워합니다. '하나님, 내가 뭘 잘못했다고 내게 이런 고통을 주십니까? 내가 교회 봉사를 얼마나 열심히 했는데…' 하면서 더 괴로워합니다.

"나는 예수 잘 믿고 교회 봉사도 열심히 하고 헌금도 많이 하니까 모든 것이 잘되고 어떤 고통도 없을 거야."

흔히 예수 잘 믿으면 어떤 고통도 찾아오지 않는다는 신학이 있는데, 이런 나쁜 신학에서 오는 잘못된 생각이 시련의 고통을 배가시키기도 합니다. 우리는 예수 잘 믿으면 어떤 고통도 없다고 생각하면 안 됩니다. 인간이 죄를 짓기 전 에덴동산과 구원이 완성되는 천국에는 어떤 고통도 없습니다. 하지만 과거의 에덴동산과 미래의 완성된 천국 사이에 오늘 현재에는 시련이 있습니다.

아무 시련도 없는 사람은 한 사람도 없습니다. 별다른 시련이 없다고 해도 죄와 고통의 세상에서 사는 것 자체가 시련입니다. 사람이 늙고 죽어가는 것 자체가 시련입니다. 성경은 예수 믿으면 시련이 없다고 가르치지 않습니다. 예수 믿으면 하나님께서 시련을 해결해주시지만 그래도 시련이 있을 수 있다고 가르칩니다.

"사랑하는 자들아 너희를 연단하려고 오는 불 시험을 이상한 일 당하는 것같이 이상히 여기지 말고 오히려 너희가 그리스도의 고난에 참여하는 것으로 즐거워하라 이는 그의 영광을 나타내실 때에 너희로 즐거워하고 기뻐하게 하려 함이라"(벧전 4:12,13).

우리의 구원자 예수 그리스도께서 고난을 통해서 영광에 들어가신 것처럼 우리도 이 세상에서 그리스도와 같이 고난을 당하지만, 결국 완성된 천국의 영광에 들어가기 때문에 즐거워하라는 것입니다.

우리는 내세의 영광이 나타날 때만 즐거워하는 것이 아니라, 현세에 시련을 당할 때 그 시련이 영광으로 가는 길이라는 것을 기억하고 즐거워해야 합니다. 시련을 통해 내세의 영광만이 아니라 현세에도 유익을 주기 때문에 기뻐하라는 것입니다.

큐리어스 주님

"하나님과 주 예수 그리스도의 종 야고보는…", 다시 1절을 보면 야고보는 자신이 예수 그리스도의 종이라고 합니다. 야고보는 본래 예수님의 동생입니다. 한때 그는 형이 미쳤다고 생각했습니다. 가족들도 예수를 붙잡으러 나서기도 했습니다(막 3:21). 예수님의 형제들은 초막절이 되어 예수님이 유대인들이 많이 모이는 유대로 가서 그의 일을 나타내기를 원했습니다.

"스스로 나타나기를 구하면서 묻혀서 일하는 사람이 없나니 이 일을 행하려 하거든 자신을 세상에 나타내소서 하니 이는 그 형제들까지도 예수를 믿지 아니함이러라"(요 7:4,5).

"형, 왜 시골구석에 처박혀 있는 거야? 이럴 때 올라가야지."

예수의 형제들은 형 예수를 구원자로 믿지 않았습니다. 그런데 이 야고보가 놀라운 변화를 체험합니다. 야고보는 예수님이 승천하신 다음 120여 명이 모여 기도에 전력할 때 그 자리에 있었습니다(행 1:13,14). 야고보는 예루살렘교회의 초대 총회장이었습니다(행 12:16,17 ; 15:12-21). 바울을 비롯해서 중요한 인물들이 예루살렘에 올라가면 이 야고보를 꼭 만나야 했습니다. 그가 사도급 총회장(행 21:17-21 ; 갈 1:18,19), 기둥 같은 교회 지도자로 변화된 것입니다.

유세비우스(Eusebius)라는 유대인 역사가에 따르면 야고보의 별명은 '의인 야고보'였다고 합니다. 또 다른 별명은 '낙타 무릎'이었는데, 그가 얼마나 기도를 열심히 했는지 낙타의 무릎처럼 그의 무릎이 딱딱해졌다고 합니다. 사람들이 그를 죽이려고 성전 꼭대기에서 밀어 떨어뜨렸는데도 죽지 않았다고 하고, 끝내 사람들의 돌과 칼에 죽임을 당했습니다.

처음에는 예수 형님이 미쳤다고 하고 예수님을 믿지 않던 그가 예수님이 하나님의 아들이다, 구원자다, 주님을 배반할 바에야 죽음을 택하겠다고 순교하는 사람이 된 것입니다. 어떻게 이렇게 변화되었을까요? 야고보가 이런 놀라운 변화를 체험한 것은 형님이 죽었는데 삼 일 만에 살아나 자신 앞에 나타난(고전 15:7) 것을 경험했기 때문입니다.

부활하신 예수님이 야고보에게 나타나셨을 때 아마 그는 기겁을 했을 것입니다.

'형님이 미쳤다고 생각했는데 그가 정말 메시아였구나! 정말 하나님이시구나! 정말 큐리어스, 주님이셨구나!'

이 사실과 맞닥뜨린 것입니다.

예수 생명의 기쁨

예수를 미쳤다고 생각하고 예수를 안 믿을 때는 예수님이 바로 옆에 있어도 자신과 연결되지 않았고 그에게 생명이 없었는데, 부활하신 예수님을 만나고 나서 예수님을 나의 주님, 나의 하나님, 나의 구원주(Savior-Lord)로 영접하고 나니까 야고보 속에 예수님의 생명이 흐르기 시작한 것입니다.

얼굴에 톱 먼지를 덮어쓴 형님, 시련 중에서도 늘 기뻐하던 모습, 죄 한 번도 안 짓고 거짓말 한 번도 안 하고 불평 한 번 하지 않고, 부모님을 잘 섬기고, 가난하게 살아도 정말 기뻐했는데 '도대체 저 기쁨은 어디서 오는 것일까?'라고 늘 궁금해했는데, 자신이 예수님과 접속되자 그 기쁨이 자신 안에서도 흐르는 것을 발견한 것입니다.

예수 생명의 특징이 바로 '기쁨'입니다.

"내가 이것을 너희에게 이름은 내 기쁨이 너희 안에 있어 너희 기쁨을 충만하게 하려 함이라"(요 15:11).

이 말씀이 이루어진 것입니다. 예수님과 접속되면서 예수님을 믿지 않을 때는 없던 기쁨, 생명의 환희가 흐르기 시작한 것입니다. 그 예수님을 믿고 나서 자기 안에 시련 중에도 기쁨이 흐르는 것을 체험하자 그는 이것을 전하고자 야고보서의 헤드라인으로 "내 형제들아 너희가 여러 가지 시험을 당하거든 온전히 기쁘게 여기라" 이렇게 기록한 것입니다.

예수님을 나의 구주, 나의 구원자, 나의 하나님으로 영접했을 때 그 속에 예수님의 생명이 흘러갑니다. 그것이 기쁨입니다. 우리에게도 이 기쁨이 있는지 체크해보십시오. 진짜 내가 살아 있는 신앙인인지 체크해보십시오. 시련 중에 기쁨이 있습니까? 이상하게 마음에 평안이 있고, 기대가 있고, 기쁨이 있다면 그것은 진짜입니다.

나의 큰 기쁨의 하나님

기독교는 가장 절실할 때 가장 좋은 효과가 있습니다. 하나님은 우리가 가장 힘들어할 때 가장 많이 도와주십니다. 누군가 날 좀 도와주면 좋겠다 싶을 때 예수님은 우리 속에서 가장 놀랍게 일하십니다. 어려운 문제를 해결하고 헤쳐나갈 능력이 정말 필요하다고 구할 때 성령님은 우리에게 가장 강하게 역사해주십니다.

성부 성자 성령 삼위일체 하나님의 도움이 가장 필요할 때가 바로 시련을 당할 때입니다. 삼위일체 하나님은 우리가 시련을 당할 때에도 기쁨이 용솟음치게 하십니다. 세상이 주지 못하는 기쁨, 상황과 형편을 봐서는 도무지 이해가 되지 않는 기쁨, 하나님만이 주실 수 있는 그런 기쁨을 주십니다.

"살기는 어려운데, 하나님은 좋아요."

이런 고백이 나오는 것이 진짜 신앙입니다. 아무리 살기 어려워도 하나님을 두고 "고약하다", "나쁘다", "너무하신다"라고 생각하지 마십시오. 지금 아무리 살기 어려워도 하나님은 정말 좋으신 분입니다.

하나님은 우리를 위해 자신의 아들 예수님을 십자가에 내어주셨습니다. 하나님은 우리를 위해 예수님을 부활하게 하셨습니다. 하나님은 우리를 위해 성령님을 보내주셨습니다. 하나님은 성령님을 통해서 우리 속에 항상 예수의 생명이 약동하며 흘러가게 하십니다. 하나님은 구원주 예수님 안에서 성령님을 통해 늘 우리와 함께 계십니다.

혼자가 아니야!

"네가 물 가운데로 지날 때에 내가 너와 함께할 것이라 강을 건널 때에 물이 너를 침몰하지 못할 것이며 네가 불 가운데로 지날 때에 타지도 아니할 것이요 불꽃이 너를 사르지도 못하리니 대저 나는 여호와 네 하나님이요 이스라엘의 거룩한 이요 네 구원자임이라"(사 43:2,3).

물 가운데 있는데 거기에 주님이 계십니다. 불 시련 속에 있는데도 거기 주님이 계십니다. 느부갓네살 왕이 금 신상에 절하지 않는 사드락과 메삭과 아벳느고를 풀무불 속에 던졌을 때, 세 사람이 들어갔는데 네 존재가 불 가운데 다니는 것을 보았습니다. 그중에 한 분이 예수 그리스도였습니다. 풀무불 속에 예수님도 들어가셨습니다. 그러니까 우리가 시련의 풀무불 속에 있을 때 혼자 있는 것이 아닙니다. 예수님이 그 자리에 함께 계시는 것입니다.

불 가운데서 나온 사드락, 메삭, 아벳느고를 볼 때 불이 그들의 몸을 해치지 못했을 뿐만 아니라 머리털도 그을리지 않았고 옷 빛도 변하지 않았고 타는 냄새도 없었습니다(단 3:23-27). 주님이 풀무불 속에 그들과 함께 계셨기 때문입니다.

"사울아 사울아 네가 어찌하여 나를 박해하느냐 하시거늘"(행 9:4).

분명히 예수님은 승천하여 천국에 가셨는데, 예수님은 지금 자신이 핍박당하는 교인들과 함께 핍박을 당하고 계신다고 말씀하십니다. 하나님께서 어려움을 당하는 우리를 버리지 않으시고 성령을 통해 예수님의 생명이 우리 속에 들어오도록 함께해주십니다. 예수 향기, 행복이라는 전염병, 기쁨의 바이러스가 우리를 통해 우리의 가족과 이웃들에게 전달되고 있습니까? 그렇다면 그것은 진짜입니다.

농구나 야구 경기를 보면 각 팀을 응원하는 치어리더들이 있습니다. 살아가면서 우리 안에 예수님이 주신 예수 생명의 기쁨이 있기 때문에 그 기쁨이 가족에게, 친척이나 친지에게, 동료들에게 전달될 때 우리가 바로 신앙의 치어리더가 되는 것입니다.

때때로 불평, 원망이 찾아올 수도 있습니다. 하지만 하나님께서 시런 가운데도 나와 함께 계시면서 나를 어떤 작품으로 만들어 가고 계시며, 지금의 나를 더 큰 그릇, 더 깨끗한 그릇으로 만들어 가시는 것을 믿기 때문에 시련 중에서도 기뻐할 수 있는 것입니다.

온전한 성숙의 복

> 3 이는 너희 믿음의 시련이 인내를 만들어 내는 줄 너희가 앎이라 4 인내를 온전히 이루라 이는 너희로 온전하고 구비하여 조금도 부족함이 없게 하려 함이라 약 1:3,4

시련 자체는 기쁜 것이 아닙니다. 자식이 말썽을 피우는 것은 좋은 것이 아닙니다. 질병도 가난도 좋은 것이 아닙니다. 에덴동산에도 없었고 완성된 천국에도 그런 것이 없습니다. 그렇지만 하나님은 그것을 사용하십니다. 하나님은 우리가 당하는 시련을 사용하십니다. 시련을 사용해서서 우리를 온전하고 구비하여 조금도 부족함이 없도록 만드시는 작업을 하십니다.

그러면 "온전하고 구비하다"라는 말이 무슨 뜻일까요? '온전하다'는 '텔레이오스', "완전한, 완벽한, 성숙한"이라는 뜻입니다. 그리고 '구비하다'는 '홀로클레로스'로 이것 역시 "온전한, 건전한"이라는 뜻입니다. 비슷한 두 단어가 같이 쓰였다는 것은 강조하기 위한 것으로, 시련 자체는 즐거운 것이 아니지만 시련의 결과는 좋은 것임을 강조하는 것입니다.

시련의 결과는 온전한 성숙입니다. 그러니까 하나님께서 '온전한 성숙'이라는 복을 주시기 위해 시련을 사용하고 계신 것입니다. 시련 자체는 좋은 것이 아니지만 하나님이 그것을 쓰시면 우리를 더 깨끗한 그릇, 더 큰 틀로 만들어 우리를 인격자로 만들어 가시는 것입니다.

지난 브라질 월드컵 경기에서 우리나라가 전반전에만 3대 0으로 지고 있다는 소식을 전해 듣고 그 경기를 더 이상 볼 필요가 없겠다는 생각이 들었습니다. 후반전이 시작되어 4대 1이 됐다가 우리나라가 한 골 더 넣어 결국 4대 2로 경기를 마쳤습니다. 또 다른 나라와의 경기에서는 1군이 빠진 상대팀과 경기를 하다가 상대팀 선수가 레드카드를 받고 퇴장하는 바람에 11대 10으로 싸웠는데도 우리나라가 패하기도 했습니다.

저는 이 경기들의 결과를 놓고 문제의 원인을 뭐라고 하는지 뉴스를 유심히 보다가 다른 것을 보게 되었습니다. 선수 기용이나 감독의 용병술 등의 문제가 아니었습니다. 선수들은 더할 나위 없이 열심히 하지만 수비에 구멍이 뚫렸고, 공을 몰고 가서 잘 차는데도 들어가는 것보다 골대 맞고 튀어나오는 공이 더 많은 것을 보면서 저는 '아, 이것이 실력이구나! FIFA 랭킹 57위의 실력이구나'라는 생각을 했습니다.

우리 마음 같으면 "하나님, 하나님께서 우리나라를 선교 대국으로 만들어 주셨는데 본때를 한번 보여주십시오. 어느 팀과 경기를 하든지 간에 5대 0으로 이기게 해주시고, 골키퍼가 공을 차도 상대팀 골대 안으로 쏙 들어가게 해주십시오. 하나님은 하실 수 있잖아요? 전능하시잖아요? 전지하시잖아요? 우리나라를 사랑하시잖아요? 하나님이 넣어주십시오."

하나님께서 못하실 리가 없습니다. 하실 수 있습니다.

"하나님, 제 병을 깨끗이 없애주실 수 있잖아요? 우리 자녀들이 다 잘되게 하실 수 있잖아요? 그런데 왜 시련을 통과하게 하시나요?"

수비가 뚫리는 아픔을 겪어야 하고, 공을 차도 골대 맞고 나오는 안타까움을 겪어야 하는 이유는 실력이 그것밖에 안 되기 때문입니다. 그렇지만 그 시련과 아픔을 통해 FIFA 랭킹 57위에서 5위로 올라가면 공이 골대 맞고 나오지 않습니다. 들어갑니다. 수비가 뚫리지 않습니다. 막아냅니다. 핵심은 실력입니다. 실력을 키우는 것이 관건입니다.

하나님께서는 FIFA 랭킹이 올라가는 것처럼 우리의 신앙 실력도 올라가게 만드십니다. 왜냐하면 어떤 일도 당당하게 맞서 이겨낼 수 있는 사람으로 만들기 원하시기 때문입니다. 하나님께서 하늘의 문을 여시고 복을 쏟아부어 주실 때 그것을 감당할 만한 깨끗한 그릇, 큰 틀, 하늘의 큰 복을 받게 되더라도 교만하지 않으며 다른 사람을 무시하지 않고 이기주의에 빠지지 않는 축복의 큰 통로로 만들기 원하시는 것입니다. 그것이 '온전한 성숙'입니다.

예수 십자가의 방법

구원파는 이단입니다. 우리가 예수를 믿는 순간 과거, 현재, 미래의 모든 죄를 용서받았다는 것은 맞습니다. 거기까지는 똑같습니다. 그러나 과거, 현재, 미래의 죄를 용서받았기 때문에 예수 믿고 난 후에 지은 죄는 죄가 안 된다는 것은 구원파가 하는 말이고, 성경은 그렇게 말씀하지 않습니다.

우리는 예수 믿는 순간에 과거, 현재, 미래의 모든 죄를 용서받고 온몸을 목욕했습니다. 이것이 칭의(稱義)입니다. 하나님께서 예수 그리스도의 의(義)를 보시고 우리의 죄를 용서하시고 의롭다고 선언해주셨습니다. 그것은 맞습니다. 그러나 하나님의 자녀가 되고 나서 짓는 죄, 그것은 분명히 죄입니다. 그러나 그 죄는 발이 더러워지는 죄입니다. 그 죄를 회개해야 합니다. 그것을 바로잡고 바로 살아야 합니다. 구원파에는 그것이 없습니다. 그러니까 잘못된 구원, 가짜 구원, 가짜 믿음입니다.

하나님께서는 우리의 시련을 다 제거하실 수 있습니다. 우리를 괴롭히는 악을 다 멸하실 수도 있습니다. 그런데 한 번 생각해보십시오. TV 드라마를 보면 주인공은 착하고 순수한 바보입니다. 반면에 악인은 교활합니다. 그래서 주인공을 괴롭히는 저 불한당이 빨리 좀 없어졌으면 좋겠다고 생각합니다. 그렇지만 1회에 문제가 제기되고 2회에 악인이 제거된다면 그 드라마를 볼 사람은 더 이상 아무도 없을 것입니다.

우리의 인생은 그런 것이 아닙니다. 1회에 문제가 제기되고 2회 만에 문제가 해결되는 것은 인생이 아닙니다. 현재 우리가 겪고 있고 지금 우리가 살아가고 있듯이, 하나님이 저 악인을 제거해주시면 좋겠다 싶지만 만일 하나님께서 세상의 모든 악인, 세상의 모든 악을 다 제거하려고 하시면 우리도 제거되어야 합니다. 왜냐하면 우리 속에도 악이 존재하고 우리 안에도 죄가 있기 때문입니다.

그러니까 만약 하나님께서 '죄인'과 '죄'와 '악'을 다 제거하신다면 '나'도 제거되어야 하는 것입니다. 하나님이 능력이 없습니까? 지혜가 없습니까? 사랑이 없습니까? 악을 다 제거하실 수 있습니다. 질병도 다 없애실 수 있습니다. 그러면 왜 남겨놓으십니까? 하나님께서는 나를 부수거나 망가뜨리지 않고 나를 바로잡는 방법을 쓰시기 때문입니다. 그것이 바로 예수님이 십자가에서 우리 죄를 대신해서 죽으신 것입니다.

그 예수님이 우리를 위해 부활하셨고 그래서 예수의 생명이 우리 속에 들어와 있습니다. 이 예수의 생명이 우리 속에 들어오면 우리 속에서부터 예수의 생명이 점점 더 약동하고 바깥으로 흘러가면서 우리가 점점 더 거룩해지고 점점 더 깨끗해지고 점점 더 성결해지고 점점 더 착한 사람이 되고 점점 더 의로운 사람으로 변화되어 더 깨끗한 그릇, 더 큰 그릇, 더 넓은 통로가 되는 것입니다. 그러니까 우리의 속을 바꾸기 위해 하나님께서 우리 바깥의 시련을 쓰시는 것입니다. 이것이 참으로 놀라운 복입니다.

두 갈래의 길

하나님은 우리의 시련을 능히 제거하실 수 있지만 어떨 때는 남겨놓으십니다. 왜 남겨놓으십니까? 날 망하게 하려고? 아닙니다. 반대로 나를 더 잘되게 하시려고 시련을 사용하시는 것입니다. 시련에는 두 갈래 길이 있습니다. 사탄은 시련을 통해서 우리를 유혹하여 죄를 짓게 하고 망하는 길로 가게 합니다. 그러나 또 다른 길이 있습니다. 시련은 인내를 통해 성숙의 길로 가게 합니다.

이 순간부터 우리는 우리의 생각을 진리의 생각으로 바꾸어야 합니다. 그럴 때 기쁨이 있습니다. 시련이 찾아올 때 "망했네", "이러다가 집안이 거덜 나겠네", "나는 잘되는 게 하나도 없어" 이러면 기쁨이 오지 않습니다. 그러나 '하나님께서 일하고 계시지. 내가 하나님의 뜻대로 바르게 따라가면 놀라운 역사가 나타날 거야. 하나님께서 나를 더 크고 깨끗한 축복의 통로, 생명의 전령(傳令)으로 만들고 계셔. 나는 어떤 시련에도 유혹을 통해 멸망의 길로 가지 않아. 나는 어떤 시련에도 인내를 통해 성숙으로 가겠다' 이렇게 믿으면 틀림없이 맞습니다.

시련이 바로 그런 것입니다. 우리의 시련을 제거하기도 하시지만 때로는 남겨놓기도 하시는 하나님, 하나님이 남겨놓으셨다면 하나님께서 반드시 일하시는 것입니다.

미국의 사우스캐롤라이나 주의 앤더슨 시에 있는 뉴스프링 처치(NewSpring Church) 페리 노블(Perry Noble) 목사님은 2000년도에 150명으로 개척을 시작했습니다. 그런데 지금 그 교회가 주말예배에

3만2천 명이 출석합니다.

페리 노블 목사님이 시련과 관련된 중요한 말을 했습니다.

"하나님은 우리의 고통을, 우리의 발전을 위해서 사용하실 수 있는 우주에서 유일한 존재이십니다."

하나님은 우리의 시련을 우리의 발전을 위해 사용하셔서 우리를 놀라운 작품으로 빚어내실 것입니다. 시련 자체는 기쁜 것이 아니지만 시련의 결과는 좋은 것입니다. 따라서 우리가 그 시련을 잘 통과하면 됩니다.

믿음 테스트

그러면 어떻게 하면 시련을 잘 통과할까요?

3절, "이는 너희 믿음의 시련이…"라고 했는데 제가 번역했다면 '믿음의 시험'이라고 했을 것입니다. '시련'은 믿음의 '시험'(test, 도키미온)입니다. 수학 시험이나 국어 시험이 아닙니다. 행정고시, 고등고시, 외무고시가 아닙니다. 시련은 믿음고시, 신앙고시입니다.

지금 어떤 시련을 겪고 있는지 몰라도 누구에게나 조금씩 다 시련이 있습니다. 시련을 겪고 있는 동안에 우리는 신앙시험을 치르는 것입니다. 그럴 때 우리 신앙이 진짜인지 가짜인지가 드러납니다. 또 진짜라면 강한지 약한지가 드러납니다. 그것은 시련을 겪어보면 금방 압니다.

다이아몬드를 감별하는 방법 중에 '입김 테스트'(fog test)라는 것이 있습니다. 다이아몬드에 입김을 불면 가짜는 입김이 서려서 좀처럼 사라지지 않지만 진짜는 입김이 거의 서리지 않을 뿐만 아니라 서려도 금세 사라진다고 합니다.

하나님도 우리의 신앙이 진짜인지 가짜인지 '시련'이라는 입김을 "후" 하고 부십니다. 하나님이 몰라서 그러시는 것이 아닙니다. 하나님은 다 아십니다. 그것은 진짜인지 가짜인지 우리가 알도록 하시기 위해서입니다. 우리에게 시련이 왔을 때 우리가 진짜인지 가짜인지가 드러납니다.

시련을 당할 때에도 은근한 기쁨이 있습니까? 좀 약해도 평안함이 있습니까? 시련 중에 어느 정도 인내하는지 테스트해보십시오. 조금만 힘들어도 도망치고 포기하고 "예수 안 믿는다", "교회고 뭐고 다 필요 없다", "하나님이 날 버렸다", "망했다, 믿어도 소용없다" 그러면 가짜일 가능성이 참 높습니다.

"아이고 목사님, 그럼 저도 가짜 같은데요."

아닙니다. 잠시 입김이 서릴 수 있습니다. 그러나 진짜라면 입김은 사라집니다. 분명히 불평하고 원망하지만 돌아옵니다. 그래도 주님 앞에 엎드리고 교회에 나옵니다. 그렇다면 진짜입니다. 진짜가 맞긴 맞는데 믿음이 약한 것을 하나님께서 보여주시는 것입니다. 우리가 시험을 봐야 자신의 성적이 얼마나 나오는지 알고 더 노력하기 때문입니다. 그것이 믿음 테스트입니다.

하나님께서 오늘의 시련을 통해 나를 더 키우시고 더 깨끗하게 하시고 더 넓게 하셔서 하나님의 영육 간의 복이 나를 통해 통과될 수 있도록 만드시는 놀라운 작업을 하고 계신 것을 믿고 기뻐하시기 바랍니다.

1 하나님과 주 예수 그리스도의 종 야고보는 흩어져 있는 열두 지파에게 문안하노라 2 내 형제들아 너희가 여러 가지 시험을 당하거든 온전히 기쁘게 여기라 3 이는 너희 믿음의 시련이 인내를 만들어 내는 줄 너희가 앎이라 4 인내를 온전히 이루라 이는 너희로 온전하고 구비하여 조금도 부족함이 없게 하려 함이라 5 너희 중에 누구든지 지혜가 부족하거든 모든 사람에게 후히 주시고 꾸짖지 아니하시는 하나님께 구하라 그리하면 주시리라 6 오직 믿음으로 구하고 조금도 의심하지 말라 의심하는 자는 마치 바람에 밀려 요동하는 바다 물결 같으니 7 이런 사람은 무엇이든지 주께 얻기를 생각하지 말라 8 두 마음을 품어 모든 일에 정함이 없는 자로다

▬

야고보서 1장 1-8절

chapter 02

인내의 마라톤을
경주하라

미국 뉴욕대학교 사회심리학 교수이자 〈뉴욕타임스〉 베스트셀러 저
자인 조나단 하이트(Jonathan Haidt) 교수가 시련의 유익을 세 가지
로 지적했습니다.

첫째, 탄력(彈力)이 강해집니다. 탄력이란 꺾이고 쓰러졌다가도 원
상으로 돌아가는 힘을 말합니다. 시련을 당할 때 좀 꺾이는 듯해도
다시 회복되는 것입니다. 어느 분야에서든지 대단한 일을 하는 분들
을 보면 이 탄력이 굉장한 사람들입니다. 탄력이 약하면 한 번 꺾이면
그냥 끝나버립니다. 하지만 탄력이 강한 사람은 꺾여도 계속해서 다
시 일어나기 때문에 마침내 큰일을 해낼 수 있습니다.

둘째, 관계가 개선됩니다. 시련을 참고 통과한 사람은 부모님과의
관계, 자녀와의 관계, 친구와의 관계, 타인과의 관계, 교인과의 관계,

하나님과의 관계가 강해집니다.

셋째, 우선권과 가치관을 바꾸어놓습니다. 지금 무엇이 가장 중요하다고 생각하십니까? 지금 우리가 가장 중요하다고 생각하는 그것이 정말 성경적으로 중요한 것입니까? 시련의 고통을 당할 때 하나님께서는 우리의 가치관을 뒤흔드십니다. 옛날에 중요하다고 생각했던 옛 가치관이 깨어지고 가치관이 새롭게 정립되는 방향으로 인생이 새로워집니다. 옛날에는 건강이 최고인 줄 알았는데 시련을 당하고 보니 건강보다 더 중요한 것이 있고, 옛날에는 돈이 최고인 줄 알았는데 돈보다 더 중요한 게 있다는 것을 새롭게 깨닫게 되는 것이 시련이 하는 작업이며 시련이 주는 유익입니다.

인내의 사람

이렇게 우리는 시련을 통해서 성숙해집니다. 그러면 시련이 빚어낸 결과가 어떻게 옵니까? 물론 그냥 오는 것이 아닙니다. 분명히 방법이 있고 과정이 있습니다. 그것은 인내를 통해서 옵니다. 그래서 인내의 마라톤을 완주하는 것이 중요합니다.

> 4 인내를 온전히 이루라 이는 너희로 온전하고 구비하여 조금도 부족함이 없게 하려 함이라 약 1:4

"인내를 온전히 이루라", 완주한다는 것은 조금 해보고 그만두는 것이 아니라 끝까지 달리는 것입니다. 우리의 신앙이 강한지 약한지, 성숙한지 미숙한지 체크해볼 수 있는 몇 가지 방법이 있습니다. 시련을 당했을 때 자신이 어느 정도 견디는지 인내를 체크해보십시오. 잘 참는지, 잘 못 참는지, 잠깐 참다가 포기하는지, 진득하게 오래 참는지 보면 압니다.

저는 28세에 결혼했습니다. 그때 제 모습이 어땠는지 저의 아내에게 물어보십시오. 제 아내가 여러 차례 저에게 이렇게 말했습니다.

"당신은 왜 천당과 지옥을 왔다 갔다 해요?"

그렇습니다. 일이 잘 풀릴 때, 기도 응답이 있을 때는 천당에 올라가 있는 사람처럼 환희의 사람이 되었다가, 일이 안 풀리고 기도 응답이 없을 때는 마치 지옥에 떨어진 사람처럼 왜 그렇게 우울해하느냐고 말한 것입니다. 기분 나쁜 말이지만 그것은 정확히 저를 지적해준 말이었습니다. 그만큼 저의 인내가 약했던 것입니다. 어려운 일을 당해도 잘 견디면서 구원의 감격을 항상 유지해야 하는데 그것을 놓쳤습니다. 인내가 부족했습니다. 성숙하지 못했습니다. 전도사이자 신학생이었지만 그때 저의 신앙이 약했습니다.

그러면 지금은 어떨까요? 지금 어떤지 알아보려면 저희 가족에게 물어보시면 됩니다. 제 딸이 어느 기관에 입사할 때 인터뷰를 했는데 인터뷰를 하시는 분들이 제 딸에게, 아버지가 대구에서 큰 교회 목사님이시니 아버지 자랑을 한번 해보라고 했다는 말을 들었습니다. 그

때 저는 딸아이가 이렇게 말해주면 좋았을 텐데 하고 생각했습니다.

"아, 우리 아빠요, 대단한 분이에요. 총신 들어갈 때도 1등으로 들어갔고 교수로 있을 때도 인기가 좋았습니다. 물론 목회도 잘합니다. 교인들도 아빠를 존경하고 저도 아빠를 존경합니다."

그런데 제 딸이 그렇게 말하지 않았습니다. 하지만 딸의 대답을 들은 분들이 빙그레 웃었다고 합니다. 대체 뭐라고 했기에 그랬을까요? 제가 뭐라고 대답했느냐고 물으니까 제 딸이 말했습니다.

"우리 아빠요, 고생은 많이 하는데 잘 참아요."

고생은 많이 하는데 잘 참는다는 것이 자랑거리였습니다. 처음에는 듣고 기분이 좀 나빴지만 그런데 정말 대답을 잘했다는 생각이 들었습니다. 천당 갔다 지옥 갔다 하던 청년 권성수가 이제는 어떤 일을 만나도 잘 견디는 사람으로 변했기 때문입니다. 그만큼 성숙한 것입니다. 아직도 부족하고 배울 것이 많지만 그래도 그만큼 성숙한 것입니다.

끝까지 참아야 인물이 된다

자기 자신에게 한번 질문해보십시오.

"아, 나는 배 속에서부터 예수 믿었는데 왜 다른 사람들이 말하는 구원의 감격이 없지? 기쁨이 없지? 환희가 없지?"

"누구는 영육 간에 복을 많이 받던데 왜 내게는 그런 복이 없을까?"

"왜 나는 간증할 만한 것이 없을까?"

"왜 우리집 자식들은 다 저 모양일까?"

왜 그렇다고 생각하십니까? 끝까지 인내하지 못했기 때문입니다. 예를 들면 '올해에는 내가 담배를 끊어야지!' 결단했지만 회사 동료들이 담배 피우는 모습을 보니까, 가게에서 파는 담배를 보니까, 다시 피고 싶은 충동과 유혹, 담배를 피우지 못하는 아픔이 밀려옵니다. 작은 시련입니다. 그것을 참아야 하는데 끝내 참지 못하고 딱 한 번만 피우겠다고 "후" 해버리는 것입니다.

이제부터라도 선명한 신앙생활을 하겠다고 결심하고 점심 먹을 때 로댕의 생각하는 사람 포즈로 기도하지 않고 잠깐 기도하더라도 제대로 해야겠다고 마음먹었는데, 점심시간에 음식을 앞에 놓고 눈을 감으려니 "저거 뭐야? 크리스천이야?" 이런 말을 들을까 봐 두려워서 기도하지 않고 얼렁뚱땅 먹어버리는 것입니다. 지극히 작은 눈총의 시련을 통과하지 못한 것입니다. 그럴 때 좀 참아야 다음 단계로 넘어갈 텐데 말입니다.

작은 일만 그런 것이 아닙니다. 큰일도 마찬가지입니다. 조금만 힘들어도 쉽게 그만두는 사람, 직장도 이 직장 저 직장 계속해서 옮겨 다니면 그 사람이 어떻게 임원이 되고 어떻게 큰 인물이 되겠습니까? 꾸준하게 참아야 인물이 됩니다. 생명이 약동하는 사람, 그 생명이 흘러가는 사람이 됩니다.

2차 세계대전 당시 영국을 살린 사람이 윈스턴 처칠(Winston Churchill)

입니다. 1941년 10월 29일 모교인 명문 해로우 스쿨(Harrow School)
에서 한 이 연설은 매우 짧은 연설로도 유명합니다.

"Never give up, never give up, never, never, never!"

독일이 침공해오는 상황 속에서도 지도자가 어떤 태도를 가지느냐
에 따라 나라가 살기도 하고 망하기도 하는 것입니다. 그런데 제가
직접 찾아서 확인해보고 본문도 찾아보았는데 윈스턴 처칠은 마지막
에 이렇게 연설을 했습니다.

"Never give in."

'give up'이 아니라 'give in', "꺾이지 마십시오. 절대 꺾이지 마세
요"라고 한 것입니다.

"지금 우리 민족이 어려움을 당하고 있지만 이 시기는 위대한 시기
입니다. 이때 우리가 각자의 위치에서 각자의 역할을 제대로 감당한
다면 우리 민족은 거듭날 것입니다."

나치군의 압력에 꺾이지 말라는 것입니다. 시련의 압력에 꺾이지 말
라는 것입니다. 돈의 압력에 꺾이지 말고 불의의 압력에 꺾이지 말고
눈총의 압력에 꺾이지 말아야 합니다. 예수 믿으면 호적에서 파내겠
다는 압력에 꺾이지 말아야 합니다. 이것을 넘어서야 인물이 됩니다.
자신이 어려울 때 인내했는지, 적당하게 타협하고 넘어갔는지 점검해
보십시오. 지금 자신의 신앙이 왜 선명한 신앙이 되지 못하는지 점검
해보십시오. 하나님의 말씀대로 살아내야 할 때 따라오는 고통을 참
지 못했기 때문입니다.

인내의 마라톤을 완주하신 예수님

"믿음의 주요 또 온전하게 하시는 이인 예수를 바라보자 그는 그 앞에 있는 기쁨을 위하여 십자가를 참으사 부끄러움을 개의치 아니하시더니 하나님 보좌 우편에 앉으셨느니라 너희가 피곤하여 낙심하지 않기 위하여 죄인들이 이같이 자기에게 거역한 일을 참으신 이를 생각하라"(히 12:2,3).

우리 믿음의 창시자, 믿음의 완성자 예수 그리스도는 시련 앞에서 어떻게 하셨습니까? 예수님은 가룟 유다 일행이 잡으러 왔을 때도 포기하지 않으셨습니다. 제자들이 도망칠 때도 포기하지 않으셨습니다. 1차, 2차, 3차 재판을 받으면서도 포기하지 않으셨습니다. 가시면류관을 쓰실 때도, 살점이 떨어져 나가도록 채찍에 맞으실 때도, 양손과 양발에 못이 박힐 때도 포기하지 않으셨습니다. 예수님은 인내의 마라톤을 완주하셨습니다.

그러면 예수님은 어떻게 십자가를 지시면서까지 인내의 마라톤을 완주하셨습니까? 십자가를 지신 후에 받으실 영광의 기쁨을 위해 참으신 것입니다. 그 인내의 마라톤을 완주하셨기 때문에 죽은 자 가운데서 다시 살아나셨고, 하늘과 땅과 땅 아래에 있는 모든 입이 그분을 주인이라 고백하고, 모든 무릎이 그분의 이름 앞에 꿇는, 하늘 보좌 위에 등극하신 것입니다.

예수님의 죽음과 부활의 생명이 콸콸 흘러가는 생명수의 통로가 되도록 인내의 마라톤을 완주해야 합니다. 그 구원주 예수 그리스도를 믿고 참으십시오. 예수 그리스도는 시련 중에 우리와 함께 계십니다. 우리가 무슨 일을 당할는지 알지 못해도 그곳에 주님이 계십니다. 우리의 믿음이 강화되도록 일하고 계십니다.

그러니까 그 주님을 바라보며 참으시기 바랍니다. 저도 힘들 때마다 십자가를 생각합니다. 예수님의 십자가를 생각하면 아무리 힘들어도 힘든 게 아닙니다. 십자가를 생각하고 꼭 참으십시오. 믿음은 인내를 통해 강화됩니다.

하나님의 지혜를 구하라

"목사님, 그러면 무조건 참기만 하면 됩니까?"

아닙니다.

> 5 너희 중에 누구든지 지혜가 부족하거든 모든 사람에게 후히 주시고 꾸짖지 아니하시는 하나님께 구하라 그리하면 주시리라 약 1:5

지혜를 구하십시오. 누구든지 지혜가 부족하거든 구하라고 하셨습니다. 모든 사람에게 후히 주신다는 것은 반드시 주신다는 말씀입니다. 그러나 수능이나 각종 입시를 앞둔 학생이 이 말씀을 근거로 공부는 안 하고 하나님께 지혜만 구한다면 어떻게 될까요? 옛날에 한 목사님이 헬라어 공부는 안 하고 하나님께서 다 주신다고 믿고 기도

하고 헬라어 시험을 보았습니다. 결과는 0점이었습니다. 어떤 학생이 시험 답안지에 "하나님은 다 아신다"라고 써서 내자 교수님이 "하나님은 다 아시는데, 학생은 0점이야"라고 썼다는 일화도 있습니다. 공부해야 얻는 지혜입니다. 공부는 안 하고 "지혜, 지혜" 하는 것은 하나님의 법칙을 어기는 것입니다.

그런데 여기서 말하는 지혜는 무엇입니까? 문맥을 보시면 바로 시련 속에서 어떻게 해야 할지를 구할 때 주시는 지혜라는 것을 알 수 있습니다. 하나님은 우리를 시련에서 당장 건져내는 방법으로 일하시기도 하지만, 시련을 그대로 두고도 일하십니다. 그런데 시련을 통해 우리를 더 깨끗한 그릇, 더 큰 틀, 더 넓은 통로로 만들어 가실 때에는 반드시 시련 속에서 어떻게 해야 할지 지혜를 주신다는 뜻입니다. 시련의 어두운 터널을 잘 통과할 수 있도록 하는 지혜, 지혜의 랜턴을 켜주시는 것입니다. 그 빛을 따라 한 걸음, 한 걸음 가다보면 결국 시련의 터널을 통과하게 되는 것입니다. 하나님께서는 그런 지혜를 후히 주시고 꾸짖지 않으시고 반드시 주시는 분입니다.

그런데 우리는 시련에서 벗어날 수 있는 지혜만을 빨리 달라고 구합니다. 물론 하나님은 시련으로부터(from) 벗어나서 가게 하기도 하시지만, 시련을 통과해서(through) 가게 하시며, 시련을 통해 우리를 인물로 만들어내시는 분입니다. 우리가 하나님이 주시는 지혜와 상관없는 삶을 살게 되는 것은 딱 두 가지입니다. 우리가 시련 중에 어떻게 해야 할지 하나님의 지혜를 구하지 않아서 못 받았거나, 당장 급한 대로, 자기 생각대로, 자기 꾀대로 해버리기 때문입니다. 우리가 진정으로 하나님의 지혜를 구했다면 하나님은 반드시 주시는 분입니다.

그러면 하나님께서 모든 기도에 항상 그런 식으로 응답하시느냐하면 그것은 아닙니다. 만약 하나님께서 우리의 모든 기도에 지금 당장 응답해주신다면 하나님은 자판 기계가 되어버립니다. 자판기에 돈을 넣으면 즉시 콜라가 덜컹 하고 튀어나오는 것처럼 "하나님, 주세요" 그러자마자 덜컹 하고 기도가 응답된다면 우리가 어떻게 하는지 아십니까? 하나님이 주시는 콜라 캔만 들고 돌아서서 가버립니다. 자판기 앞에 감사하는 사람은 없습니다. 금세 돌아서버립니다.

그러면 하나님과의 관계가 형성되지 않습니다. 우리가 오래 기도하는데도 응답이 없어서 안타깝게 "하나님, 언제까지입니까? 언제 주십니까?" 이러는 사이에 하나님과의 관계가 깊어지는 것입니다. 그러던 어느 날 하나님이 응답해주시면 펄쩍펄쩍 뛰면서 하나님이 주셨다고 하나님을 찬양하고, 하나님이 주신 것에 감사하고, 하나님과의 관계가 깊어지고 하나님을 더 깊이 알아가게 되는 것입니다. 이것이 기도의 원리입니다.

지혜의 랜턴 활용법

우리가 시련을 통과해서 가는 길에 하나님이 지혜를 주실 때는 바로 주십니다. 그런데 이 지혜의 랜턴은 시련의 터널 이 끝에서 저 끝까지 다 비추는 그런 랜턴이 아닙니다. 하나님은 그런 랜턴을 주시지 않습니다. 그러면 우리가 성숙해지지 못합니다. 어떤 랜턴을 주시느냐하면 바로 앞만 볼 수 있는 랜턴을 주십니다. 바로 앞만 보고 믿음으로 오늘을 살 수 있게 해주시는 것입니다.

"그러므로 내일 일을 위하여 염려하지 말라 내일 일은 내일이 염려할 것이요 한 날의 괴로움은 그날로 족하니라"(마 6:34).

그렇습니다. 한 날의 괴로움을 그날 감당할 수 있는 지혜를 주십니다. 내일의 지혜를 오늘 주시는 것이 아니라 오늘을 감당할 수 있는 지혜를 주십니다. 그래서 계속해서 하나님을 의지하게 하시고 인내하게 하시고 믿음으로 한 걸음, 한 걸음 걸어가게 하셔서 하나님과의 관계가 성숙하게 하십니다. 그런 지혜를 하나님께서 반드시 주십니다.

고통에는 네 종류가 있습니다.

첫째, 징계의 고통입니다. 요나가 니느웨로 가서 복음을 증거하라는 하나님의 명령을 거슬러 다시스로 가다가 풍랑을 만나고 바다에 던져지고 물고기 배 속에 들어간 것이 바로 징계의 고통입니다.

둘째, 고통당할 만큼 잘못한 것이 없어도 당하는 욥의 고통입니다. 그럴 때 하나님은 고통당하는 이유도 말씀해주지 않으십니다. 신비의 고통입니다.

셋째, 바로 살기 때문에 당하는 고통도 있습니다. 바로 살고자 하고 바른말을 하는데 세상의 따돌림을 당하는 고통이 온다면 바로 정의의 고통입니다. 복음을 전하지 않으면 고통당하지 않는데 복음을 전하기 때문에 받는 핍박이 이 정의의 고통에 해당됩니다.

넷째, 누구나 다 당하는 고통입니다. 생로병사(生老病死), 태어나고 늙고 병들어서 죽는 고통은 누구에게나 다 있습니다. 바로 보편의 고통입니다.

지금 자신이 어떤 고통을 겪고 있는지 진단을 내려보십시오. 그것이 어떤 고통이든지 간에 하나님은 은혜를 주십니다. 지혜를 주셔서 겪어나가게 하십니다. 징계의 고통 같으면 회개의 은혜를 주십니다. 이유를 모르는 신비의 고통 가운데 있다면 마침내 모든 것을 잘되게 해주시는 하나님을 믿는 신뢰의 지혜를 주십니다. 정의의 고통을 당하는 자에게 "너에게 핍박을 가하고 너를 괴롭히는 사람을 미워하지 말고 용서하라"는 용서의 지혜를 주십니다. 우리 모두 겪는 보편의 고통에는 있는 모습대로 수용하라는 지혜를 주십니다. 하나님은 필요한 모든 것들을 다양하게 반드시 다 주십니다.

우리가 어떤 고통을 당하든지 간에 "하나님, 어떻게 해야 할까요?"라고 하나님께 물을 때 하나님은 반드시 어떻게 해야 하는지 약속하신 대로 하나님의 지혜를 아낌없이 주신다는 것을 믿으시기 바랍니다.

구하지 않으면 받지 못한다

그럼 도대체 왜 하나님의 지혜를 받지 못하는 것입니까? 구하지 않았기 때문입니다. 의심했기 때문입니다. 하나님의 지혜는 믿음으로 구하고 조금도 의심하지 말아야 합니다.

> 6 오직 믿음으로 구하고 조금도 의심하지 말라 의심하는 자는 마치 바람에 밀려 요동하는 바다 물결 같으니 7 이런 사람은 무엇이든지 주께 얻기를 생각하지 말라 8 두 마음을 품어 모든 일에 정함이 없는 자로다 약 1:6-8

저는 실제 폭풍을 체험해보았습니다. 제가 대학교 2학년 때였던 것 같습니다. 저희 아버지가 주문진에서 목회를 하셨기 때문에 주문진으로 내려가 학비도 좀 벌고 아버지를 도와드리기 위해 오징어잡이 배를 탄 적이 있습니다. 처음 배를 탈 때는 참 좋았고 기대도 넘쳤습니다. 그런데 계속해서 바다 속으로 들어가는데, 제가 탄 배뿐만이 아니라 제 몸의 배도 요동하고 내장까지 다 출렁였습니다. 어지럽고 메스꺼워서 도저히 앉아 있을 수가 없었고 2시간쯤 가자 그때는 완전히 모든 것이 끝인 것 같았습니다. 풍랑에 제 몸이 흔들리면서 정말 아무것도 할 수 없었습니다. 멀미가 심해서 누워 있는데 그런 사람이 어떻게 낚시질을 해서 오징어를 잡겠습니까?

하나님이 반드시 주신다고 했는데도 의심하는 사람은 이렇게 흔들립니다. 흔들리는 정도가 아니라 하나님이 주시는 것을 아예 받지 못합니다. 우리는 하나님께서 시련을 통과할 수 있는 지혜를 반드시 주신다는 것을 의심하지 말고 믿어야 합니다. 의심하면 받지 못합니다. 시련으로부터 벗어나는 지혜는 주시지 않을 수 있습니다. 왜냐하면 하나님은 우리를 시련을 통과하는 큰 인물로 만드실 뜻을 가지고 계시기 때문입니다. 그러나 시련을 통과하는 데 필요한 지혜는 반드시 주신다는 것을 믿으시기 바랍니다.

그렇지만 사람은 시련이 크면 큰 만큼 믿지 못하는 경향이 있습니다. 시련이 크면 믿음도 깨져버립니다. 저의 목회를 회고해볼 때 세 차례의 고비가 있었습니다. 보통 시련이 아니라 목회를 접어야겠다고 생각할 만큼 아주 큰 시련이었습니다.

그때 저는 기도했습니다.

"하나님, 어떻게 해야 할까요?"

저는 고비 때마다 기도할 때 하나님께서 지혜의 랜턴을 주셔서 인도하시는 대로 따라갔습니다. 그런데 하나님께서는 "때려치워라. 아직도 몰라주는 사람들 때문에 이런 어려움까지 겪게 됐으니 다 때려치우고 올라가서 다시 교수해라" 이런 지혜의 랜턴은 주시지 않았습니다.

도리어 "절대로 미워해서는 안 된다. 어떤 사람도 미워하지 마라. 말씀대로 축복하고 기도해라. 품어라. 어떤 사람이라도 품어라. 그리고 문제를 파악해라. 만일 의심하는 교인이 있다면 그 의심하는 교인들을 세워서 철저히 조사해라. 절대로 의심할 만한 것이 남지 않도록 규명된 원인을 따라 처리하되 꼼수로 하지 마라. 덮지 마라. 있는 그대로 정직하게 진실하게 하라. 사과할 것은 사과하고 책임질 것은 책임지고, 상대가 잘못해서 교회를 어지럽히는 잘못을 했다면 부드럽게 책망하라. 경고하라. 그러나 정의대로 하라. 오직 하나님의 말씀의 정수를 따라가라" 이렇게 하나님은 매번 정말 놀랍게 역사하셨습니다.

시련의 체육관으로 들어가라

시련은 '하나님의 체육관'입니다. 체육관에 들어가면 운동하기 위해 일단 옷을 벗어야 합니다. 평소에 입는 옷을 그대로 입고 운동할 수 없기 때문입니다. 보통 시련을 당하지 않을 때 우리는 자신을 대단한 인물이라고 착각합니다. 믿음도 강하다고 착각합니다. 그러나 시련의 체육관에 들어서면 자신을 가리고 있던 체면도 지위도 다 발가벗겨진 상태로 드러납니다. 자신의 인격과 신앙이 그대로 노출됩니다. 하나님께서 우리 자신을 벗은 몸 상태 그대로 보게 하십니다. 식스팩이 있는지 없는지, 아랫배가 얼마나 나왔는지, 살이 처졌는지 탱탱한지도 다 드러납니다.

하나님은 시련의 체육관에서 완벽한 코치로 우리를 훈련시키십니다. 우리가 20킬로밖에 들어 올리지 못하는 실력인데 80킬로를 들어 올리라고 하는 코치가 있습니까? 절대로 그렇게 하지 않으십니다. 20킬로 이하로 들어 올리게 하십니다. 20킬로짜리를 들어 올릴 때도 갈비뼈가 나가지 않도록 하나님께서 바로잡아 주십니다. 하나님께서는 반드시 피할 길을 내시는데 그것이 바로 지혜의 랜턴입니다.

"사람이 감당할 시험밖에는 너희가 당한 것이 없나니 오직 하나님은 미쁘사 너희가 감당하지 못할 시험 당함을 허락하지 아니하시고 시험 당할 즈음에 또한 피할 길을 내사 너희로 능히 감당하게 하시느니라"(고전 10:13).

이 랜턴을 통해 한 걸음 한 걸음 가서 마침내 터널의 끝에 다다르게 하십니다. 그렇게 한 번 두 번 터널을 통과한 사람은 지혜의 대가(大家)가 됩니다. 어떤 어려움도 통과할 수 있는 사람이 됩니다. 넘어졌다가 다시 일어나는 탄력이 생기고, 관계가 개선되고, 가치관이 분명해지는 사람으로 성숙해집니다.

지금 어떤 시련을 당하고 계십니까? 시련 중에 무엇을 기대하십니까? 위로를 바라십니까? 편하게만 해달라고 구하십니까? 가장 편한 것은 무덤 속에 들어가는 것입니다. 우리를 살아 있고 성숙하고 깨끗하고 크고 넓게 만드셔서 하나님의 축복을 통과시키려고 하시는 하나님의 뜻을 기대하면서 기뻐하십시오. 그리고 인내의 마라톤을 완주하십시오.

우리가 지혜의 랜턴을 구하면 하나님께서 반드시 주십니다. 그 랜턴을 받으셔서 말씀을 통해서, 성령을 통해서, 성숙한 지도자와 전문

가를 통해, 환경을 통해, 자연을 통해 주시는 지혜로 한 걸음 한 걸음 시련의 터널을 통과하십시오. 터널을 통과할 때마다 점점 더 큰 인물로 변화되어 하나님의 놀라운 축복의 통로가 되시기를 바랍니다.

⁹ 낮은 형제는 자기의 높음을 자랑하고 ¹⁰ 부한 자는 자기의 낮아짐을 자랑할지니 이는 그가 풀의 꽃과 같이 지나감이라 ¹¹ 해가 돋고 뜨거운 바람이 불어 풀을 말리면 꽃이 떨어져 그 모양의 아름다움이 없어지나니 부한 자도 그 행하는 일에 이와 같이 쇠잔하리라

—

야고보서 1장 9-11절

chapter 03

부하거나 가난해도
좋다

영국의 유명한 기독교 작가 체스터튼(G. K. Chesterton)은 역설에 대해 이런 말을 했습니다.

"역설은 머리를 땅에 박고 물구나무서서 내 말 좀 들어달라고 소리치는 진리다."

그러니까 역설은 거꾸로 말하는 진리입니다. 야고보는 역설을 즐겁게 사용했습니다. "시련 중에 기뻐하라"는 말씀이 역설입니다. "낮은 자는 낮다고 위축되지 마세요"라고 하면 역설이 아니지만 본문처럼 "낮은 자는 높음을 자랑하세요"라고 하는 것은 역설입니다. 마찬가지로 "높은 자는 낮음을 자랑하세요"라는 것도 역설입니다. 야고보가 역설을 통해 교훈하는 것은 바르게 말해서 진리를 전하는 것보다 거꾸로 말해서 진리를 전하는 것이 훨씬 더 강력하게 진리가 소리치도록 하는 방법이기 때문입니다.

올바른 빈부관

시련 중에 기뻐하라고 하던 야고보가 이번에는 "낮은 자는 높음을 자랑하고 부한 자는 낮음을 자랑하라"라고 하는데, 그러면 이 말씀이 어떻게 연결될까요? 야고보가 앞서 말한 시련에서 빈부의 문제로 아무 생각 없이 옮아갔을까요? 그렇지 않습니다. 암시적으로 연결해놓고 있습니다.

한 번 생각해보십시오. 빈부가 시련이 될 수 있습니까? 물론 가난은 시련이 될 수 있습니다. 그러나 부요, 풍부가 시련이 될 수 있습니까? 네, 그렇습니다. 부유한 것도 시련이 될 수 있습니다. 부자가 교만하면 망하기 때문입니다. 그러니까 부자가 교만해서 망하는 길로 가느냐 마느냐도 시험이자 시련이 될 수 있는 것입니다.

그뿐만이 아닙니다. 시련은 가난한 사람이나 부유한 사람을 가리지 않습니다. 질병이나 사고가 가난한 사람에게만 일어납니까? 부자에게도 일어납니다. 가난한 사람만 사랑하는 가족이 죽는 것이 아닙니다. 부자도 마찬가지입니다. 시련은 가난한 사람이나 부유한 사람에게 다 찾아옵니다.

우리는 빈부관을 올바로 가져야 합니다. 부(富)를 어떻게 생각하고 빈(貧)을 어떻게 생각하는지 성경적으로 올바른 생각을 정립해야 합니다.

미국 시애틀의 마스 힐 처치(Mars Hill Church) 마크 드리스콜(Mark Driscoll) 목사님이 사람을 네 종류로 분류했습니다. 하나님을 믿는 경건한 사람과 하나님을 믿지 않는 불경건한 사람, 그중에 경건한 빈자(godly poor), 불경건한 빈자(ungodly poor), 경건한 부자(godly rich), 불경건한 부자(ungodly rich)가 있다는 것입니다. 그렇다면 하나님을 믿는 우리는 경건한 부자이거나 경건한 빈자일 것입니다.

그러면 '성숙'을 기준으로 신자를 다시 넷으로 나눌 수 있을 것 같습니다. 바로 성숙한 빈자와 미숙한 빈자, 성숙한 부자와 미숙한 부자입니다. 물론 성숙과 미숙을 칼로 두부 베듯이 정확하게 가를 수는 없습니다. 왜냐하면 정도의 차이가 있기 때문입니다. 자신이 가난하다고 생각하십니까? 부유하다고 생각하십니까? 자신이 가난하다면 성숙하십니까? 미숙하십니까? 자신이 부유하다면 성숙하십니까? 미숙하십니까?

성숙한 빈부관

더 나아가 예수 믿은 사람은 반드시 가난해야 합니까? 또는 반드시 부유해야 합니까? 하지만 이 질문은 정당한 질문이 될 수 없고 핵심적인 질문도 아닙니다. 한 번 생각해보십시오. 만약에 예수 믿는 사람들은 반드시 가난해야 한다고 주장한다면, 예수 믿는 사람들 중에 부자는 어떻게 되겠습니까?

구약시대에 하나님을 믿는 사람 중에 아브라함, 이삭, 야곱이 다 부자입니다. 요셉도 부자입니다. 다윗과 솔로몬은 전 세계적인 갑부였습니다. 신약으로 넘어오면 아리마대 요셉은 아예 부자라고 소개되어 있고, 요한 마가의 어머니는 120명이 한꺼번에 들어갈 수 있는 큰 다락방이 있는 집을 가진 부자였습니다. 물론 그들은 신자다운 신자였습니다.

반대로 예수 믿는 사람들이 반드시 부유해야 된다고 하면 어떨까요? 성경의 가난한 사람들은 도대체 어떻게 되는 것입니까? 사도시대에 예수님을 믿는 사람들 대다수가 가난했습니다. 야고보가 수신자로 삼은 흩어진 열두 지파 대부분이 가난했습니다. 야고보도 가난했습니다. 바울도 가난했습니다. 그렇다면 그들은 신자가 아닙니까? 본래 굉장한 부자이셨던 예수님도 이 세상에 계실 때는 가난하셨습니다.

최근에 세상에서 가장 대단한 부자가 누구인지 세계의 갑부 명단을 한 번 보았는데, 2014년 상반기 미국의 경제지 〈포브스〉가 발표한 세계 500대 부자 안에는 한국 사람도 27명이나 들어 있었습니다. 그중에서 가장 큰 부자는 삼성의 이건희 회장이었습니다. 세계 최고 갑부라는 빌 게이츠의 재산은 무려 한화로 81조 4천억 원이라고 합니다. 하지만 우리에게는 아무 감각이 없는 천문학적인 숫자에 불과할 뿐입니다.

그런데 예수님은 본래 얼마만큼 부자입니까? 세계에서 가장 부자라는 빌 게이츠보다 무한 배 부자이십니다. 우주 만물을 창조하시고 온 우주를 다 소유하신 분입니다. 땅 몇백만 평이나 한 나라에 해당하는 땅덩어리를 가진 정도가 아니라 온 우주의 주인이십니다. 예수님이야말로 하나님을 믿는 완벽한 신앙을 가진 신자다운 신자이십니다. 그런데 그런 분이 우리를 위해 가난하게 사셨다면 우리가 던져야 할 핵심적인 질문은 부자냐 가난하냐가 아니라 성숙한가 미숙한가입니다.

핵심은 '성숙'입니다. 인내로 마라톤을 완주하고 하나님께 지혜의 랜턴을 구해서 하나님이 주신 지혜로 한 걸음 한 걸음 시련의 터널을 통과해 나오면 그만큼 성숙해집니다. 성숙하면 가난해도 행복하고 부유해도 행복합니다. 가난해도 떳떳하고 당당하고, 부유해도 교만하지 않고 겸손한 사람이 됩니다. 그러니까 우리에게는 성숙한 빈부관이 필요합니다. 성숙하면 가난해도 정말 자랑해야 할 것을 자랑할 줄 압니다. 성숙하면 부자라도 무엇이 낮은 것인지를 압니다.

결국 성숙하면 가난하든 부유하든 아무런 문제가 되지 않는 것입니다.

얼마나 가난해보셨습니까?

> ⁹ 낮은 형제는 자기의 높음을 자랑하고 약 1:9

"낮은"이라는 말은 원문에 '타페이노스'라는 헬라어를 썼는데, 이 타페이노스는 "가난한, 초라한, 낮은" 이런 뜻이 있습니다. 가난하니까 초라해 보이는 것입니다. 가난하니까 힘의 수준, 영향의 수준, 남들이 인정하는 인식의 수준이 낮습니다. 그래서 낮은 자라고 했습니다.

그러면 정말 가난이 무엇일까요? 여기서 말하는 가난은 영적으로 가난해서 자신에게는 아무것도 의지할 것이 없고 오직 하나님만 의지한다는 그런 의미가 아니라 실제 경제적인 가난입니다. 그런데 이것은 상대적인 개념입니다. 다른 사람과 비교해볼 때 가난하냐 아니면 부유하냐 하는 것입니다.

초대교회 대부분의 성도들이 가난했습니다. 흩어진 열두 지파 역시 가난했습니다. 왜 가난했을까요? 이 야고보서의 일차 독자는 흩어진 디아스포라 유대인들입니다. 그 당시 유대인이 예수를 믿으면 가정에서 쫓겨나고 사회적으로 왕따를 당하고 재산을 박탈당하는 박해를 받았습니다. 그래서 팔레스타인 본국에서 살 수 없어 지중해 연안으로 흩어진 것입니다. 그러니까 본문이 말하는 가난은 먹을 것도 부족하고 입을 옷도 제대로 없고 살 집도 마땅하지 않은 상태의 가난입니다. 예수님도 가난했고 야고보도 가난했고 바울도 가난했습니다.

이런 가난한 사람들의 심리가 어떻다고 생각하십니까? 얼마나 가난해보셨습니까? 제가 대학생 시절에 구두를 신고 다녔습니다. 구두가 딱 한 켤레였는데 어느 날 구두 등을 보니까 금이 많이 가 있었습니다. 아무리 구두약으로 닦아도 금이 지워지지 않았습니다. 더 이상 신고 다닐 수 없는 지경이 되었습니다. 그런 모습을 제 친구가 보더니 자기 형이 신다가 둔 구두가 있다고 가져왔습니다. 그래서 그 구두를 신었는데 겉보기에 멀쩡하던 구두가 며칠 신었더니 과자가 부스러지는 것처럼 파삭파삭하게 부스러지는 것입니다. 그런 구두는 난생처음이었습니다. 그때 제 심정이 어땠겠습니까? 창피했습니다. 괜히 위축되었습니다. 죄도 안 지었는데 얼굴이 뜨끈뜨끈하고 우울해졌습니다.

남들이 다 보내는 학원에 자식을 보낼 돈이 없으면 어떻습니까? 중고차 한 대도 없고 아파도 병원에 갈 돈이 없고 결혼을 하려고 해도 전셋집 구할 돈이 없으면 어떻습니까? 그럴 때 위축되지 않습니까? 누가 손가락질하지도 않았는데 창피하다는 생각이 들지 않습니까? 이것이 가난한 사람의 심리입니다. 벗어나기가 쉽지 않습니다. 굉장히 아픕니다.

내가 왕자, 내가 공주

그런데 야고보가 이런 가난한 사람들에게 "낮은 형제는 자기의 높음을 자랑하라"고 하는 것입니다. 낮은 사람이 높다니, 창피한데 고개를 숙이고 사는데 어떻게 자랑합니까? 어떻게 당당하게 떳떳하게 삽니까? 말도 안 되는 소리 같지만 거꾸로 진리를 전달하고 있습니다. 역설입니다. 그러면 가난해서 낮은 사람이 어떻게 자기의 높음을 자랑할 수 있을까요?

그 비결이 1절에 있습니다. 그는 "하나님과 주 예수 그리스도의 종 야고보"라고 했습니다. 그렇습니다. 예수를 믿기만 하면 누구든지 하나님과 주 예수 그리스도의 종이 됩니다. 예수 그리스도를 섬기는 자가 되는 것입니다. 예수 그리스도 안에서 우주의 창조자이시며 운행자이시며 엄청난 재산을 소유하신 하나님과 접속되는 것입니다. 상상할 수 없이 높은 하나님의 왕자와 공주가 되는 것입니다.

이 사실을 깨닫지 못하면 우리는 여전히 위축됩니다. 내가 왕자, 내가 공주입니다. 이 진리를 깨달으면 꺾이지 않습니다. 안 믿어져도 진리는 변하지 않는 것입니다. 우리가 예수를 믿는 순간 우리는 하나님의 왕자, 하나님의 공주가 되었는데 하나님의 왕자와 하나님의 공주는 하나님의 재산을 공유하는 존재입니다. 그렇지만 지금은 초라하고 낮습니다. 지금은 가난합니다. 우리가 이 의식에서 벗어나려면 성숙해야 합니다.

에베소서를 읽어보면 창세전에 하나님께서 한 사람 한 사람을 사랑으로 선택하셨습니다. 때가 되매 예수 그리스도 안에서 우리의 모든 죄를 용서해주셨습니다. 하나님께서 예수 그리스도와 함께 우리를 다시 살리셨고, 예수 그리스도와 함께 우리를 하늘에 앉히셨습니다. 하나님께서 예수 그리스도 안에서 우리에게 지극히 풍성한 선물을 주셨습니다. 우리가 앞으로 천국의 유산을 받는다는 것을 확신시켜주시기 위해 성령 하나님께서 인감도장을 찍어주셨습니다.

기차를 놓고 본다면 맨 앞에 있는 기관차가 들어가면 그 뒤에 있는 객차도 따라 들어가는 것으로 간주해야 합니다. 우리와 연결되어 있는 예수 그리스도께서 이미 저 하늘에 들어가 계시기 때문에 우리는 이 땅 위에서 하늘에 앉히신 바와 같이 연결된 삶을 맛보고 살아가는 것입니다. 예수 그리스도의 지극히 풍성함이 우리의 것입니다. 그 너비와 길이와 높이와 깊이를 측량할 수 없는 그리스도의 사랑이 우리에게 쏟아부은 바 되었습니다.

하늘과 땅의 주인이신 아버지 하나님께서 우리가 구하거나 생각하는 모든 것에 더 넘치게 채워주시는 이런 놀라운 신분을 우리가 갖게 되었습니다. 우리가 성숙해지면 이 진리를 깨닫고 자신의 진리로 삼습니다.

"나는 공주야, 나는 왕자야, 나는 천국을 향해 여행하고 있는 왕자야, 나는 천국을 향해 여행하고 있는 공주야."

천국으로 가는 여행에 가난도 있고, 질병도 있고, 실패도 있고, 박해도 있지만, 우리는 우리의 높은 위상을 자랑해야 합니다. 예수 그리스도 안에서 우리에게 주어진 것을 자랑하십시오. 비록 낮아도, 비록 초라하고 가난해도 "나는 하나님의 왕자입니다. 나는 하나님의 공주입니다. 나는 천국을 향해서 여행하고 있습니다. 하늘에 속한 모든 신령한 복을 받은 나는 복된 사람입니다" 이것을 자랑하라는 것입니다.

천막이나 오두막이나 뭐가 문젠가.
거기서 날 위해 왕궁을 짓고 있는데
난 본국에서 유배되어 살지만
그래도 여전히 노래할 수 있다.
모든 영광을 하나님께.
나는 왕의 자녀야!

우리는 이렇게 노래할 수 있습니다. 우리는 바로 깨닫고 믿어야 합니다.

부자의 심리학

10 부한 자는 자기의 낮아짐을 자랑할지니 약 1:10

그러면 부한 자는 자기의 낮아짐을 어떻게 자랑할 수 있을까요? "낮아짐"이라는 것은 9절에 나오는 '낮은'이라는 단어의 명사형 낮음, '타페이노시스'입니다. "낮아짐 혹은 낮음, 낮추어짐"을 자랑하라는 것입니다. 부하면 권력, 재산, 지위, 명예의 수준이 높습니다. 남들이 인정해주는 인정의 수준 또한 높습니다. 이런 점에서 볼 때 부한 자는 높은 사람입니다. 그런 높은 자가 어떻게 자신의 낮음, 혹은 낮아짐을 자랑할 수 있겠습니까?

현실적으로 부한 자가 정말 자기의 낮음을 자랑하는 것을 보신 적이 있습니까? 명문대 출신이라는 것은 학력 면에서 부자입니다. 서울대, 고대, 연대 출신을 가리켜서 일명 'sky'를 나왔다고 하는데, 명문대를 나오면 그만큼 하늘 높은 줄 모른다는 것입니다. 명문대를 나왔다고 해서 다 그렇지는 않다, 나는 그런 적이 없다는 분들도 있겠지만 마음 깊은 곳을 한 번 점검해보십시오. 어느 지방에 이름도 들어보지 못한 대학 나온 사람을 만나면 어느새 속으로 '거지 같은 학교 나왔네' 이렇게 생각할 수 있습니다. 그것이 부자의 심리입니다.

아름답고 건강한 사람은 건강 면에서 부자입니다. 배에 식스팩이 있는 남성, 슬림한 S라인을 가진 여성, 뛰어난 미모를 가진 여배우가 평소에 자기의 교만을 드러내지는 않지만 못생긴 사람, 뚱뚱한 외모를 가진 사람을 볼 때 마음속으로 '뭐 저렇게 생긴 사람이 있어?'라고 생각하게 되는 것이 부자의 심리입니다.

얼마 전 TV에서 몸짱 노인이 소개되었는데 그의 팔뚝이 제 다리통만 했습니다. 인터뷰를 하는데 그 분이 자신을 7학년 1반이라고 소개했습니다. 요즘은 전부 경쟁입니다. 젊을 때는 식스팩과 S라인으로 경쟁하고 나이가 들면 얼마나 더 젊어 보이느냐로 경쟁하는 것이 이 세상입니다.

사람들은 알게 모르게 다 경쟁합니다. 옆 사람을 보고 이웃 사람을 보고 다른 사람을 봅니다. 또 그 사람들이 어떻게 보느냐에 신경을 많이 씁니다. 어차피 경쟁은 상대적입니다. 아무리 잘나도 더 잘난 사람이 있습니다. 또 사람들은 다 완벽하지 못하다는 면에서 정도의 차이가 있을 뿐입니다. 그런데도 다른 사람들에 비해 조금이라도 나은 것이 있으면 목에 힘을 줍니다. 어깨에도 힘이 들어갑니다. 남들에 비해 더 가진 것을 대놓고 자랑하거나 은근히 자랑합니다. 자기보다 덜 가진 사람들을 대놓고 무시하거나 은근히 무시합니다.

그런데 이런 세상에서 살고 있으면서 어떻게 부자가 자기 낮음을 자랑할 수 있느냐 하는 것은 완전히 거꾸로 말씀하시는 역설입니다.

다 지나갑니다

> 10 부한 자는 자기의 낮아짐을 자랑할지니 이는 그가 풀의 꽃과 같이 지나감이라 11 해가 돋고 뜨거운 바람이 불어 풀을 말리면 꽃이 떨어져 그 모양의 아름다움이 없어지나니 부한 자도 그 행하는 일에 이와 같이 쇠잔하리라 약 1:10,11

이 말씀의 핵심이 무엇입니까? 다 지나간다는 것입니다. 사람이 가진 것 중에 지나가지 않는 것은 아무것도 없습니다. 만약에 마릴린 먼로가 90세까지 살았다면 90세의 마릴린 먼로가 S라인을 자랑할 수 있었을까요? 마릴린 먼로의 S라인도 90세에는 사라집니다. 지나갑니다. 열흘 동안 붉은 꽃은 없다는 뜻의 화무십일홍(花無十日紅)이라는 말도 있습니다. 권력이 10년을 못 간다고 해서 권불십년(權不十年)이라고 합니다.

스피로스 조디에이츠(Spiros Zodhiates)라는 주석가가 이런 말을 했습니다.

"돈은 어디나 갈 수 있는 만국 여권이지만 돈으로 천국만은 갈 수 없다. 돈은 모든 것을 주는 만능 공급자이지만 행복만은 공급해주지 못한다."

돈은 행복을 줄 수 없습니다. 천국을 보장해주지 못합니다. 아무리 돈이 많아도 우리는 우리가 할 수 없는 것에 부딪칩니다. 온갖 좋은 약을 다 구해보고, 세계적으로 유명한 의사, 가장 좋다는 병원까지 다 가봐도 사랑하는 자녀의 죽음을 막을 수 없다면 돈도 쓸데없다는 생각이 들지 않겠습니까? 돈도 그렇게 지나가는 것입니다.

영국 왕실에서 가장 훌륭한 시인에게 내리는 명예로운 칭호가 계관시인(桂冠詩人)입니다. 월계관을 쓴 시인이라는 의미인데 그 계관시인 중에 알프레드 테니슨(Alfred Tennyson)이 있습니다. 알프레드 테니슨이 '담벼락 틈 속의 꽃'(Flower in the Crannied Wall)이라는 시를 읊었습니다.

담벼락 틈 속의 꽃이여,

난 널 틈바구니 속에서 뽑아낸다

난 널 여기 내 손 안에 뿌리와 모든 걸 붙잡고 있다

작은 꽃, 그러나 네가 무엇인지

뿌리와 전체, 모든 것 속에 모든 것을

내가 이해할 수 있다면

난 하나님과 인간이 무엇인지 이해할 것이다

담벼락 틈바구니 속에 작은 꽃이 피었습니다. 그 작은 꽃이 무엇인지, 그 뿌리와 줄기와 꽃과 모든 것을 이해한다면 인생을 이해하고 하나님을 이해한다는 것입니다. 인간은 담벼락 틈바구니에서 뽑혀 곧 말라서 사라질 꽃입니다. 모든 육체는 담벼락 틈바구니 속에서 뽑혀 하나님의 손에 들린 작은 꽃입니다. 곧 시들고, 곧 마르고, 곧 사라집니다.

하나님의 눈으로 보라

인간이 무상한 존재, 사라질 존재, 지나가는 존재라는 것을 알아야, 영원하신 하나님, 만물과 인간을 창조하시고 섭리하시고 심판하시고 구원하시는 하나님을 비로소 이해하게 됩니다. 부자가 담벼락 틈바구니 속에서 뽑아든 작은 꽃을 손에 들고 있어야 인생을 이해합니다. 부유한 신자가 그것을 손에 들고 있어야 하나님을 이해하는 것입니다.

'나는 하나님의 손에 들려 있는 뽑힌 작은 꽃이야. 언젠가는 시들 거야. 언젠가는 마를 거야. 나의 영광과 지위와 물질은 언젠가는 다 지나갈 거야.'

"그러므로 모든 육체는 풀과 같고 그 모든 영광은 풀의 꽃과 같으니 풀은 마르고 꽃은 떨어지되 오직 주의 말씀은 세세토록 있도다"(벧전 1:24,25).

부유한 신자가 어떻게 자기의 낮음을 자랑할 수 있습니까? 하나님의 시각으로 자신의 재물을 봐야 합니다. 하나님의 시각으로 자신의 건강을 봐야 합니다. 하나님의 시각으로 자신의 권력을 봐야 합니다. 하나님의 시각으로 자신의 인생을 봐야 합니다. 이글거리는 태양 앞에서 모든 꽃은 다 탑니다. 시들고 떨어져 사라집니다. 이것이 '낮아짐'입니다. 상대적으로 부유하다고 생각하십니까? 손에 담벼락 틈 바구니에서 뽑힌 한 송이의 꽃을 들고 있다고 늘 생각하고 사십시오. 그렇다면 자신의 낮아짐을 자랑하실 수 있을 것입니다.

부한 자는 죄인이 아닙니다. 부도 죄가 아닙니다. 가난도 죄가 아닙니다. 우리는 부할 수도 있고 가난할 수도 있습니다. 그러나 어떤 상황에 있든지 간에 가난한 자는 하나님이 보시는 눈으로 자신을 보아야 합니다. 그러면 예수 그리스도 안에서 자신의 영적 높이를 자랑할 수 있습니다. 예수님을 자랑하고 복음을 자랑하고 하나님을 자랑해야 합니다. 부유한 자 역시 하나님 아버지께서 보시는 눈으로 자신의 건강과 자신의 지위, 자신의 권력과 자신의 물질 등 자신의 모든 것을 보아야 합니다. 그렇게 할 때 자신의 낮아짐을 자랑할 수 있습니다.

약한 것과 낮아진 것을 자랑하라

바울 사도가 그렇게 살았습니다. 그는 부한 자들에게 이렇게 명령하라고 했습니다.

"네가 이 세대에서 부한 자들을 명하여 마음을 높이지 말고 정함이 없는 재물에 소망을 두지 말고 오직 우리에게 모든 것을 후히 주사 누리게 하시는 하나님께 두며 선을 행하고 선한 사업을 많이 하고 나누어주기를 좋아하며 너그러운 자가 되게 하라"(딤전 6:17,18).

바울 사도는 자신이 예전에 자랑하던 '높은' 것들을 예수 그리스도 때문에 해로 여기고 심지어 다 배설물로 여긴다고 했습니다. 자신의 지식, 자신의 학벌, 자신의 가문, 자신의 지위, 자신의 명예, 자신의 공적, 이런 것을 예수 그리스도 때문에 다 상대화시킨 것입니다. 손익계산서에서 예수 그리스도만 '익'(益)으로 놓고, 다른 것은 모두 '손'(損)으로 처리했다는 것입니다.

"그러나 무엇이든지 내게 유익하던 것을 내가 그리스도를 위하여 다 해로 여길뿐더러 또한 모든 것을 해로 여김은 내 주 그리스도 예수를 아는 지식이 가장 고상하기 때문이라 내가 그를 위하여 모든 것을 잃어버리고 배설물로 여김은 그리스도를 얻고 그 안에서 발견되려 함이니"(빌 3:7-9).

바울은 인간이 가진 모든 것이 다 지나가는 것이고 상대적인 것임을 의식했을 뿐만 아니라 자신의 약한 것, 자신의 낮아짐을 오히려 자랑하며 살았습니다.

"옥에 갇히기도 더 많이 하고 매도 수없이 맞고 여러 번 죽을 뻔하였으니 유대인들에게 사십에 하나 감한 매를 다섯 번 맞았으며 세 번 태장으로 맞고 한 번 돌로 맞고 세 번 파선하고 일주야를 깊은 바다에서 지냈으며 여러 번 여행하면서 강의 위험과 강도의 위험과 동족의 위험과 이방인의 위험과 시내의 위험과 광야의 위험과 바다의 위험과 거짓 형제 중의 위험을 당하고 또 수고하며 애쓰고 여러 번 자지 못하고 주리며 목마르고 여러 번 굶고 춥고 헐벗었노라… 내가 부득불 자랑할진대 내가 약한 것을 자랑하리라"(고후 11:23-27,30).

우리의 자랑거리를 자랑거리로 삼지 말고 감사거리로 삼아야 합니다. 상대적으로 좀 더 여유가 있으면 감사해야 합니다. 건강하면 감사합니다. 자녀들이 잘되면 감사하지요. 명문대를 나오고 좋은 직장이 있으면 그것을 자랑거리로 삼지 말고 감사하시기 바랍니다. 다 지나가는 것입니다. 자랑할 것이 못 됩니다. 하나님의 은혜로 주어진 것뿐입니다. 우리가 자랑할 것은 하나님밖에 없습니다. 우리가 자랑할 것은 복음밖에 없습니다.

스스로 자신을 낮추십시오. 스스로 자신을 낮추지 않으면 하나님께서 사람과 환경을 통해 우리를 낮추십니다. 우리는 자신을 낮추어서 낮아짐을 자랑해야 합니다. 곧은 목을 부드럽게 하십시오. 남을 쏘아보는 눈총을 부드럽게 하십시오. 남을 멸시하는 시선을 부드럽게 하십시오.

가난한 사람, 초라한 사람, 병든 사람, 움직이지 못하는 사람을 보았을 때 세상 사람들이 보는 대로 보지 말고 하나님께서 보시는 시선으로 보아야 합니다. 조금 어그러지기는 했어도 그들은 하나님의 창조 작품입니다. 아무리 가난하고 낮은 신자라 할지라도 그들은 예수 그리스도와 함께 부활하고 예수 그리스도와 함께 하늘에 앉힌 하나님의 왕자요 하나님의 공주입니다. 이것이 바로 낮아짐을 자랑하는 것입니다.

공평하신 하나님

성경은 가난한 자를 부끄럽게 하지 않습니다. 부자를 정죄하지도 않습니다. 가난한 자와 부자는 우리의 현실 어디에서나 항상 공존합니다. 그러나 하나님께서는 세월을 커다란 평준대로 사용하십니다.

전경일의 저서 《마흔으로 산다는 것》에서는 인생의 평준화의 법칙을 다음과 같이 소개하고 있습니다. 40대는 욕망의 평준화라고 합니다. 누구나 다 사회적 성공을 위해, 다가오는 노년 준비를 위해 가장 왕성한 욕망을 가지고 뜁니다. 50대는 지식의 평준화입니다. 명문대 졸업생이나 초등학교 졸업생이나 살면서 얻는 지식이라는 것이 다 그렇고 그런 수준이라는 것입니다. 60대는 외모의 평준화입니다. 미스코리아 출신이나 식당 아줌마나 그 얼굴이 그 얼굴입니다. 70대는 성(性)의 평준화입니다. 남편이 있으나 없으나 아내가 있으나 없으나 성관계는 그리 중요한 게 아닙니다. 80대는 부(富)의 평준화입니다. 있는 사람이나 없는 사람이나 하루 세 끼 먹고 사는 것은 별 차이가 없습니다. 90대는 생사의 평준화입니다. 산 자와 죽은 자의 경계가 모호합니다. 살았다고 죽은 자보다 별로 나은 것이 없고 살아 있어도 죽은 것만 못하다는 것입니다. 100대는 자연 속의 평준화입니다. 모두 죽어 한 줌 흙으로 돌아가니 누구나 자연 그대로의 모습입니다.

하나님은 세월을 통해 사람들을 평준화시키십니다. 큰소리치지 마십시오. 다 지나갑니다. 겸손히 하나님을 섬기고 이웃을 섬기고 하나님을 자랑하고 복음을 자랑하고 예수님을 자랑하십시오. 하나님은 '세월'을 통해서 낮은 사람과 높은 사람을 평준화시키실 뿐만 아니라 '죽음'을 통해 사람들을 재배치시키십니다. 부자 나사로의 비유에서 부자는 잘살았지만 죽고 나서 지옥에 갔습니다. 반면 나사로는 부자의 상에서 떨어지는 부스러기를 먹고 살았지만 죽어서 천국에 갔습니다.

하나님은 예수 그리스도 안에서 낮은 사람이나 높은 사람이 다 평준화되게 하십니다. 낮은 사람은 영적 높음을 자랑하라고 하시고, 높은 사람은 인간과 물질의 무상함을 통해 낮아짐을 자랑하라고 하십니다. 동일한 천국 시민으로, 동일한 하나님의 가족으로 다 하나되게 하십니다. 세월을 통해 평준화시키고 죽음을 통해 재배치시키시는 영원하신 하나님, 빌 게이츠보다 무한히 부유하신 하나님, 그 하나님 앞에서 제아무리 대단한 사람이라고 해도 자신의 낮아짐을 자랑해야 한다는 것이 야고보의 교훈입니다.

시소의 한쪽 끝에 부유한 신자가 있습니다. 다른 한쪽 끝에 가난한 신자가 있습니다. 부유한 신자에게는 자신을 낮추라고 하고 가난한 신자에게는 자신의 높이를 자랑하라고 하십니다. 그래서 평준화시키십니다. 중간에 있는 균형대가 바로 예수 그리스도 안에서 한 형제자매라는 것입니다.

성숙하셔야 합니다. 예수를 잘 믿으시면 됩니다. 예수를 잘 믿으면 세상 모든 사람들이 무시하는 사람도 하나님의 작품이라고 떠받들며 살 수 있습니다. 예수를 잘 믿으면 세상이 아무리 우리의 영웅이라고 추앙해도 모든 영광을 하나님께 올려드리고 자신의 낮아짐을 자랑하는 사람으로 살 수 있습니다.

그렇게 살 때 정말 자유롭습니다. 가난해도 자유롭고 부해도 자유롭습니다. 교만으로부터 자유합니다. 쭈그러들지 않습니다. 그렇게 살 때 가정이 행복하고 공동체가 행복해집니다. 그렇게 살 때 하나님의 영광이 드러납니다. 부하거나 가난해도 예수 그리스도가 나의 모든 것이 된다는 의식으로, 어떤 경우에도 내게 능력 주시는 예수 그리스도 안에서 내가 모든 것을 할 수 있다고 고백하는 행복한 분들이 되시기 바랍니다.

12 시험을 참는 자는 복이 있나니 이는 시련을 견디어 낸 자가 주께서 자기를 사랑하는 자들에게 약속하신 생명의 면류관을 얻을 것이기 때문이라 13 사람이 시험을 받을 때에 내가 하나님께 시험을 받는다 하지 말지니 하나님은 악에게 시험을 받지도 아니하시고 친히 아무도 시험하지 아니하시느니라 14 오직 각 사람이 시험을 받는 것은 자기 욕심에 끌려 미혹됨이니 15 욕심이 잉태한즉 죄를 낳고 죄가 장성한즉 사망을 낳느니라 16 내 사랑하는 형제들아 속지 말라 17 온갖 좋은 은사와 온전한 선물이 다 위로부터 빛들의 아버지께로부터 내려오나니 그는 변함도 없으시고 회전하는 그림자도 없으시니라

—

야고보서 1장 12-17절

chapter 04

유혹을 이기고
승리하라

우리나라의 초대교회 중에 김제 금산교회가 있습니다. 미국의 테이트
(Lewis B. Tate) 선교사가 말을 타고 호남지역을 다니며 복음을 전했
는데, 그때 한 마방에 들리게 되었습니다. 그 마방의 주인이 조덕삼
씨인데, 그가 마방에서 선교사님을 만나 복음을 받아들이게 되었습니
다. 금산의 부자 조덕삼의 집에는 떠돌이 천민 마부가 있었는데 그의
이름은 이자익이었습니다. 그도 조덕삼 씨의 집에서 예수를 영접하게
되었습니다.

  조덕삼 씨가 예수를 믿고 나서 자기 땅을 바쳐서 금산교회를 짓고
그 금산교회에서 신앙생활을 하다가 1908년에 최초로 장로 선거를
하게 되었습니다. 장로 선거를 한 뒤 뚜껑을 열어 보니 양반이고 갑부
이고 주인인 조덕삼 씨가 장로가 된 것이 아니라 천민이고 마부이고

머슴인 이자익 씨가 장로로 피택이 됐습니다. 술렁이는 분위기 속에서 조덕삼 씨가 그 자리에서 일어나서 머슴과 교인들 앞에서 이렇게 말했습니다.

"여러분, 정말 큰일을 해내셨습니다. 이자익 장로는 저보다 신앙이 훨씬 더 좋습니다. 감사합니다."

이것은 빈말이 아니었습니다. 훗날 이자익 장로가 평양신학교에서 공부하여 목사가 되었는데 그때까지 모든 지원을 아끼지 않은 사람이 조덕삼 씨였다고 합니다. 이자익 씨도 보통 사람이 아니었습니다. 그는 1924년에 예수교장로회 총회장에 당선이 되었습니다. 그는 자신의 첫 번째 총회장 설교를 이렇게 시작했습니다.

"저는 마부였습니다."

1954년 대전신학교에서 은퇴할 때 은퇴 설교 역시 그는 이렇게 시작했습니다.

"저는 마부였습니다."

그는 목회를 시작해서 마칠 때까지 자신이 어디서 시작했는지 잊지 않고 평생 겸손하게 섬겼습니다. 조덕삼 씨도 나중에 장로가 되었지만 처음 장로 선거에서 떨어졌을 때 이런 유혹을 받을 수 있지 않았겠습니까?

'날 뭘로 보는 거야! 어떻게 선교사를 맞이해서 땅을 내놓고 교회도 지은 나 대신 우리 집 머슴을 장로로 세울 수가 있지? 양반인 나를 무시하고 물을 먹여도 분수가 있지.'

아마 결과를 뒤엎을 수도 있었을 것입니다. 그런데 조덕삼 씨는 시기와 불평의 유혹을 이기고 아름다운 신앙인의 모습을 보여주었습니다. 나중에 목사가 되고 총회장이 된 이자익 씨 역시 이런 유혹을 받을 수 있었을 것입니다.

'와, 나 같은 사람이 또 있을까? 대단하지 않아? 예수 믿고 성공한 사람 중에 나처럼 성공한 사람 있으면 어디 한번 나와보라고 그래? 개천에서 용 난다더니 내가 그 주인공이잖아.'

그도 자랑하고 과시할 만한 유혹에 사로잡힐 수 있었을 것입니다. 그렇지만 그는 평생 "저는 마부였습니다"라는 자세로 목회했습니다. 조덕삼 장로와 이자익 목사 모두 생생한 신앙인들입니다. 이런 분들이 지도자가 되었기 때문에 한국 초대교회의 성도들을 통해서 믿지 않는 많은 사람들이 감동을 받았습니다. 이렇게 교회의 지도자는 인격자여야 합니다. 특별히 유혹을 물리칠 줄 아는 성숙한 신앙인이 되어야 합니다.

유혹? 소원? 욕심?

사람마다 유혹의 종류와 정도는 다르지만 사람들은 누구나 유혹을 받을 수 있습니다. 그러면 우리는 어떻게 유혹을 이길 수 있을까요? 야고보서 1장 2절에 "여러 가지 시험을 당하거든"이라고 할 때 '시험'(페이라스모스)은 '시련'으로 번역될 수 있습니다. 이때 시련은 하나님의 시험도 되고 사탄의 유혹도 됩니다. 하나님께서는 시련을 인내하게 하시고 시련을 통과할 만한 지혜를 주셔서 성숙에 이르게 하십니다. 반면에 사탄은 시련을 통해서 우리를 유혹하여 욕심과 범죄함으로 사망에 이르게 합니다.

우리가 당하는 시련이 하나님의 시험이 되기도 하고, 사탄의 유혹이 되기도 합니다만 유혹이 그 자체로 죄는 아닙니다. 유혹 자체가 죄라면 우리가 유혹을 받기만 해도 벌써 졌다고 생각해서 유혹과 싸워보기도 전에 금세 유혹에 넘어가버립니다. 유혹 자체가 죄가 아니라는 것을 기억하면, 유혹을 받아도 죄를 짓지 않으려고 싸우게 되고 그러면 유혹을 이길 수도 있습니다.

예수님도 유혹을 받으셨지만 죄는 짓지 않으셨습니다. 유혹은 우리가 죄를 짓도록 당근을 주기도 하고 채찍을 가하기도 합니다. 유혹을 받는 사람이 유혹에 지면 죄로 가는 길이 되지만, 유혹을 이기면 성숙으로 가는 길이 되는 것입니다. 첫 사람 아담은 유혹에 져서 죄를 지었고 죄 때문에 사망에 이르게 되었지만, 예수님은 유혹에 이기셔서 의를 세우셨고 생명에 이르시고 많은 사람들을 생명으로 이끌게 되셨습니다.

유혹을 당할 때 우리는 괴롭습니다. 유혹을 당할 때 죄를 지을까 말까 몸부림치기도 합니다. 유혹을 당할 때 갈등과 고민도 있습니다. 또 유혹에는 어찌할 수 없을 정도로 강력한 끌림도 있습니다. 우리가 유혹을 당할 때 겪는 괴로움, 몸부림, 갈등과 고민과 끌림 자체가 죄는 아닙니다. 아무리 강력한 유혹을 느낀다 해도 죄를 안 지을 수 있습니다. 우리가 유혹을 이기면 면류관, 트로피, 메달을 딸 수 있습니다. 이런 의미에서 본다면 유혹 자체는 죄가 아니라 복을 받는 기회가 될 수 있습니다.

본문은 하나님의 시험보다는 사탄의 유혹이라는 관점에서 시련을 다루고 있습니다. 시련을 당할 때 어떻게 하면 사탄의 유혹을 이길 수 있을까요?

> 15 욕심이 잉태한즉 죄를 낳고 죄가 장성한즉 사망을 낳느니라 약 1:15

15절에 보면 욕심이라는 단어가 나옵니다. '욕심'은 헬라어로 '에피투미아'인데, 영어로 "갈망"(desire)으로 번역되기도 하지만 "정욕"(lust)으로 번역되기도 합니다. 욕심에 대해서 분명히 해둘 것이 있습니다. 욕심도 소원의 단계에서는 죄가 아니라는 것입니다. 가령 밥을 마음껏 먹고 싶다는 소원이 죄입니까? 아닙니다. 그러나 마음껏 먹고 싶다고 식당에 들어가서 음식을 훔쳐 먹으면 죄가 됩니다. 잠을 원 없이 자보고 싶다는 소원이 죄입니까? 아닙니다. 그러나 잠을 실컷 자겠다고 하고 게을러지면 나태의 죄를 범하게 됩니다. 돈을 많이 벌겠다는 소원도 그 자체로는 죄가 아닙니다. 그러나 돈을 많이 벌겠다는 소원이 자신과 자기 가족의 안전과 번영만을 위한 것이라면, 그것은 이기주의의 죄가 됩니다.

소원과 욕심이 죄가 될 수도 있고 안 될 수도 있다면, 욕심이 죄가 되는 것은 어떤 과정 때문입니까? 욕심이 어떻게 해서 죄가 됩니까? 욕심이 잉태한다고 했는데 잉태한다는 것은 "임신한다"는 것입니다. 임신하려면 정자와 난자가 결합되어야 하는데 그러면 무엇과 무엇이 결합되어 죄를 임신하게 된 것일까요? 바로 지성의 속음(deception of mind)과 감성의 충동(desire of emotion)이 결합될 때 의지의 죄를 잉태하게 됩니다. 우리는 먼저 생각으로 속습니다. 그다음 감정으로 충동을 느낍니다. 이 둘이 합쳐져서 생각으로 속고 감정으로 충동을 느낄 때 의지로 죄를 짓게 되는 것입니다.

지성에 속지 말라

본문은 사탄의 감성적 충동을 극복하는 데 초점을 맞추지 않고 지성의 속임을 극복하는 데 초점을 맞추고 있습니다. 우리가 유혹을 이기고 죄를 짓지 않으려면 생각으로 속지 말아야 하는 것이 먼저이기 때문입니다.

16 내 사랑하는 형제들아 속지 말라 약 1:16

16절을 보면 "내 사랑하는 형제들아 속지 말라"라고 하는데 이것은 마인드(mind), 생각이 속으면 안 된다는 의미입니다. 최초의 인간

아담이 어떻게 최초로 유혹을 받았습니까? 뱀이 먼저 하와를 속일 때 어떻게 속이는지 보십시오. 말로 속입니다. 뱀이 하와에게 물었습니다.

"하나님이 참으로 너희에게 동산 모든 나무의 열매를 먹지 말라 하시더냐"(창 3:1).

이 말 속에는 "하나님은 모든 나무의 열매를 먹지 말라고 하실 수 있는 그런 분이다"라는, 하나님에 대한 부정적인 생각이 심겨져 있습니다. 이때 하와가 "동산 나무의 열매를 우리가 먹을 수 있으나 동산 중앙에 있는 나무의 열매는 하나님의 말씀에 너희는 먹지도 말고 만지지도 말라 너희가 죽을까 하노라 하셨느니라"(창 3:2,3)라는 하나님의 명령을 전했습니다. 그런데 하와는 하나님의 말씀만 말한 것이 아니라 "만지지도 말라"라는 말을 추가했고, 하나님께서 "반드시 죽으리라"라고 하셨는데 "죽을까 하노라"라고 고쳐 말했습니다.

그러자 사탄이 때를 놓치지 않고 "너희가 결코 죽지 아니하리라 너희가 그것을 먹는 날에는 너희 눈이 밝아져 하나님과 같이 되어 선악을 알 줄 하나님이 아심이니라"(창 3:4,5)라고 못을 박아버립니다. 사탄이 하와를 속인 것입니다. 하나님께서는 "반드시 죽으리라"라고 하셨는데, 사탄은 "결코 죽지 아니하리라"라고 할 뿐 아니라 "하나님과 같이 된다"는 약속까지 덧붙였습니다.

사탄은 하와의 생각을 바꾸도록 속였고, 하와는 사탄에게 지성으로 속았습니다. 사탄은 하와 안에 하나님의 말씀을 거스르도록 잘못된 생각을 집어넣었고, 사탄의 그 거짓말이 하와의 마인드에 심겨졌습니다. 이것이 마인드, 즉 지성이 속는 것입니다. 사람이 지성으로 속으면 그는 잘못된 생각을 합니다.

지성이 속으면 생각이 비뚤어집니다. 하와는 지성으로 "선악과를 따 먹어도 죽지 않을 뿐만 아니라 하나님처럼 된다"라고 생각했습니다. 하와가 지성적으로 속아 넘어가고 난 뒤 선악과를 보니 그 선악과는 "먹음직도 하고 보암직도 하고 지혜롭게 할 만큼 탐스럽기도 한 나무"였습니다. 하와가 감성으로 탐욕에 빠져 '아, 정말 먹기에 좋고, 보기에 좋고, 지혜롭게 할 만큼 탐스럽기도 하구나'라고 느낀 후에 의지로 그 열매를 따 먹었습니다.

물론 인간의 지정의(知情意)가 거의 동시에 활동하여 지정의 전체가 선악과를 따 먹는 일에 공범이지만, 하와가 선악과를 따 먹어서 죄를 짓는 과정을 분석해볼 때 먼저 생각이 속고, 그다음 감정이 충동을 받고, 마지막으로 의지로 죄를 짓게 된다는 것입니다.

그러니까 우리가 유혹에 넘어가지 않으려면 먼저 지성으로 속아서는 안 됩니다. 생각이 속으면 안 됩니다. 생각을 잘못하면 안 된다는 것입니다.

그래서 상담학자나 심리학자들 중에 인지 치료(cognitive therapy)라는 말을 합니다. 이것은 지성, 우리의 생각을 치료하는 것입니다. 잘못된 생각이 잘못된 감정을 만들어낸다고 보기 때문에 잘못된 감정을 치료하기 위해서는 먼저 지성의 잘못된 생각부터 고쳐야 인생을 변화시킬 수 있다고 보는 것입니다. 생각은 느낌을 낳고, 느낌은 행동을 낳고, 행동은 습관을 낳고, 습관은 인격을 낳고, 인격은 인생을 낳습니다. 따라서 잘못된 인생의 문제를 고치려면 가장 먼저 잘못된 생각부터 치료하는 것이 인지 치료입니다.

완벽하신 예수님의 경우

그러면 완벽한 하나님, 완벽한 인간이신 예수님의 경우에 어떻게 유혹을 이기고 승리의 길을 가셨습니까? 100퍼센트 하나님이시면서 동시에 100퍼센트 인간으로서 예수님이 어떻게 유혹을 이기셨는지 보면 우리도 유혹을 이길 수 있습니다. 예수님은 사십 일 동안 밤낮 주리신 후에 유혹을 받으셨습니다. 사십 일 동안 굶주리고 나면 돌이 떡으로 보입니다. 굶주린 상황에서 유혹을 받으셨고, 광야에서 외로운 상황에서 유혹을 받으셨고, 지칠 대로 지친 상황에서 유혹을 받으셨습니다. 우리도 이 세 가지를 주의해야 합니다.

우리가 어떤 상황에서 유혹을 받는지 보십시오. 굶주릴 때, 필요한 것이 있는데 그것이 없을 때 유혹을 받습니다. 자식을 병원에 입원시켜서 수술을 받게 해야 사는데 수술비가 없을 때 회사 돈을 훔쳐서라도 자식을 치료하고 싶은 유혹을 받습니다. 부모를 떠나 타지에서 대학에 다니거나 유학생활을 하면서 혼자 지낼 때, 간섭이 없고 보는 사람이 없으면 그럴 때 유혹받기 쉽습니다. 또 견딜 수 없을 만큼 심신이 지쳐 있을 때 그동안 지켜온 자기 나름의 기준이 무너지면서 쉽게 유혹을 받게 됩니다.

예수님은 유혹을 이기고 죄를 짓지 않으셨지만 우리처럼 유혹을 받아보셨기 때문에 유혹을 받을 때 우리의 심정을 이해하고 공감하십니다. 그렇기 때문에 우리를 동정하십니다.

"나도 안다. 나도 겪어봤다. 나도 너처럼 고민도 해봤고, 갈등도 겪어봤고, 아파도 봤고 배고파도 봤고 가난도 겪어봤어. 나도 알아, 나도 알아."

예수님은 먼저 돌로 떡덩이를 만들어 먹으라는 의식주 문제의 유혹을 받으셨습니다. 예수님은 성전 꼭대기에서 뛰어내려도 사람들 앞에서 전혀 다치지 않는 모습을 보여주라는 명예의 유혹도 받으셨습니다. 또 사탄에게 경배하면 천하만국을 주겠다는 권력의 유혹도 받으셨습니다. 굳이 고통스러운 십자가의 길을 가지 않고 지금 당장 예수님이 가진 놀라운 능력으로 의식주 문제를 해결하고 지름길로 명예와 권력도 장악하라는 유혹을 받으신 것입니다.

예수님은 사람이 받을 수 있는 모든 전형적인 유혹을 받으셨습니다. 그런데 그럴 때마다 예수님은 매번 기록된 말씀을 인용하여 반박하셨습니다. 속지 않으셨습니다. 사탄의 거짓말을 하나님의 참말로 이기셨습니다. 예수께서 속이고자 하는 사탄에게 틈을 주지 않으셨던 것처럼 우리도 모든 하나님의 말씀으로 사탄의 거짓말에 틈을 주지 말아야 합니다.

유혹을 참고 이겨낸 자의 복

16절, "내 사랑하는 형제들아 속지 말라", 우리의 생각이 속지 말아야 한다는 것을 정확히 말씀합니다. 그러면 우리가 유혹과 관련해서 어떤 생각에 속지 말아야 합니까?

> 12 시험을 참는 자는 복이 있나니 이는 시련을 견디어 낸 자가 주께서 자기를 사랑하는 자들에게 약속하신 생명의 면류관을 얻을 것이기 때문이라 약 1:12

12절 "시험을 참는 자는", 이때 '시험'은 '유혹'으로 번역되는 것이 맞습니다. 유혹을 참고 시련을 통과하는 자가 면류관을 얻을 것입니다. 면류관은 이기는 사람이 받는 것입니다. 금메달도 열심히 훈련해서 끝까지 잘한 사람이 받게 되는 것입니다. 이것이 운동 비유입니다. 이렇게 우리가 유혹을 참고 견뎌서 면류관을 받으려고 할 때 사탄은 반대로 우리를 속입니다. 우리에게 잘못된 생각을 심어주는 것입니다.

"야, 때려치워. 힘들잖아. 너, 없잖아. 이때 잠깐 양심을 접어둬. 뭐 하려고 끝까지 지키려고 그래? 그만둬."

그러나 그럴 때 우리가 생각을 바로 해야 합니다.

'그렇지 않아. 시련을 견디면 유익이 있어. 주님이 주신 약속이 있어. 시련을 견디는 것은 하나님을 사랑한다는 표현이야. 하나님을 사랑해서 끝까지 잘 견디면 생명의 면류관을 받아. 나도 끝까지 잘

견딜 거야.'

12절에 나오는 '생명의 면류관'은 모든 그리스도인들이 다 받는 것이 아닙니다. "시련을 견디어 낸 자"라는 조건이 붙어 있습니다. 이 말은 "시련의 시험에 합격한 사람"(도키모스)이라는 뜻입니다. 시련의 유혹에 넘어가지 않고 끝까지 견딘 사람을 말합니다.

이 생명의 면류관은 영생(永生)을 비유하는 것이 아닙니다. 시련에 합격하면 생명을 얻는다는 의미가 아니라는 말입니다. 예수님을 믿는 사람들은 시련의 시험에 합격 여부와 관계없이 모두 다 영생을 받습니다. '생명의 면류관'은 예수님을 믿는 사람들이 다 받는 영생이 아니라, 시련을 끝까지 잘 견뎌서 시련의 시험에 합격한 자가 받는 '상'(reward)을 가리킵니다.

하늘 상급과 면류관

예수님이 재림하시면 우리 믿는 사람들은 천국이냐 지옥이냐 하는 심판은 받지 않습니다. 예수님을 믿는 순간 사탄의 왕국에서 그리스도의 왕국으로, 사망에서 생명으로 옮겨지기 때문입니다. 예수께서 이 진리를 분명하게 가르쳐주셨습니다.

"내가 진실로 진실로 너희에게 이르노니 내 말을 듣고 또 나 보내신 이를 믿는 자는 영생을 얻었고 심판에 이르지 아니하나니 사망에서 생명으로 옮겼느니라"(요 5:24).

예수님이 재림하실 때 우리 그리스도인들은 지옥으로 떨어지는 심판은 받지 않지만, 동기와 말과 행동에 따라 상급 심판을 받습니다. 바울 사도는 이 진리를 분명하게 말했습니다.

"우리는 몸으로 있든지 떠나든지 주를 기쁘시게 하는 자가 되기를 힘쓰노라 이는 우리가 다 반드시 그리스도의 심판대 앞에 나타나게 되어 각각 선악간에 그 몸으로 행한 것을 따라 받으려 함이라"(고후 5:9,10).

우리가 예수님을 최초로 믿고 나서 그 동기와 말과 행동으로 예수님을 어떻게 믿고 따랐느냐에 따라 우리는 천국의 차등 상급을 받습니다. 예수님을 믿는 사람들 중에는 영광스러운 구원을 받을 사람도 있고, 부끄러운 구원을 받을 사람도 있습니다. 고린도전서 3장 10절부터 15절에서 바울은 우리가 예수 그리스도의 터전 위에 집을 지을 때 금이나 은이나 보석으로 지으면 각 사람의 공적이 불을 통과할 때 그 공적이 남아 있기 때문에 상을 받는다고 했습니다. 예수 그리스도의 터전 위에 집을 지어도 나무나 풀이나 짚으로 집을 지으면 불을 통과할 때 공적이 불타 없어지기 때문에, "구원을 받되 불 가운데서 받은 것 같을"(고전 3:15) 것이라고 합니다.

여기서 다시 '불 가운데서 받은 구원'이란 불같은 연단을 통과해서 구원받는다는 뜻이 아닙니다. 연단은 모든 성도들이 다 받는 것이기 때문에 예수님의 재림 시 상급 심판이라는 문맥에서 불같은 연단을 받아 구원받는다는 것은 맞지 않습니다. 또 이것은 죽은 후 연옥에 가서 얼마 동안 살다가 후에 구원을 받아 천국으로 들어간다는 뜻도 아닙니다.

'불 가운데서 받은 구원'은 마치 소돔과 고모라가 유황불 심판으로 멸망할 때 거기서 간신히 구원받은 롯과 그의 딸들처럼 구원을 받는다는 것입니다. 예수님을 믿되 동기와 말과 행위로 잘 믿은 그리스도인은 영광스러운 구원을 받겠지만, 그렇지 못한 그리스도인은 불이 떨어지는 다급한 상황에서 간신히 건짐을 받은 것과 같은 구원을 받을 것입니다.

찰스 스펄전(Charles Spurgeon)은 "여기 아래서 십자가를 지지 않는 사람들은 천국에서 관을 쓰지 못합니다"라고 했습니다. 이 땅에서 하나님나라의 확장을 위해 예수 그리스도의 이름으로 십자가를 지지 않으면, 저 하늘 천국에서 면류관을 받지 못한다는 것입니다.

예수님을 믿을 때 잘 믿는가, 그렇지 않은가에 따라 상급이 다릅니다. 차등 상급 면에서 의의 면류관도 있고(딤후 4:8), 썩지 아니할 면류관도 있고(고전 9:25-27), 영광의 면류관도 있고(벧전 5:2-4), 기쁨의 면류관도 있고(단 12:3 ; 살전 2:19), 생명의 면류관도 있습니다(약 1:12 ; 계 2:10).

죄를 핑계할 수 없다

우리는 시련을 통해 하나님의 시험과 사탄의 유혹을 받을 때 지성으로 속지 말아야 합니다. 사탄이 잘못된 생각을 집어넣을 때 즉시 그 잘못된 생각을 하나님의 말씀으로 바꾸어야 합니다. 하나님의 말씀으로 사탄이 주는 생각의 속임을 막고 생각을 지켜야 합니다.

"모든 지킬 만한 것 중에 더욱 네 마음을 지키라 생명의 근원이 이에서 남이니라"(잠 4:23).

> 13 사람이 시험을 받을 때에 내가 하나님께 시험을 받는다 하지 말지니 하나님은 악에게 시험을 받지도 아니하시고 친히 아무도 시험하지 아니하시느니라 14 오직 각 사람이 시험을 받는 것은 자기 욕심에 끌려 미혹됨이니 약 1:13,14

사람이 유혹에 빠져 죄를 지을 때 하나님을 원망하는 것은 타락한 본성을 따라가는 것입니다. 인간이 죄를 지어놓고 하나님 때문이라고 하는 것은 인류의 조상 아담 때부터 내려온 죄악의 본성입니다. 아담이 선악과를 따 먹고 하나님께 뭐라고 했습니까?

"하나님이 주셔서 나와 함께 있게 하신 여자 그가 그 나무 열매를 내게 주므로 내가 먹었나이다"(창 3:12).

먹지 말라고 한 그 열매를 따 먹었느냐고 물으시는 하나님의 질문에 아담은 "여자가 줘서 먹었습니다"라고 하면서 책임을 여자에게 떠넘겼습니다. 그런데 그것은 여자에게 책임을 전가하는 데서 끝난 것이 아닙니다. "하나님이 주셔서 나와 함께 있게 하신 여자" 때문이라고 하면서 하나님 핑계를 대고 있는 것입니다. 사실 아담은 하나님께서 아담의 갈비뼈로 하와를 만드시고 아담에게 이끌어 오셨을 때, "내 뼈 중의 뼈요 살 중의 살이라"라고 좋아했습니다. 그랬던 그가 선악과를 먹는 죄를 짓고 나자 핑계를 댑니다.

"하나님께서 괜히 저 여자를 만들어서 문제가 생기게 하셨잖아요. 하나님이 여자를 만들지 않으셨다면 나도 그 나무 열매를 먹지 않았을 거 아닙니까?"

하와도 마찬가지입니다. 하와는 "뱀이 나를 꾀므로 내가 먹었나이다"라고 하면서 뱀에게 책임을 떠넘겼지만, 사실은 뱀을 만들어서 자기를 유혹하도록 하신 하나님께 책임을 돌리고 있는 것입니다. 결국 아담과 하와 모두 "내가 그랬습니다. 내 책임입니다"라고 하지 않았습니다. 뱀 때문에, 여자 때문에, 아니 '하나님' 때문이라고 한 것입니다. 아담과 하와는 "내가 죄를 지었습니다"(I have sinned)라고 하지 않고, "나는 당했습니다"(I have been sinned against)라고 한 것입니다.

이렇게 우리는 유혹을 받을 때 자꾸 남의 탓을 합니다. 요즘 심리학과 상담학에 관한 책을 보면 거의 대부분 남의 탓입니다. 누구한테 당했다, 왕따를 당했다, 가난해서 그랬다, 거의 사람 핑계를 대고 환경을 탓합니다. 언뜻 보면 사람이나 환경을 탓하는 것 같아 보여도 사실 그 배후는 하나님을 탓하는 것입니다. 하나님이 나를 가난하게 만드셨다, 그러니까 하나님의 책임이라는 것입니다.

그러나 하나님은 우리를 유혹하셔서 죄를 짓게 하시는 분이 아닙니다. 하나님께서 완벽한 善(선)이신데 어떻게 유혹을 하고 유혹을 받으십니까? 절대 있을 수 없는 일이지요. 그런데 우리가 자꾸 그렇게 핑계를 댑니다. 그러나 틀렸습니다. 안 당했습니다.

하나님을 원망한 죄

제가 초등학교 때 구슬치기 놀이를 하고 있을 때였습니다. 제가 땅바닥에 눕다시피 해서 구슬을 만지고 있는데 갑자기 머리가 뜨끈뜨끈해졌습니다. 어떤 아이가 제 머리 위에 오줌을 싼 것입니다. 이것은 분명히 가해자인 그 친구에게 책임이 있습니다. 정말 잘못했지요. 그럼 피해자인 저에게는 무슨 죄가 있었을까요? 그 순간 저는 그 친구가 죽이고 싶도록 미웠습니다. 이것이 바로 피해자의 죄입니다.

물론 가해자에게 책임이 있지만 피해자의 반응에도 책임이 있다는 것입니다. 어릴 때 어떤 상처를 받았습니까? 그 상처를 받을 때 어떤 반응을 보였습니까? 내게 상처를 준 가해자가 죽도록 미웠다면, 그 죄를 회개한 적이 있습니까? 우리는 늘 당했다는 생각만 하고 삽니다. 그러면 평생 피해의식에서 벗어날 수가 없습니다. 주님의 마음으로 가해자를 용서해보셨습니까? 이 세상에 가해자가 존재하도록 하신 하나님을 원망한 죄를 회개해보셨습니까?

여기에 심리상담학과 성경의 근본적인 차이가 있습니다. 심리상담학은 우리가 당했다고 하고 환자라고 하고 그래서 치료가 필요하다고 말합니다. 그러나 성경은 우리가 죄를 지었다고 하고 죄인이라고 하고 그래서 우리에게 구원이 필요하다고 말씀합니다. 이것이 다른 것입니다.

우리가 유혹을 받을 때 가장 큰 문제 중에 하나는, 우리가 하나님께 유혹을 받는다고 생각한다는 것입니다. "내가 하나님 때문에 당했다, 하나님이 나를 이런 상황 가운데 두셨다, 하나님께서 내게 이렇게 하셨다"는 식의 반응을 보인다는 것입니다. 저는 어린 시절에 왜 나는 가난한 집안에서 태어났을까 하는 생각을 참 많이 했습니다.

'이웃집에는 소도 있고 넓은 논도 있는데, 왜 우리 집에는 소도 없고 땅도 몇 마지기 안 되는가? 왜 월사금도 다달이 내지 못하는 집에 태어났는가?'

저의 그런 생각 밑바닥에는 가난한 집에 태어나게 하신 하나님에 대한 원망이 깔려 있었습니다. 특별히 아버지가 목회자이시기 때문에 더 가난할 수밖에 없었던 것이 아닌가 해서 하나님은 늘 저의 원망과 불평의 대상이었습니다. 저에게 하나님은 내가 잘못되도록 만드시는 분, 내가 잘 살고 편하게 사는 것을 차마 보지 못하시는 분, 내가 뭘 잘못해도 그것은 다 하나님 탓이라는 잘못된 생각이 있었습니다. 13절 말씀처럼 내가 가난한 목회자 집안이라는 환경을 통해 하나님으로부터 유혹을 받는다고 잘못 생각한 것입니다.

'하나님께서 비록 나를 가난한 목회자 집안에서 태어나게 하셨지만, 나의 할머니, 아버지, 어머니가 항상 날 위해 기도하셔. 나는 정말 복된 집안에서 태어났어. 일찍이 하나님께서는 할머니가 예수님을 믿게 하시고, 우리 집안이 예수님의 생명의 복음을 영접하게 하셨어. 이보다 더 귀하고 값진 일이 어디 있을까? 하나님은 정말 좋으신 분이야.'

　제가 좀 더 일찍 이런 바른 생각을 했다면 얼마나 좋았을까요? 지금도 사탄은 우리가 어려울 때마다 하나님을 탓하도록 우리를 유혹하지만, 우리는 항상 '하나님은 항상 내가 잘되기를 원하셔. 하나님은 절대 선하신 분이야'라고 생각해야 합니다. 우리는 사탄이 지성적으로 잘못된 생각을 하도록 속일 때 사탄의 속임수에 넘어가지 않도록 하나님의 말씀에 근거해서 하나님이 어떤 분인지 바른 생각을 해야 합니다.

사탄의 미끼는 우리의 욕심이다

　하나님께서 우리를 유혹하시는 것이 아니라면 사람이 왜 유혹을 받습니까? 사실 유혹은 밖에 있는 것이 아닙니다. 물론 사탄이 우리를 유혹하는 것은 사실이지만, 사탄이 아무리 유혹해도 우리가 반응을 보이지 않으면 됩니다. 사탄이 바깥에서 유혹할 때 우리 속에서 자극을 받고 반응을 보이는 것은 바로 우리의 욕심입니다. 진짜 유혹은 밖에 있는 것이 아니라 안에 있습니다. 내 속에 있는 욕심의 반응의 문제입니다.

　14절에 "오직 각 사람이 시험을 받는 것은 자기 욕심에 끌려 미혹됨이니"라고 했는데 미혹된다는 단어는 낚시의 미끼 비유에서 나온 것으로 '미혹하다'는 헬라어 '델레아조', 영어로는 'lure'로 번역합니다. 유혹은 우리의 욕심을 자극하는 미끼를 던집니다. 우리는 모두 욕심을 가지고 있습니다. 따라서 모든 사람이 각각 유혹을 받습니다. 우리가 유혹을 받을 때 마치 미끼를 무는 물고기처럼 반응을 보이는데, 우리가 미끼를 무는 순간 우리의 욕심은 죄악의 탐욕이 됩니다.

그런데 물고기의 종류마다 미끼가 다른 것처럼 사람도 좋아하는 미끼가 따로 있습니다. 저에게 술, 도박, 담배를 아무리 갖다 대도 저는 거기에 유혹받지 않습니다. 그것은 저에게 미끼가 아닙니다. 반면에 "누가 목회에 성공했다더라" 그러면 제 눈이 번쩍 떠집니다. 그런 측면에서 볼 때 명예와 성공이 저에게 미끼가 될 가능성이 많습니다. 그래서 스스로 조심합니다.

헤밍웨이가 쓴 《노인과 바다》의 주인공인 어부 산티에고라는 노인이 84일 동안 고기 잡는 데 실패하다가 드디어 고기를 잡았는데 1500파운드, 거의 700여 킬로가 나가는 거대한 고기를 잡았습니다. 이 고기를 가져다가 팔면 겨울 내내 먹고살 만큼 큰돈을 법니다. 그런데 그가 잡은 고기를 항구까지 운반할 때 계산하지 못한 것이 있었습니다. 바로 상어 떼들의 공격이었습니다. 그가 해안에 도착했을 때 남아 있는 것은 거대한 뼈다귀뿐이었습니다. 이것이 유혹의 실체입니다.

아내 외의 다른 여자가 너무너무 아름다워 보일지 몰라도 만약에 아내를 버리고 다른 여자와 문제를 일으키면 마지막에 남는 것은 회환의 뼈다귀입니다. 가족들이 다 깨어져서 고통당하는 모습이 보이지 않습니까? 가정 파괴의 뼈다귀입니다. 늙어 노인이 되어도 자식들이 찾아오지 않습니다. 불안, 죽음의 뼈다귀만 남습니다. 성경은 이것을 깨우쳐줍니다. 유혹의 미끼만 보지 말고 낚시를 미리 보라, 회칼을 미리 보라고 경고합니다.

교회에도 나오고 신앙생활을 하는 것 같아 보이는데 밖에 나가면 미끼를 덥석덥석 물어버리고 불신자와 똑같이 산다면 그는 뼈다귀만 남은 신자입니다. 예수님의 십자가라는 놀라운 하나님의 은혜로 구원받은 사람이 이렇게 산다면 이것은 보통 문제가 아닙니다. 자신이 무엇을 보면 콱 무는지, 자신이 잘 넘어가는 미끼, 가장 매력을 느끼는 미끼가 무엇인지 살피십시오. 옛날에도 넘어갔는데 지금도 넘어가는 것이 무엇인지 살펴보아야 합니다.

유혹에 빠진 인생의 종말

명심하십시오. 사탄의 유혹은 미끼는 보여주지만 절대로 낚시를 보여주지 않습니다. 그러나 하나님은 미끼도 보여주시지만 낚시도 보여주십니다. 유혹의 미끼를 물어버리면 낚시에 걸리고 회칼이 지나간다는 것까지 보여주십니다.

만약에 삼손이 하나님의 말씀을 어겼다가 눈이 뽑히고 모든 힘을 잃은 채 감옥에 갇혀 맷돌을 돌리는 신세가 되는 장면을 미리 보았다면 들릴라의 유혹이라는 미끼를 물었을까요? 안 물었을 것입니다. 만약에 다윗이 자기 아들 압살롬이 반란의 두목이 되어 부왕의 첩을 백주(白晝)에 강간하고, 자신이 그 아들에게 쫓겨나 맨발로 울며 피난길에 오르고, 결국 그 아들의 치렁치렁한 머리채가 상수리나무에 걸려죽고, 자신이 "내 아들 압살롬아, 내 아들 압살롬아"라고 대성통곡을 하는 장면을 보았다면 그래도 밧세바를 취했을까요? 그렇지 않았을 것입니다. 미끼만 보고 낚시를 보지 않았기 때문에 속은 것입니다. 낚시를 보면 속지 않는 것입니다. 미끼를 볼 때 죽음도 보아야 합니다.

결국 15절, "욕심이 잉태한즉 죄를 낳고 죄가 장성한즉 사망을 낳느니라"라는 말씀처럼 정확히 그 마지막은 사망입니다.

"에이, 목사님, 뭐 그런다고 죽습니까? 그런다고 당장 지옥에 갑니까?"

사탄은 바로 이렇게 속입니다. 성경은 분명히 사망이라고 했습니다. 유혹의 미끼를 물면 낚시가 그 속에 있고 그 뒤에 회칼이 기다리고 있습니다. 특히 남성들은 이 회칼을 기억하시기 바랍니다. 자기 아내를 보고 세상의 다른 여자를 보니까 다른 여자가 너무 예쁘고 화려하게 보이고 '남은 세월을 저런 여자와 살면 더 이상 바랄 게 없겠구나' 이런 유혹이 찾아올 때 회칼을 기억하십시오. 분명히 죽습니다.

관계가 죽고 마음의 평안이 죽고 행복이 죽고 아무리 무덤덤한 사람이라도 평생 죄책감에 사로잡혀 죽습니다. 이렇게 성경은 미끼를 문 다음에 일어날 비참한 죽음, 지옥으로 내려가는 계단에 앉아 있게 되는 것을 보여줌으로써 미끼를 물지 않도록 하는 것입니다. 욕심이 잉태하면 죄를 낳고 죄가 크면 사망을 낳습니다. 이것이 유혹에 빠진 인생의 종말입니다.

모든 좋은 것이 하나님으로부터 온다

속지 마십시오. 사탄이 우리의 마인드를 속입니다. 사탄이 우리의 지성을 속일 때 우리는 정신을 바짝 차려서 하나님의 말씀으로 사탄의 지성적 속임수에 넘어가지 말아야 합니다. 욕심에 이끌려 미끼를 물면 좋은 것을 얻으리라는 속임수에 넘어가지 말아야 합니다.

> 17 온갖 좋은 은사와 온전한 선물이 다 위로부터 빛들의 아버지께로부터 내려오나니 그는 변함도 없으시고 회전하는 그림자도 없으시니라 약 1:17

모든 좋은 것이 하나님으로부터 내려옵니다. 모든 좋은 은사와 선물이 다 하나님으로부터 내려옵니다. 하나님으로부터 오는 것은 완벽하게 좋은 것입니다. 욕심이 주는 것은 일시적으로 좋지만, 하나님이 주시는 것은 영원히 좋습니다. 욕심이 주는 것은 만족을 줄 것처럼 속이지만, 하나님이 주시는 것은 진정한 만족을 줍니다. 하나님이 주시는 것은 참된 만족, 참된 행복, 참된 평화를 줍니다.

하나님께서 예수 그리스도를 우리에게 선물로 주셨습니다. 하나님이 주신 우리의 구원주 예수 그리스도는 만국의 보배입니다. 하나님께서 우리에게 영생을 주셨습니다. 하나님이 주신 영생은 현세에 보람과 행복을 주는 참된 생명이며 내세에 영원한 지복(至福)을 주는 영원한 생명입니다. 하나님께서 우리에게 성령님을 선물로 주셨습니다. 성령님은 우리 인생의 모든 상황에서 우리를 가르치고 인도하고 보호하고 공급하고 상담해주고 책망하고 위로해주시는 우리의 보혜사이십니다.

하나님께서 우리에게 성령의 은사들을 주셨습니다. 이 세상에서 살아갈 때에 참으로 필요한 것들을 주십니다. 하나님께서 우리의 기도에 응답하셔서 좋은 것을 주시고 지혜도 주시고 행복도 주십니다. 모든 좋은 것, 모든 좋은 선물이 빛들의 아버지, 변함도 없고 회전하는 그림자도 없으시고, 어제나 오늘이나 영원토록 동일하신 하나님, 우리를 위해 자신의 외아들을 내어주시고, 우리를 구원하시고, 모든 것이 합력하여 선을 이루게 하시고, 우리의 삶에 어떤 일이 일어나도 우리를 버리지 않으시는 하나님 아버지로부터 내려옵니다.

결코 욕심으로부터 오는 것이 아닙니다. 유혹에 넘어갔을 때 찾아오는 달콤함에서 오는 것이 아닙니다. 하나님으로부터 오는 것입니다. 모든 좋은 것은 다 위로부터 '빛들의 아버지' 하나님께로부터 온다는 이 말씀을 기억하십시오. 유혹을 이기기 위해서는 지성적으로 속지 말아야 합니다. 지성적으로 속지 않기 위해서는 우리 마음에 하나님의 말씀이 머물러 있어야 합니다. 아담은 하나님의 말씀을 버림으로 유혹에 넘어갔지만, 예수님은 하나님의 말씀을 붙잡고 유혹을 물리치셨습니다.

다윗은 시편 119편 9절부터 11절에서 이 진리를 분명히 밝혔습니다.

"청년이 무엇으로 그의 행실을 깨끗하게 하리이까 주의 말씀만 지킬 따름이니이다 내가 전심으로 주를 찾았사오니 주의 계명에서 떠나지 말게 하소서 내가 주께 범죄하지 아니하려 하여 주의 말씀을 내 마음에 두었나이다"(시 119:9-11).

하나님의 말씀을 암송하고 주야로 묵상하고 실천하는 삶을 통해 우리는 유혹을 물리칠 수 있습니다. 하나님의 말씀이 내 속에 있으면 사탄의 지성적 속임수에 속지 않고 말씀으로 이길 수 있습니다. 그러면 죄가 잉태되지 않습니다. 예수님은 미끼만 보지 않게 해주십니다. 낚시를 보고 낚시에 걸리지 않게 해주십니다. 예수님은 욕심이 잉태한 죄의 결과, 즉 죽음을 보게 하셔서 유혹에 넘어가지 않게 해주십니다. 예수님은 끝까지 견뎌낼 힘을 주십니다. 예수님은 낚시를 빼내주십니다. 예수님은 우리가 자기 죄로 인해 죽도록 두시는 것이 아니라, 우리의 죄를 죽여주십니다.

예수님은 유혹을 당하셨지만 유혹을 이기고 승리하셨습니다. 예수님은 하늘 보좌에 앉으셔서 우주 대권의 트로피를 받으셨습니다. 우리는 이 예수님에게 반응을 보여야 합니다. 유혹을 예수님께 맡기십시오. 예수님이 우리를 고쳐주시도록 맡기고 믿으십시오. 예수 그리스도께 인생을 맡기십시오. 예수 그리스도 안에 유혹을 이기고 트로피를 받는 길이 있습니다.

PART

2

믿음
행동
체크리스트

18 그가 그 피조물 중에 우리로 한 첫 열매가 되게 하시려고 자기의 뜻을 따라 진리의 말씀으로 우리를 낳으셨느니라 19 내 사랑하는 형제들아 너희가 알지니 사람마다 듣기는 속히 하고 말하기는 더디 하며 성내기도 더디 하라 20 사람이 성내는 것이 하나님의 의를 이루지 못함이라 21 그러므로 모든 더러운 것과 넘치는 악을 내버리고 너희 영혼을 능히 구원할 바 마음에 심어진 말씀을 온유함으로 받으라 22 너희는 말씀을 행하는 자가 되고 듣기만 하여 자신을 속이는 자가 되지 말라 23 누구든지 말씀을 듣고 행하지 아니하면 그는 거울로 자기의 생긴 얼굴을 보는 사람과 같아서 24 제 자신을 보고 가서 그 모습이 어떠했는지를 곧 잊어버리거니와 25 자유롭게 하는 온전한 율법을 들여다보고 있는 자는 듣고 잊어버리는 자가 아니요 실천하는 자니 이 사람은 그 행하는 일에 복을 받으리라 26 누구든지 스스로 경건하다 생각하며 자기 혀를 재갈 물리지 아니하고 자기 마음을 속이면 이 사람의 경건은 헛것이라 27 하나님 아버지 앞에서 정결하고 더러움이 없는 경건은 곧 고아와 과부를 그 환난 중에 돌보고 또 자기를 지켜 세속에 물들지 아니하는 그것이니라

▬

야고보서 1장 18-27절

chapter 05

말씀을 알고
말씀을 행하라

모든 좋은 것이 하나님으로부터 온다면 우리가 하나님으로부터 받은 좋은 선물이 무엇일까요? 야고보가 이 질문에 분명한 대답을 하고 있습니다.

하나님 우리를 낳으시고

18 그가 그 피조물 중에 우리로 한 첫 열매가 되게 하시려고 자기의 뜻을 따라 진리의 말씀으로 우리를 낳으셨느니라 약 1:18

야고보는 우리가 하나님으로부터 받은 최초의 선물이 하나님께서 우리를 낳으셨다는 것이라고 소개합니다. 하나님은 육신이 없으시니 태(胎)가 있는 것도 아니고 열 달 동안 우리를 품으셨다가 육신적으로 낳으신 것도 아닙니다. 하나님이 우리를 낳으셨다는 것은 영적으로 낳으셨다는 것인데, 하나님께서 우리를 출산하셨다는 것은 정말 엄청난 말씀입니다. 그러면 하나님께서 나를 낳으셨고 우리를 낳으셨다는 이 영적 출생이 어떤 의미일까요?

요한복음 3장에서 예수님은 니고데모에게 이렇게 말씀하셨습니다. "예수께서 대답하여 이르시되 진실로 진실로 네게 이르노니 사람이 거듭나지 아니하면 하나님의 나라를 볼 수 없느니라… 예수께서 대답하시되 진실로 진실로 네게 이르노니 사람이 물과 성령으로 나지 아니하면 하나님의 나라에 들어갈 수 없느니라"(요 3:3,5).

주님은 우리가 거듭나지 않으면 하나님나라를 볼 수도 없고 들어갈 수도 없다는 진리를 너무나 분명히 말씀해주셨습니다. 이때 예수께서 '거듭난다'고 하신 것은 "다시 태어난다"(born again), "위로부터 태어난다"(born from above)라는 뜻입니다. 이것은 하나님께서 우리를 낳으셨다는 것과 같은 의미입니다.

니고데모는 유대인의 스승으로 요즘으로 말하면 신학자입니다. 한 신학자가 와서 "당신이 물로 포도주를 만드신 것을 보니 하나님이 함께하신다는 증거입니다. 당신은 하나님으로부터 오신 선생님입니다. 저에게 한 수 가르쳐주십시오" 이렇게 말한 것입니다. 그때 예수님은 "아, 물로 포도주를 만든 것을 보고 내가 하늘로부터 내려온 선생이라는 것을 깨달았으니 대단하시네요"라고 말씀하시지 않고 찬물을 끼얹었듯이 아주 충격적인 말씀을 하셨습니다.

"당신이 유대인의 스승으로 뭘 좀 안다고 생각하는데, 당신은 아직 시작도 안 했어. 처음부터 다시 출발해야 해. 영적인 출생조차 안 했어. 거듭나야 돼. 물과 성령으로 거듭나야 돼."

그러면 물로 거듭난다는 것이 무엇이고 성령으로 거듭난다는 것이 무엇입니까? 에스겔서 36장에 물과 성령으로 거듭나는 것에 대한 예언이 나와 있습니다.

"맑은 물을 너희에게 뿌려서 너희로 정결하게 하되 곧 너희 모든 더러운 것에서와 모든 우상숭배에서 너희를 정결하게 할 것이며 또 새 영을 너희 속에 두고 새 마음을 너희에게 주되 너희 육신에서 굳은 마음을 제거하고 부드러운 마음을 줄 것이며 또 내 영을 너희 속에 두어 너희로 내 율례를 행하게 하리니 너희가 내 규례를 지켜 행할지라"(겔 36:25-27).

물로 우리의 모든 죄를 씻어주시고, 새 영을 부어주셔서 돌같이 딱딱한 마음을 살같이 부드러운 마음으로 바꿔주시고, 그래서 하나님의 말씀을 지킬 수 있도록 능력을 주신다는 예언입니다. 그런데 이 예언이 예수님의 입에서 나올 때는 물과 성령으로 거듭난다고 합니다.

그러면 먼저 물로 거듭난다는 것이 무엇일까요? 에베소서 5장 26절에 따르면 물은 '말씀의 물'을 말합니다. 물로 씻는다는 것은 하나님의 말씀으로 우리의 모든 더러운 죄를 씻어주시고 우리를 깨끗하게 하신다는 것입니다.

"이는 곧 물로 씻어 말씀으로 깨끗하게 하사 거룩하게 하시고"(엡 5:26).

하나님은 이렇게 말씀의 물로 우리의 죄를 깨끗하게 씻어주시고, 성령으로 우리에게 부드러운 마음, 새 마음을 주셔서 하나님의 말씀대로 살아갈 수 있게 해주십니다. 이것을 가리켜서 하나님께서 우리를 낳으신 것, 물과 성령으로 거듭나는 것, 즉 중생(重生)이라고 합니다. 중생은 다시 태어나는 것입니다.

하나님은 우리의 지식이나 선행이나 어떤 공로에 의해 우리를 낳으신 것이 아닙니다. 하나님께서는 우리에게 주권적으로 개입하셔서 말씀의 물로 죄를 씻어주시고, 성령의 능력을 주셔서 하나님의 말씀대로 행할 수 있게 해주셨습니다.

중생이란 무엇인가?

"그런즉 누구든지 그리스도 안에 있으면 새로운 피조물이라 이전 것은 지나갔으니 보라 새것이 되었도다"(고후 5:17).

중생은 엄청난 복입니다. 중생은 새 출생, 새 생명의 출발입니다. 중생은 새로운 피조물, 새로운 인간 창조, 새로운 인생이 된 것입니다(롬 6:3,4 ; 고후 5:17 ; 엡 4:24). 우리 중에 완벽한 사람은 아무도 없지만 우리의 마음속에 하나님의 말씀이 최초로 심어지는 이 중생, 성령께서 우리의 마음속에 임하셔서 우리가 말씀대로 살도록 만드시는 그 최초의 하나님의 행위가 중생이라는 것을 반드시 기억해야 합니다.

중생은 새로운 삶의 출발입니다. 중생은 몇 가지 부족한 것을 보충하고 보완하고 새롭게 하는 갱신이 아닙니다. 중생은 전체의 변화(total transformation)이자 재창조입니다. 죄 많고 부족한 우리 인간이 완벽하게 거룩하신 하나님과 교제할 수 있도록 다시 태어난 것입니다. 하나님의 생명에서 단절된 인간이 생명의 원천이신 하나님과 접속되는 첫 포인트입니다.

조직신학자 벌코프(Louis Berkhof)는 중생을 이렇게 정의했습니다. "중생은 새 생명의 원리가 인간 속에 심겨져서 그 영혼의 주도적 성향이 거룩하게 만들어지게 하신 하나님의 행위이다."

우리의 주도적인 성향이 죄를 향해, 세상을 향해, 사탄을 향해 있던 상태에서 하나님을 향하는 상태로, 하나님의 말씀을 향하는 상태로, 천국을 향하는 상태로 바뀌었다는 것입니다. 이것이 중생(重生)입니다.

중생은 우리가 하나님의 성품을 닮아가도록 우리 속에 하나님의 성품의 씨가 심겨진 것입니다. 하지만 우리는 결코 중생을 통해서 하나님이 되거나 하나님의 일부가 될 수는 없습니다. 우리는 피조물이고 하나님은 창조주이십니다. 하나님은 하늘이 땅에서 높음 같이 우리와 본질적인 차이가 납니다. 그러나 우리가 생명의 하나님과 접속되어 하나님의 생명을 얻을 수 있습니다. 중생은 하나님께서 우리에게 자신의 생명의 씨를 주신 것입니다.

중생은 과정(process)이 아니라 하나의 사건(event)입니다. 중생은 새 생명의 원리, 하나님의 법을 지키도록 해주는 새로운 성품의 씨입니다. 속사람의 전폭적인 변화입니다. 중생은 하나님의 주권적인 의지로 이루어진 작업입니다. 태어나고 싶어서 태어난 자식은 없습니다. 부모가 선택해서 태어나게 한 것입니다. 우리가 영적으로 태어난 것도 하나님께서 자신의 뜻을 따라 사랑의 선택에 의해 우리를 태어나게 하신 것입니다. 이것이 정말 놀라운 하나님의 사랑이며 복이요 하나님의 놀라운 선물입니다.

예수님은 "나를 보내신 아버지께서 이끌지 아니하시면 아무도 내게 올 수 없으니"(요 6:44)라고 하셨습니다. 중생은 성부 하나님께서 주권적으로, 전적으로 '자신의 뜻대로' 우리를 예수 그리스도에게 인도해주시는 최초의 행위입니다. 이것은 참으로 놀라운 진리입니다. 이것은 우리에게 그야말로 복된 소식, 복음입니다. 하나님께서 나 같은 사람을 선택하셔서 생명의 하나님과 접속시켜주셨다는 것입니다. 하나님께서 나 같은 사람을 골라내셔서 자신의 생명과 사랑을 쏟아부어 주시는 대상으로 삼으셨다는 것입니다.

가장 귀한 첫 열매

자신이 거듭났는지, 그렇지 않은지 한 번 체크해보십시오. 만약에 당신이 거듭나지 않았다면 교회만 왔다 갔다 하는 종교인입니다. 종교인은 하나님나라에 들어가지도 못하고 하나님나라를 체험하지도 못합니다. 만약에 당신이 거듭나셨다면 당신은 신앙인입니다. 그리스도인입니다.

그러면 하나님께서 우리를 낳으신 목적이 무엇입니까? 다시 18절을 보시면 "그가 그 피조물 중에 우리로 한 첫 열매가 되게 하시려고", 우리가 모든 피조물의 첫 열매가 되게 하시기 위해서라고 합니다. '첫 열매'가 무엇입니까?

"네 토지에서 처음 거둔 열매의 가장 좋은 것을 가져다가 너의 하나님 여호와의 전에 드릴지니라"(출 23:19).

이 첫 열매(First fruits)는 가장 좋은 열매(Best fruits)와 연결되어 있습니다. 하나님께서 우주 만물을 보시면서 각 사람을 첫 열매로 보십니다. 첫 열매는 가장 좋은 열매로 그 한 심령이 천하보다 더 귀합니다. 하나님이 보시기에 우리는 첫 열매로 가장 고귀한 존재입니다.

첫 열매라는 것은 후속 열매가 열린다는 약속과 보장입니다. 첫 열매가 있으면 다음 열매가 있습니다. 첫 열매는 우리가 변하는 것, 인간 변화의 열매입니다. 후속 열매는 우주 만물이 새롭게 되는 것, 만유의 변화입니다. 예수님이 재림하시면 새 하늘과 새 땅이 나타날 것입니다. 에덴동산보다 더 좋은 파라다이스요 유토피아, 완성된 천국이 나타날 것입니다. 장차 우리는 완성된 천국에서 삼위일체 하나님을 섬기며 영원토록 지복(至福)을 누릴 것입니다.

지금은 만물이 오염되어 신음하고 있습니다. 물도 오염되고 강과 바다도 오염되었습니다. 하늘도 오염되고 공기도 오염되었습니다. 나무와 풀도 오염되고 땅도 오염되었습니다. 그러나 머지않아 장래에 예수님이 오시면 만물이 새롭게 될 것입니다. 만유 갱신이 이루어질 것입니다. 하나님께서 인간 변화를 먼저 일으키신 것은 앞으로 새 하늘과 새 땅의 변화를 보장하시는 것입니다.

"보좌에 앉으신 이가 이르시되 보라 내가 만물을 새롭게 하노라 하시고"(계 21:5).

하나님께서 우리 한 사람 한 사람을 첫 열매, 우주 만물의 갱신이라는 후속 열매를 약속하고 보장하는 가장 귀한 열매로 만드시기 위해 낳으신 것을 믿으시기를 바랍니다. 하나님께서 진리의 말씀으로, 성령으로 우리를 낳으셨습니다. 하나님께서 우리에게 중생의 선물을 주셨습니다. 하나님께서 우리에게 새 생명의 선물을 주셨습니다. 하나님께서 우리에게 새 인생의 선물을 주셨습니다. 하나님께서 우리를 새로운 창조 작품으로 빚어주시는 선물을 주셨습니다. 하나님께서 우리가 하나님의 거룩한 성품에 동참하는 선물을 주셨습니다. 이 얼마나 크고 놀랍고 귀한 선물입니까?

말씀을 알고 말씀을 행하라

그렇다면 우리는 하나님께서 언제 우리를 낳으셨는지, 우리가 언제 중생했는지 어떻게 압니까? 사실 우리는 잘 모릅니다. 중생은 우리의 무의식 속에서 이루어진 일입니다. 그것은 마치 바람이 불 때 정확히 어느 지점에서 불기 시작했는지 모르는 것과 같습니다. 그러나 나뭇

가지가 흔들리고 바람이 우리를 스치고 지나가는 것을 보면 알 수 있습니다. 그러면 무엇을 보고 우리가 중생한 것을 알 수 있습니까?

21절에 "너희 영혼을 능히 구원할 바 마음에 심어진 말씀"이라는 말씀이 나옵니다. 하나님은 우리 영혼을 능히 구원할 말씀을 이미 우리 마음에 심어주셨습니다. 우리 영혼을 현재진행적으로 계속해서 구원해나가는 것이 바로 말씀입니다. 따라서 중생으로 우리에게 새 생명이 시작되었는지 아닌지는 말씀에 대한 반응으로 알 수 있습니다.

"갓난아기들같이 순전하고 신령한 젖을 사모하라 이는 그로 말미암아 너희로 구원에 이르도록 자라게 하려 함이라"(벧전 2:2).

갓난아기가 젖을 사모하듯, 다시 태어난 사람은 하나님의 말씀의 젖을 사모하게 되어 있습니다. 하나님의 말씀에 대한 반응이 전혀 없이, 하나님의 말씀을 그저 도덕적으로 유익한 말씀, 살아가기에 필요한 지혜 정도로 듣는다면 그는 중생한 사람이 아닙니다. 중생한 사람은 반드시 하나님의 말씀을 양식으로 삼고 먹는 사람입니다.

> 19 내 사랑하는 형제들아 너희가 알지니 사람마다 듣기는 속히 하고
> 말하기는 더디 하며 성내기도 더디 하라 약 1:19

19절, "내 사랑하는 형제들아", 중생한 사람들은 다 하나님의 사랑을 받는 형제자매들입니다. 하나님께서 우리를 사랑하셔서 우리를 낳아주셨으니 이것이야말로 최고의 사랑이지요. 우리는 하나님의 사

랑을 받기 위해서 일하는 사람들이 아니라 하나님의 사랑을 받았기 때문에 일하는 사람들입니다. 하나님의 사랑을 받았기 때문에 우리에게 행위가 나타나야 합니다.

이때 자전거의 두 페달을 기억하십시오. 한 페달은 말씀을 받는 것입니다. 우리는 말씀을 알아야 합니다.

"Know the word, 말씀을 알아라."

다른 한 페달은 말씀을 행하는 것입니다.

"Do the word, 말씀을 행해라."

이렇게 우리는 말씀을 알고 말씀을 행해야 합니다. 말씀을 알고 말씀을 행하고, 말씀을 알고 말씀을 행하십시오. 그런데 성도들 중에 한 페달을 밟고 있는 분들이 참 많습니다. 말씀을 알기는 아는데 행하지 않는 것입니다. 한 페달입니다.

한 페달을 밟고 있는 사람을 보십시오. 곡예사가 아닌 보통 사람이라면 도무지 앞으로 나가지 않습니다. 넘어집니다. 이런 신앙생활이라면 하기는 해도 형편이 없습니다. 간증이 없고 복이 없고 생명이 없고 능력이 없고 변화가 없이 늘 왔다 갔다 할 뿐입니다. 자신이 혹시 한 페달만 밟고 있지 않은지 점검해보십시오. 또 왜 한 페달만 밟는지도 점검해보시기 바랍니다.

이미 우리의 영혼 속에 말씀이 심겨져 있는데, 심겨진 말씀에 대한 우리의 반응을 보면 한 페달을 밟는지 두 페달을 밟는지 알 수 있습니다. 하나님의 말씀을 아는 것이 한 페달이고 그 말씀을 행하는 것이 다른 한 페달입니다. 말씀을 알고 말씀을 행하고 두 페달을 다 밟아야 합니다.

잡초를 제거하라

중생한 사람은 마음에 이미 심겨진 하나님의 말씀을 사모할 뿐 아니라 그것을 가꾸는 작업을 합니다. 우리 마음에 심겨진 하나님의 말씀의 씨가 잘 자라도록 하기 위해서는 우선 하나님의 말씀의 씨가 자라지 못하도록 방해하는 행위를 하지 말아야 합니다. 자신이 무엇 때문에 말씀을 알고 말씀을 행하는 두 페달을 밟는 신앙생활을 하지 못하고 있는지 점검해보십시오.

심겨진 말씀의 성장을 방해하는 것은 고집(bigotry), 말(talkativeness), 화(anger), 타협(compromise), 자랑(boasting) 이렇게 다섯 가지입니다.

첫째, 고집입니다. 고집이 있는 사람은 자기 고집 때문에 목회자가 아무리 하나님의 말씀을 전해도 그 말씀을 받지 않습니다. 하나님의 말씀을 듣지 않는 사람은 그 속에 심겨진 말씀이 자랄 수가 없습니다. 계속해서 자기 고집만 부리고 말씀을 받지 않는다면 자신이 중생했는지 반드시 점검해보아야 합니다. 종교인은 정말로 불행합니다. 열심히 봉사하고 헌신하지만 하나님과 생명이 접속되어 있지 않습니다. 하나님의 말씀이 들려오는 대로 마음속 화로에 태워버려서 (렘 36:23) 결국 그에게는 한 말씀도 남아 있지 않습니다.

19절에 "사람마다 듣기는 속히 하고", 이 말씀은 평소에 남의 말 듣는 것을 속히 하라는 일반적인 권면이 아닙니다. 이것은 하나님의 말씀에 대한 반응으로, 곧 하나님의 말씀을 거절하지 말고 신속하게 들으라는 것입니다.

> ¹⁹ 내 사랑하는 형제들아 너희가 알지니 사람마다 듣기는 속히 하고
> 말하기는 더디 하며 성내기도 더디 하라 약 1:19

둘째, 수다 때문입니다. 자기 말만 너무 많이 하는 사람은 그 마음 속에 심겨진 하나님의 말씀이 자라지 못합니다. 전화기를 붙들면 한 시간 동안 혼자 얘기하는 사람, 남의 말까지 낚아채서 자기 말만 계속하는 사람은 하나님의 말씀을 제대로 받지 못합니다. 빈 수레가 요란한 법입니다. 크게 짓는 개가 싸움에서 집니다.

솔로몬도 이런 말을 남겼습니다.

"말을 아끼는 자는 지식이 있고 성품이 냉철한 자는 명철하니라" (잠 17:27).

19절에 야고보는 "말하기는 더디 하며"라고 했습니다. 우리가 예수 그리스도의 복음을 받고 전하는 데는 신속해야 합니다. 하지만 예수 믿은 지 3년 만에 신학교에 들어가서 목회자가 되겠다는 것은 자기도 죽고, 남도 죽이는 일입니다. 말씀을 들으면 그것을 묵상하고 암송하면서 실천하고 체험하는 과정이 있어야 합니다. 말씀대로 사

는 삶이 무르익어야 합니다. 말하기는 더디 하라는 것은 말씀을 충분히 소화한 다음 대중 앞에서 가르치라는 것입니다.

> 20 사람이 성내는 것이 하나님의 의를 이루지 못함이라 약 1:20

셋째, 화를 잘 내는 사람입니다. 진리의 말씀은 들을수록 화가 덜 나고, 말은 적게 할수록 다른 사람들이 화를 덜 내게 합니다. 금방이라도 머리 뚜껑이 열리고 화산이라도 폭발할 것 같은 사람, 은혜는 다 받아놓고 주차장에만 가면 성내는 사람이 어떻게 자랄 수 있습니까? 지그시 참아야지요. 성내기도 더디 해야 자랄 수 있습니다.

> 21 그러므로 모든 더러운 것과 넘치는 악을 내버리고 너희 영혼을 능히 구원할 바 마음에 심어진 말씀을 온유함으로 받으라 약 1:21

넷째, 타협 잘하는 사람도 자라지 않습니다. "이것쯤이야 괜찮겠지", "저건 문제지만 이건 괜찮아", "이 정도는 괜찮아" 이렇게 더러운 죄악과 타협하면 자라지 못합니다. 21절 말씀을 보십시오. "모든 더러운 것과 넘치는 악을 내버려야" 자랍니다. 타협하지 말라는 말씀입니다. 하나님의 말씀대로 살면서 '아름다운 왕따'가 되라는 것입니다. 평소 다른 사람들과 너무 잘 어울려서 지내지만, 말씀을 지키기 위해서라면 따돌림을 받더라도 타협하지 말라는 것입니다. 자꾸 타협하니까 50년을 믿어도, 아무리 모태 신자라도 변하지 않는 것입니다. 중생 자체를 의심해야 될 정도로 심각한 것입니다.

다섯째, 자랑을 많이 하는 사람들도 자라지 않습니다. "나 모태 신자인데, 5대째 믿는데, 주일학교에서 다 배웠는데, 그 말씀도 다 아는 말씀인데" 이래서는 결코 자랄 수 없습니다. 정말 두 페달이 있습니까? 말씀을 알고 말씀을 행하고, 말씀을 알고 말씀을 행하는 두 페달이 있습니까? 최근 몇 달 동안 자신이 이렇게 변화되었다는 간증이 있습니까? 그렇지 않다면 그건 공허하고 자기를 속이는 자랑일 뿐입니다.

야고보는 "너희 영혼을 능히 구원할 바 마음에 심어진 말씀을 온유함으로 받으라"라고 했습니다. '구원'은 과거, 현재, 미래 시제입니다. 우리는 예수님을 믿는 순간 과거에 칭의의 구원을 받았습니다. 우리는 지금 현재진행형으로 성화의 구원을 받아가고 있습니다. 우리는 미래에 완성의 구원을 받을 것입니다. 지금 이 시간에도 하나님의 말씀을 온유하게, 겸손하게, 고분고분 잘 받아야 현재진행형의 구원이 잘 이루어지고, 마음에 심겨진 말씀의 씨가 잘 자랄 수 있습니다. 하나님의 말씀을 잘 배울 줄 아는 수용성이 강해야 합니다.

이 다섯 가지 중에서 어디에 걸리는지 한 번 생각해보십시오. 왜 우리의 신앙이 생생 신앙이 아닙니까? 무엇이 문제입니까? 왜 변화가 없습니까? 하나님께서 나를 낳으셨다고 하는데 왜 나에게는 변화된 증거가 안 나타납니까?

그동안 고집 때문에 수다 때문에 화 때문에 말씀을 받지 못하고, 타협 때문에 자랑 때문에 말씀을 받지 못했다면 고쳐야 합니다. 하나님이 주신 새 생명의 말씀이 우리 마음속에서 자라도록 하기 위해서는 먼저 우리의 화초밭에서 잡초를 뽑아야 합니다. 딱딱한 밭을 갈고, 돌들을 치우고, 가시떨기를 뽑아내야 합니다(마 13:1-23). 그래야 신앙이 자라기 때문입니다.

예레미야는 이렇게 탄식했습니다.

"내가 누구에게 말하며 누구에게 경책하여 듣게 할꼬 보라 그 귀가 할례를 받지 못하였으므로 듣지 못하는도다 보라 여호와의 말씀을 그들이 자신들에게 욕으로 여기고 이를 즐겨 하지 아니하니"(렘 6:10).

마음에 심어진 말씀이 자라야 될 것이 아닙니까? 그래야 생명이 무엇인지, 변화가 무엇인지, 간증이 무엇인지, 복이 무엇인지, 예수 믿어서 잘된 것이 무엇인지 확인할 수 있을 것 아닙니까? 자신이 정말 중생했는지 점검하십시오. 교회 왔다 갔다 하는 종교인으로 머물러 계시면 정말 불행한 사람입니다. 신앙인이 되어야 합니다.

종교인이 되지 말라

예수님이 우리의 죄 때문에 십자가에서 죽으신 것을 믿습니까? 예수님이 우리에게 하나님의 완벽한 의(義)를 넘겨주시기 위해서 부활하신 것을 믿습니까? 예수님이 앞으로 재림하실 것을 믿습니까? 우리가 하나님의 말씀을 받을 때 입술만의 고백이 아닌 진정한 우리의 고백이 라면 말씀에 대한 반응에서 차이가 납니다. 말씀을 들을 때 정말 영적인 음식을 먹듯이 말씀을 받고 계십니까? 그렇다면 그 말씀을 듣고 말씀대로 행동하게 되어 있습니다.

> 22 너희는 말씀을 행하는 자가 되고 듣기만 하여 자신을 속이는 자가 되지 말라 23 누구든지 말씀을 듣고 행하지 아니하면 그는 거울로 자기의 생긴 얼굴을 보는 사람과 같아서 24 제 자신을 보고 가서 그 모습이 어떠했는지를 곧 잊어버리거니와 약 1:22-24

옛날에는 구리거울이었기 때문에 거울이 희미했습니다. 구리거울 앞에서 자기 얼굴을 잠깐 쳐다보고 돌아서면 그 모습이 어땠는지 금세 잊어버리는 사람처럼 하나님의 말씀을 들을 때 "아, 내가 잘못됐네, 내가 너무 고집을 부렸구나. 내가 걸핏하면 화를 내는구나" 이렇게 자신의 모습을 확인하고도 돌아서면 말씀을 잊어버리고 행하지 않는 사람들이 많습니다. 그러면 결국 자기가 속는 것입니다.

어떤 사람이 세탁소 간판을 보고 들어가 세탁할 옷을 맡기면서 언제 찾을 수 있는지 물었습니다. 그러자 주인이 말하기를 "우리는 세탁을 안 하는데요"라고 했습니다. "아니, 그러면 왜 여기 세탁소가 있나요?"라고 물으니 "우리는 세탁소라는 간판만 만들었어요"라고 했답니다. 어느 교회 교인이라는 간판만 걸어놓았지 실제 교인이 아니라면 이와 똑같은 것입니다. 오늘의 신자와 오늘의 교회의 문제도 간판뿐인 신앙이라는 데 있습니다. 예수를 믿는다, 교회에 다닌다는 간판은 있는데 하나님의 말씀을 듣기만 하고 행하지 않아 실제로 나타나지 않는다면 그 사람은 실제 신자가 아닙니다.

한 페달로 말씀을 알고 다른 페달로 말씀을 행하고, 말씀을 알고 말씀을 행하면서 쭉쭉 성장하는 분들도 있습니다. 선포된 말씀을 듣고 변화되었다는 성도들의 간증을 들을 때마다 '아, 저분은 정말 그리스도인이구나' 하는 생각이 들어서 보람과 행복을 느낍니다. 그런데 말씀을 아무리 들어도 지금이나 1년 전이나 10년 전이나 전혀 변한 것이 없다면 자신을 깊이 살펴보아야 합니다. 자신이 진짜 신앙인인지, 무늬만 믿는다고 하는 종교인인지 반드시 점검해야 합니다.

종교인은 자신이 말씀을 많이 들어 잘 알고 있으니 다 되었다고 생각합니다. 하지만 말씀을 듣고 알아도 행하지 않으면 아무 유익이 없습니다. 아무 생명이 없습니다. 아무 능력이 없습니다. 아무 변화가 없습니다. 아무 축복이 없습니다. 자기 속임수에 자기가 빠지는 것입니다.

우리 속에 말씀의 씨가 심겨져서 우리가 중생했다면 우리는 말씀대로 살아야 합니다. 말씀의 씨가 심겨졌으니 싹이 나고 줄기가 뻗고 꽃이 피고 열매를 맺는 것이 합당합니다. 이런 변화가 있는지 점검하십시오. 물론 완벽하지 않더라도 실제로 그렇게 살고 있는지가 중요합니다. 점검하셔야 합니다.

자유의 율법

> 25 자유롭게 하는 온전한 율법을 들여다보고 있는 자는 듣고 잊어버리는 자가 아니요 실천하는 자니 이 사람은 그 행하는 일에 복을 받으리라 약 1:25

본래 율법은 우리를 옭아매는 것이 아닙니까? 율법은 우리를 속박하는 족쇄가 아닙니까? 그런데 율법이 자유롭게 한다는 말씀이 무슨 뜻일까요? 율법을 행함으로 구원받겠다면 틀렸습니다. 우리는 율법을 행함으로 구원받는 것이 아닙니다. 율법을 행함으로 구원받겠다는 것은 속박이고 저주입니다. 종의 멍에를 매는 것입니다.

"그리스도께서 우리를 자유롭게 하려고 자유를 주셨으니 그러므로 굳건하게 서서 다시는 종의 멍에를 메지 말라"(갈 5:1).

우리는 율법을 행함으로 구원받는 것이 아니라 예수께서 우리를 위해 십자가에서 죽으시고 우리를 위해 부활하시고 또 우리를 위해 사시면서 완벽한 하나님의 의를 이루셨기 때문에 우리가 그 예수를 믿기만 하면 하나님의 은혜로 구원받는 것입니다. 우리는 값없이 은혜로 구원받았습니다.

그러면 '자유의 율법'이란 무엇입니까? 이것은 율법을 행하여 구원받는다고 할 때의 율법, 구원의 근거가 되는 율법을 의미하는 것이 아닙니다. 이미 하나님의 은혜로 예수님을 믿음으로 구원받은 하나님의 백성이 어떻게 살아야 하는지 알려주는 삶의 기준으로 율법을 지킨다고 할 때의 율법을 말합니다. 구원받은 우리는 하나님의 말씀인 율법을 지켜야 합니다. 그리고 그 율법대로 살면 자유가 옵니다.

우상을 만들지 말고 절하지 말라는 말씀은 우리를 매는 쇠사슬이 아니라 우리를 자유롭게 하는 율법입니다. 간음하지 말라는 하나님의 말씀 역시 우리를 묶는 쇠고랑이 아니라 우리에게 자유를 주는 율법입니다. 자기 남편, 자기 아내를 사랑하면서 사는 가정은 참된 자유와 행복을 누립니다.

율법은 하나님의 성품을 반영합니다. 하나님이 선하시니까 율법이 선하고, 하나님이 거룩하시니까 율법이 거룩합니다. 하나님이 사랑이시니까 율법이 사랑입니다. 하나님이 공의로우시니까 율법이 공의롭습니다. 이렇게 율법은 가장 선하신 하나님을 반영하기 때문에 율법을 행하면 선하신 하나님의 품에 안기는 자유를 누리게 되는 것입니다.

"진리를 알지니 진리가 너희를 자유롭게 하리라… 아들이 너희를 자유롭게 하면 너희가 참으로 자유로우리라"(요 8:32,36).

하나님의 말씀을 행하는 사람은 항상 사탄과 죄의 지배로부터의 자유롭습니다. 하나님의 말씀대로 하나님의 영광을 위해 일하는 사람은 항상 자유와 행복을 누립니다.

제가 어느 금요 기도회를 마치고 돌아가다가 한 청년으로부터 편지를 받았습니다. 세 장에 걸쳐서 쓴 정성 어린 편지였습니다. 그중에 일부를 소개하고자 합니다.

"예전과 비교할 수 없이 말씀이 너무 달고, 말씀 하나하나가 지혜가 아닌 것이 없고 은혜가 아닌 것이 없습니다. 심지어 말씀 외에 목사님의 경험이나 생각들조차 큰 교훈이자 삶의 방향이 됩니다. 제 마음이 달라져서 더 그렇게 다르게 보이는지도 모릅니다만, 말씀이 더 이상 족쇄가 아니고 정말 말씀대로 사는 것이야말로 최고로 행복한 정도(正道)라는 것도 이제야 깊이 공감하며 기쁨으로 누리고 실천하려고 노력하고 있습니다. 물론 연약한 존재인지라 많이 부족한 것이 사실이지만 더 이상 족쇄가 아니라 참 기쁨이고 지혜이며 자유가 되어가고 있습니다."

이것이 자유를 주는 율법입니다. "말씀대로 사니 참 맛있다. 말씀을 듣는 시간이 정말 음식을 먹는 시간이다, 나는 1년 전, 아니 몇 달 전과 비교해서 지금 분명히 바뀌었다", 이렇게 고백하는 것이 중생한 사람의 특징입니다.

말씀대로 순종하십시오

말씀을 알고 말씀을 행하는 신앙을 하는 사람에게는 다음 세 가지 특징이 나타납니다.

26 누구든지 스스로 경건하다 생각하며 자기 혀를 재갈 물리지 아니하고 자기 마음을 속이면 이 사람의 경건은 헛것이라 약 1:26

야고보가 진짜 경건, 진짜 신앙을 말하면서 가장 먼저 왜 '혀'를 지적했을까요? 혀가 하는 말은 마음에서 나오기 때문입니다. 말은 마음의 표현입니다. 우리가 말하는 것은 마음이 나오는 것입니다. 말을 마구잡이로 하는 것은 마음을 통제하지 못하고 있다는 표시입니다. 중생하여 자라고 있는 사람의 특징은 바로 자기 통제입니다. 자신의 마음을 통제함으로 자신의 혀를 통제하는 것이 진정한 경건입니다.

> 27 하나님 아버지 앞에서 정결하고 더러움이 없는 경건은 곧 고아와 과부를 그 환난 중에 돌보고 또 자기를 지켜 세속에 물들지 아니하는 그것이니라 약 1:27

27절에 참된 신앙은 이웃을 사랑하면서 세상에 물들지 않는 것이라고 했습니다. 하나님의 사랑을 받은 자로서 완벽하지 않아도 어려운 이웃에게 사랑과 돌봄의 손길을 내미는 것입니다. 눈물 흘리는 사람의 눈물을 닦아주는 것입니다. 또 만일 그렇게 하지 못할 때는 마음이 아프지요.

"또 자기를 지켜 세속에 물들지 아니하는 그것이니라", 세속에 물들지 않는다고 할 때 '세속'은 헬라어로 '코스모스'입니다. '코스모스'는 여러 의미가 있는데 이때는 하나님을 대적하는 사람들과 시스템과 생활방식과 철학과 가치관을 뜻합니다. 그러면 우리가 어떻게 하나님을 대적하는 세상 속에 살면서 거기에 물들지 않을 수 있을까요? 깨끗한 옷을 입고 나가도 금방 더러워지는데 그것이 어떻게 가능할까요?

우리는 다 더러운 옷을 입고 살았습니다. 그런데 하나님께서 예수님을 통해 우리의 더러운 옷을 벗겨내시고 '칭의'(稱義)의 아름다운 흰옷을 입혀주셨습니다. 그러므로 우리는 아름다운 의의 옷을 입고 살다가 그 옷이 더러워지면 그럴 때마다 '성화'의 세탁을 해야 합니다. 회개하고 고치고 회개하고 고치고 그렇게 해나가면 세상에 오염되지 않습니다. 이 세 가지가 중생한 사람이 실천하는 삶의 특징입니다.

얼 켈리라는 목사님이 교인들과 함께 에콰도르의 한 성당에 갔습니다. 성당은 으리으리하게 잘 지어져 있었습니다. 그 속에 보물도 많았습니다. 그런데 성당 밖에 버려진 소년 하나가 눈에 들어왔는데, 그 아이는 뼈만 남아서 팔다리가 빗자루 같았습니다. 딱 보기에도 영양실조에 걸려 금세 쓰러질 것 같았습니다. 이것이 신앙일까요?

누군가 가이드에게 이렇게 물었습니다.

"성당 안에는 저렇게 많은 보물이 쌓여 있는데, 이 아이의 모습은 어떻게 설명하시겠습니까?"

가이드는 성당을 한 번 쳐다보더니 이렇게 대답했습니다.

"우리의 선조들은 금을 찾아 신세계를 찾아왔습니다. 금을 발견해서 저 성당 안에 보관했죠. 하지만 저 아이는 항상 저 모양일 것입니다. 결코 바뀌지 않을 겁니다."

아무리 웅장하고 아름다운 건물에서 찬송을 부르고 설교를 듣고 헌금을 드려도 성당 밖에 버려진 한 가난한 소년을 본체만체하는 것이 진짜 신앙입니까? 구제하지 않는 교회는 교회의 존재 가치를 상실한 것입니다.

"귀를 막고 가난한 자가 부르짖는 소리를 듣지 아니하면 자기가 부르짖을 때에도 들을 자가 없으리라"(잠 21:13).

감사하게도 우리 교회는 소년소녀 가장, 혼자 사시는 어르신들을 열심히 돕고 있습니다. 동장님, 구청장님께 무엇을 도와드리면 좋을지 뭐든지 말씀만 하시면 최선을 다해 돕겠다고 말씀드리고 만촌동 일대, 수성구 일대, 대구 일대에 눈물 흘리는 사람들의 눈물을 닦아주려고 노력합니다. 이것이 신앙입니다.

참된 신앙, 생생 신앙은 하나님의 말씀을 받은 후에 속지 않고 (without deception) 말씀대로 순종합니다. 참된 신앙, 생생 신앙은 하나님의 말씀을 받은 후에 이기심 없이(without selfishness) 말씀대로 순종합니다. 참된 신앙, 생생 신앙은 하나님의 말씀을 받은 후에 타협 없이(without compromise) 말씀대로 순종합니다.

하나님이 창조하셔서 새로운 피조물이 된 우리 가운데 자기 통제가 있고, 이웃을 사랑하고, 세상의 오염에서 벗어나는 증거가 있기를 바랍니다. 인간 만인이 새로워져서 만물과 만유가 새로워지는 그 귀한 첫 열매인 우리 속에 심겨진 말씀이 점점 자라 하나님께 영광을 올려드리는 행복한 신앙인이 되시기를 바랍니다.

1 내 형제들아 영광의 주 곧 우리 주 예수 그리스도에 대한 믿음을 너희가 가졌으니 사람을 차별하여 대하지 말라 2 만일 너희 회당에 금가락지를 끼고 아름다운 옷을 입은 사람이 들어오고 또 남루한 옷을 입은 가난한 사람이 들어올 때에 3 너희가 아름다운 옷을 입은 자를 눈여겨보고 말하되 여기 좋은 자리에 앉으소서 하고 또 가난한 자에게 말하되 너는 거기 서 있든지 내 발등상 아래에 앉으라 하면 4 너희끼리 서로 차별하며 악한 생각으로 판단하는 자가 되는 것이 아니냐 5 내 사랑하는 형제들아 들을지어다 하나님이 세상에서 가난한 자를 택하사 믿음에 부요하게 하시고 또 자기를 사랑하는 자들에게 약속하신 나라를 상속으로 받게 하지 아니하셨느냐 6 너희는 도리어 가난한 자를 업신여겼도다 부자는 너희를 억압하며 법정으로 끌고 가지 아니하느냐 7 그들은 너희에게 대하여 일컫는 바 그 아름다운 이름을 비방하지 아니하느냐

—

야고보서 2장 1-7절

chapter 06

사람을 외모로
차별하지 말라

저도 비행기를 여러 차례 타보았지만 비행기에는 일등석도 있고 이등
석도 있고 삼등석도 있습니다. 일등석, 이등석, 삼등석에 차이가 많습
니다. 일등석 티켓을 구입하려면 삼등석의 5배 이상을 지불해야 한다
고 합니다.

좌석을 보면 일등석은 옆자리와의 간격이 2미터, 이등석은 1.13미
터, 삼등석은 87센티미터입니다. 비행기를 타기 전 라운지 서비스도
이등석 이상에 있습니다. 일등석의 경우 라운지 내에 최고급 안마기도
있고 샤워실도 있습니다. 식사를 할 때에도 일등석과 이삼등석에 차
이가 있습니다. 삼등석은 전채와 메인과 디저트가 같이 나오지만 그
위로 올라가면 시차를 두고 제공이 됩니다. 식기도 본차이나, 도기,
플라스틱으로 다 다르다고 합니다. 저는 그것을 전혀 의식하지 못했

습니다.

저는 지금까지 딱 한 번 어떤 단체에서 특별히 제공해줘서 일등석을 탄 적이 있고 지금까지 계속 삼등석을 이용하고 있습니다. KTX를 탈 때도 특별하게 몸이 피곤해서 감당할 수 없지 않는 한 일반석을 이용하고 있습니다.

차별의 현실

이렇게 이 세상은 돈에 따라 대우에 차이가 있고 차별이 있습니다. 그러면 교회에도 그런 것이 있으면 어떻게 되겠습니까? 오늘 한국 교회 안에, 또 우리 교회 안에 이런 차별이 있다면 어떻습니까? 이런 인간 차별이 야고보 시대에 흩어진 유대인 회당 안에 있었습니다.

> 2 만일 너희 회당에 금가락지를 끼고 아름다운 옷을 입은 사람이 들어오고 또 남루한 옷을 입은 가난한 사람이 들어올 때에 약 2:2

야고보 당시에는 교회당이 아직 없고 유대인 회당에서 예배를 드릴 때였습니다. 유대인들은 흩어져 사는 곳마다 성인 남성 10명이 있으면 회당을 지었습니다. 회당은 헬라어로 '쉬나고게'인데 이것은 "함께 모이는 장소"라는 뜻입니다. 유대인 기독교인들이 아직 '회당'을 '교회'(에클레시아)로 바꾸기 전에 야고보가 편지를 썼기 때문에 2절에

"너희 회당에"라고 언급한 것입니다.

회당에는 부자들도 들어오고 가난한 사람들도 들어왔습니다. 부자들 중에는 금가락지를 끼고 번쩍이는 귀족의 옷을 입은 이들도 있었습니다. 부자들은 금가락지를 통해 부(富)를 과시했습니다. 우리처럼 네 번째 손가락에만 금가락지를 끼는 것이 아니라 가운데 손가락만 빼고 모든 손가락에 금가락지를 끼던 시대입니다. 그런데 그 당시 교인들은 대다수가 가난해서 금가락지는 꿈도 꾸지 못했습니다.

요즘 식으로 말하면 부자는 명품으로 온몸을 휘감고 다이아몬드 반지를 끼고 머리칼을 만지는 척하면서 예배당에 들어오고, 이와 반대로 꾀죄죄한 옷차림을 한 노숙인이 들어온다고 가정해보십시오. 어떻게 하시겠습니까? 그럴 때 우리의 눈길이 어디로 갑니까?

부자와 빈자의 차별

3 너희가 아름다운 옷을 입은 자를 눈여겨보고 말하되 여기 좋은 자리에 앉으소서 하고 또 가난한 자에게 말하되 너는 거기 서 있든지 내 발등상 아래에 앉으라 하면 약 2:3

그 당시 회당은 맨 앞자리에만 의자가 있고 그 뒤에는 전부 맨땅이었습니다. 그러니까 VIP들이 들어오면 앞자리에 앉으라고 자리를 내

주어 존대하고, 가난한 보통 사람들이 들어오면 "거기 서 있든지 아니면 내 발치에 앉으라" 하고 맨바닥에 앉도록 한다는 것입니다.

미국 플로리다 주에서 어떤 그리스도인이 자신의 유대인 친구에게 예수님을 믿으라고 권하자 그 유대인 친구가 우리 회당에 한 번 구경 가지 않겠느냐고 해서 두 사람이 함께 유대인 회당에 가게 되었습니다. 회당은 아주 아름다운 건물로 잘 지어져 있었습니다.

그런데 유대인 친구가 "여기가 우리 자리예요. 우리 가족은 여기에 앉아요"라고 말했습니다. 그리스도인 친구가 "어떻게 이 자리가 당신 가족의 자리입니까?"라고 묻자 유대인 친구가 "우리가 이 자리를 돈을 주고 샀습니다"라고 대답했습니다. 예나 지금이나 유대인 회당에서는 돈을 주고 자리를 사서 가난한 자와 부자의 차등이 있는 것을 제가 책을 읽고 알게 되었습니다.

한 번 생각해보십시오. 야고보와 야고보의 형 예수님이 이런 회당을 방문했다면 어떻게 되었을까요? 아버지 요셉은 목수로 가난했습니다. 형 예수도 목수의 아들로 가난했습니다. 야고보도 물론 가난한 집안에서 태어나고 자랐으니 가난했지요. 예수님의 가족들이 회당에 들어가면 그 당시 사람들이 어떤 반응을 보였을까요? 가장 좋은 특별석에 앉으라고 했을까요? "거기 섰든지 아니면 여기 땅바닥에 앉든지 하시오"라고 하지 않았을까요?

악한 생각으로 판단하는 차별

> 4 너희끼리 서로 차별하며 악한 생각으로 판단하는 자가 되는 것이
> 아니냐 약 2:4

4절에 '악한 생각으로'라는 말을 주의해서 보십시오. VIP가 들어오면 '아, 저 사람은 대단한 사람이야. 보통 사람이 아니야'라는 생각으로 판단하고 남루한 옷을 입은 사람이 들어오면 '저 사람은 형편없고 볼품없는 사람이야, 별 볼 일 없어'라고 이미 판단을 내린다는 것입니다. 이렇게 대우한다는 것은 생각이 잘못되었기 때문입니다. 악한 생각으로 판단한 것이지요. 사람을 차별하는 것은 악한 생각 때문이라는 것입니다. 사람을 외모나 조건에 근거해서 이미 생각으로 판단했기 때문에 차별 대우를 하는 것입니다.

VIP가 들어오면 우대하고, 가난하고 힘들고 소외되고 우는 사람이 들어오면 무시하는 그런 공동체가 교회라면 보통 문제가 아닙니다. 부한지 가난한지에 따라 사람을 차별하는 것은 결국 외모에 따라 사람을 차별하는 것입니다. 외모에는 얼굴, 피부색, 혈연, 학연, 지방색, 남녀, 연령, 종족 등이 다 포함됩니다.

제가 서울에서 설교할 때 "대구 출신 중에서도 저런 설교자가 있는가?"라는 말을 들을 때가 있었습니다. 그때마다 기분이 개운하지 않았습니다. 그 말을 하는 사람의 가치관 속에는 서울은 대단하지만 대

구는 별로라는 지방색이 들어 있기 때문입니다.

기독교 선교사들은 그들이 들어가는 곳마다 사람 차별을 없애기 위해 교육을 했습니다. 사람이 우선 글을 읽을 줄 알아야 차별 대우를 받지 않기 때문에 교육에 힘쓴 것입니다. 우리나라가 오늘날 세계 10대 경제대국이 된 것도 기독교교육의 공헌이 큽니다. 기독교는 외모로 사람을 차별하는 것은 악하다고 보았기 때문에 모든 사람들이 교육을 받을 수 있는 기회를 제공한 것입니다.

영국에서 윌리엄 윌버포스(William Wilberforce)가 노예제도 폐지를 위해 일생을 바친 것은 성경에 근거해 사람을 노예로 차별하고 학대하는 것이 악하기 때문입니다. 미국의 마틴 루터 킹(Martin Luther King) 목사님이 인종차별 폐지를 위해 싸웠던 것도 피부색으로 사람을 차별하는 것이 악하기 때문입니다. 교회는 결코 사람을 차별해서는 안 됩니다. 돈, 학력, 지위, 권력에 따라 사람을 차별하면 안 됩니다.

물론 "두려워할 자를 두려워하며 존경할 자를 존경하라"(롬 13:7)는 말씀대로 하나님이 인간 공동체의 안전과 번영을 위해 정하신 권위 질서를 존중해야 합니다. 사람 차별하지 말라고 해서 존경할 자를 존경하지 않아도 된다는 것으로 오해하면 안 됩니다. 우리는 국가 지도자도 존경해야 하고 교회 지도자도 존경해야 합니다.

"너희를 인도하는 자들에게 순종하고 복종하라 그들은 너희 영혼을 위하여 경성하기를 자신들이 청산할 자인 것같이 하느니라 그들로 하여금 즐거움으로 이것을 하게 하고 근심으로 하게 하지 말라 그렇지 않으면 너희에게 유익이 없느니라"(히 13:17).

저도 우리 교회를 한 번 돌아보았습니다.

"우리 교회에서 혹시 돈이 많고 지위가 높다고 중직을 맡기는가? 우리 교회 장로님들이 예배 시간에 특별한 자리에 앉는가? 우리 교회가 교역자를 초빙할 때 특정한 지역의 사람을 차별하는가?"

우리 교회는 돈이 많고 지위가 높다고 해서 중직에 세우는 일을 절대 하지 않습니다. 중직은 "신앙 인격이 얼마나 성숙한가? 얼마나 충성하고 헌신하는가? 교회에서 실시하는 교육과 훈련을 받아 실력을 갖추었는가?" 이런 기준에 따라 세우는 것입니다.

교회는 빈부귀천을 포함하여 어떤 조건에 의해서도 사람을 차별하지 말고 특별히 눈물 흘리는 사람, 낙심한 사람에게 희망을 주어야 합니다. 그런 사람들에게 희망과 도움을 주지 못한다면 그것은 교회의 존재 가치를 잃은 것입니다.

가난한 자를 택하신 하나님

세상은 돈에 따라 지위에 따라 권력에 따라 얼마든지 사람을 차별하고 있습니다. 그렇지만 교회는 그래서는 안 됩니다. 왜 그렇습니까?

> 5 내 사랑하는 형제들아 들을지어다 하나님이 세상에서 가난한 자를 택하사 믿음에 부요하게 하시고 또 자기를 사랑하는 자들에게 약속

하신 나라를 상속으로 받게 하지 아니하셨느냐 약 2:5

교회는 하나님의 다스림을 받는 하나님의 백성 공동체입니다. 교회의 주인은 삼위일체 하나님이십니다. 교회의 주인은 사람이 아니라 하나님이시기 때문에 교회는 응당 하나님이 사람을 어떻게 보시는가에 따라 사람을 보고, 하나님이 어떻게 하셨는가, 하나님께서 우리가 어떻게 하기를 원하시는가에 따라 사람을 대하고 일을 해야 합니다.

하나님의 자녀들인 우리가 하나님이 어떻게 하셨는지 하나님을 본받아야 된다는 말입니다. 하나님께서 가난한 자들을 선택하셨습니다. 물론 부자들을 제외시키지 않으셨습니다. 구약의 아브라함과 욥이 부자입니다. 다윗과 솔로몬은 세계 최고 부자였습니다. 신약의 아리마대 요셉, 레위, 루디아도 부자였습니다. 부자들도 얼마든지 하나님의 선택을 받을 수 있습니다.

그런데 하나님은 주로 가난한 자들을 선택하셨습니다. 왜 그러셨을까요? 그들은 하나님의 도움이 없으면 살 수 없는 사람들입니다. 하나님은 아무도 자랑하지 못하게 하기 위해 가난한 사람들을 선택하셨습니다. 하나님은 가난한 사람들을 선택하셔서 그들이 믿음에 부유하게 하셨습니다. 믿음에 부요하면 하나님께로 향하는 통로가 확 뚫려서 하나님의 생명이 내려오고 능력이 내려오고 의욕이 내려오고 희망이 내리니까 어려움을 견디는 것입니다.

"무명한 자 같으나 유명한 자요 죽은 자 같으나 보라 우리가 살아 있고 징계를 받는 자 같으나 죽임을 당하지 아니하고 근심하는 자 같으나 항상 기뻐하고 가난한 자 같으나 많은 사람을 부요하게 하고 아무것도 없는 자 같으나 모든 것을 가진 자로다"(고후 6:9,10).

바로 이 사람이 믿음에 부요한 사람입니다. 하나님께서 가난한 사람들을 선택해서 믿음에 부요한 사람 되게 하시는데, 너희들은 왜 사람을 차별하느냐고 하시는 것입니다.

개미 발목 재기 하지 마라

하나님은 가난한 사람들이 하나님을 사랑하게 하시고 그들에게 약속하신 하나님나라, 천국을 공동 상속하도록 하셨습니다. 이 천국의 엄청난 유산이 얼마나 대단한지 지금 우리의 감각으로는 전혀 알 수 없지만, 하늘의 별들을 보시면 조금은 느낄 수 있을 것입니다.

밤하늘에 별들이 얼마나 많이 떠 있습니까? 육안으로 확인할 수 있는 것이 1,600개라고 하고, 육안으로는 확인할 수 없고 천체물리학자들이 추정하는 것으로 제1은하계에 5천억 개, 제2은하계에 5천억 개, 그런 은하계가 1천억 개가 넘는다고 합니다. 지구가 속해 있는 우리의 은하계인 태양계가 지금까지 발견된 것으로 500개이고 매해 한 개씩 발견하고 있다는 믿을 수 없는 기록입니다.

정말 거대한 우주입니다. 이 거대한 우주를 창조하시고 운행하시고 인간들을 만드시고 다스리시는 분이 우리 아버지 하나님이십니다.

정말 크신 하나님이십니다. 이런 크신 하나님을 우리가 모시고 있는데 이 땅 위에 살면서 누가 부자고 누가 가난하고 누가 대단하다고 해서 차별하는 것은 그야말로 개미 발목 재기 하는 것과 같습니다. 개미가 누구 발목이 더 굵으냐고 한다는 말이지요.

하나님의 가치관 따르기

기독교 시인 유안진 씨의 '들꽃 언덕에서'라는 시입니다.

들꽃 언덕에서 깨달았다
값비싼 화초는 사람이 가꾸고
값없는 들꽃은 하나님이 키우시는 것을
그래서 들꽃의 향기는 하늘의 향기인 것을
그래서 하늘의 눈금과 땅의 눈금은
언제나 다르고 달라야 한다는 것도
들꽃 언덕에서 깨달았다

값비싼 화초는 사람이 가꾸지만 값없는 들꽃은 하나님이 가꾸십니다. 하지만 값비싼 화초도 값없는 들꽃도 다 하나님이 내셨고 하나님이 가꾸십니다. 그런데 왜 값비싼 화초만 중요하게 생각하고 들꽃은 무시하십니까? 들꽃의 향기도 하나님의 향기입니다.

하나님의 눈금과 사람의 눈금은 다릅니다. 우리는 이 세상 사람들의 눈금을 따라 다른 사람을 재면 안 됩니다. 하나님의 눈금을 따라 사람을 편애하지 말고 편벽되게 대하지 말아야 합니다. 사람들은 부자를 존대하고 빈자를 무시하지만 하나님은 부자나 빈자나 편애하지 않으십니다. 특별히 도움이 필요한 빈자를 돌보십니다.

성경은 하나님이 어떤 분인지 여러 군데에서 기록하고 있습니다.

"너희는 재판할 때에 불의를 행하지 말며 가난한 자의 편을 들지 말며 세력 있는 자라고 두둔하지 말고 공의로 사람을 재판할지며"(레 19:15).

이것이 하나님의 눈금입니다.

모든 사람은 각기 하나님의 형상으로 만들어졌습니다. 모든 사람은 각기 타락해서 죄를 지었습니다. 모든 사람은 각각 저마다 예수님을 믿기만 하면 다 구원을 받습니다. 창조와 타락과 구원에 있어서 어떤 사람도 차별이 없습니다. 구원에 관한 하나님의 예정은 하나님의 절대주권에 속한 것이지만, 일단 창조와 타락과 구원 면에서 하나님은 사람을 외모로 차별하시지 않습니다. 이것이 성경의 신학, 성경의 세계관, 성경의 인간관, 성경의 가치관입니다. 우리는 성경에 기록된 하나님의 가치관에 따라 모든 인간을 다 하나님의 형상으로 존귀히 여기고 편파적으로 대하지 말아야 합니다.

하나님은 모든 인간을 외모로 차별하지 않으시지만, 특별히 가난한 자들을 구원하십니다. 그것은 그들이 하나님의 도움을 갈망하기 때문입니다.

다윗은 이렇게 고백합니다.

"나는 가난하고 궁핍하오나 주께서는 나를 생각하시오니 주는 나의 도움이시요 나를 건지시는 이시라 나의 하나님이여 지체하지 마소서"(시 40:17).

우리는 특별히 도움이 필요한 가난한 사람들을 도와주어야 합니다. 하나님은 가난한 사람들을 돌보는 자들에게 복을 주신다고 약속하셨습니다.

"가난한 자를 보살피는 자에게 복이 있음이여 재앙의 날에 여호와께서 그를 건지시리로다 여호와께서 그를 지키사 살게 하시리니 그가 이 세상에서 복을 받을 것이라 주여 그를 그 원수들의 뜻에 맡기지 마소서 여호와께서 그를 병상에서 붙드시고 그가 누워 있을 때마다 그의 병을 고쳐 주시나이다"(시 41:1-3).

"귀를 막고 가난한 자가 부르짖는 소리를 듣지 아니하면 자기가 부르짖을 때에도 들을 자가 없으리라"(잠 21:13).

"가난한 자를 구제하는 자는 궁핍하지 아니하려니와 못 본 체하는 자에게는 저주가 크리라"(잠 28:27).

우리의 형제자매나 친척 중에 누가 가난해서 좀 도와달라고 하는데 형편이 되면서도 귀를 막아버리면 하나님께서 우리의 기도를 듣지 않으십니다. 하나님은 도움이 필요한 자들에게 관심을 가지고 계십니다. 누구도 편애하시지 않지만 도움이 필요한 자들에게 특별한 관심을 가지고 돌보십니다. 가난하고 어려운 사람을 도와주라는 하나님의 말씀은 하나님의 본성의 표현입니다. 돈이나 학력이나 지위 때문에 사람을 차별하는 것은 하나님의 본성에 위배되는 '악한' 것입니다.

하나님을 무시하지 말라

야고보는 하나님의 백성 공동체가 이런 하나님을 따르지 않고 세상의 가치관을 따라 가난한 사람들을 업신여겼다고 질타합니다.

> 6 너희는 도리어 가난한 자를 업신여겼도다 부자는 너희를 억압하며 법정으로 끌고 가지 아니하느냐 약 2:6

사람은 외모, 그 사람의 외부적인 조건인 돈, 권력, 지위, 학력을 보고 이런 것에 근거해서 사람을 차별합니다. 그러나 하나님은 그렇지 않습니다. 사무엘과 같은 위대한 지도자도 외부적인 조건으로 용모를 보았습니다. 그러나 하나님께서 사무엘에게 이렇게 말씀하셨습니다.

"그의 용모와 키를 보지 말라 내가 이미 그를 버렸노라 내가 보는 것은 사람과 같지 아니하니 사람은 외모를 보거니와 나 여호와는 중심을 보느니라 하시더라"(삼상 16:7).

사람은 외모를 보지만 하나님은 마음을 보십니다. 하나님은 우리의 속사람, 우리 영혼의 상태를 보십니다. 우리의 중심을 살피시는 분입니다. 하나님의 자녀라면서 이런 하나님을 무시하고 이 하나님의 가치관을 무시한 채 세상의 가치관을 따라가지 말라는 것입니다.

이렇게 하나님의 가치관을 무시하니까 인권을 유린하는 현상이 나타나는 것입니다. 부자가 교회에 다니면서도 가난한 자들을 억압하며 법정으로 끌고 가는 일이 발생하는 것입니다. 이런 상상할 수도 없는 일이 야고보 당시 디아스포라 교회에 있었습니다. 하나님을 무시했기 때문입니다. 악한 생각을 했기 때문입니다.

어느 하청업체 노동자의 피맺힌 탄식을 읽은 적이 있습니다. 저는 좌파도 아니고 우파도 아닙니다. 저는 하나님의 뜻을 따라 바르게 목회하며 살아가야겠다고 생각하는 사람입니다. 요즘은 사용자도, 노동자도 힘들지요. 어느 한쪽의 얘기를 들으면 다른 쪽이 잘못했다는 생각이 많이 들지만, 그러나 더 이상 억울해서 피눈물을 흘리는 사람이 없도록 해야 하는 것이 성도들이 마땅히 해야 할 일입니다.

사람 차별하지 말고 기회를 주십시오. 일한 만큼 정당한 대우를 하는 것이 공의의 질서입니다. 이를 무시하면 사회가 엉뚱한 방향으로 흘러갑니다. 외부적인 조건에 근거해서 기회를 박탈하고 인권을 유린하는 것은 사람을 차별하는 것입니다. 이런 인간 차별을 해서는 안 된다는 것이 야고보가 우리에게 던지는 하나님의 메시지입니다.

영광의 주님이 주인공!

분명히 하나님은 사람을 차별하지 않으시고 외부적인 조건으로 사람의 인권을 유린하고 차별 대우하시는 일이 없습니다. 우리 하나님 께서는 가난한 사람을 선택해서 믿음에 부요하게 하시고 완성된 천국을 유산으로 받게 하시는 사랑의 하나님이십니다. 그런데 왜 하나님의 자녀들이 하나님을 닮지 못하고 사람을 차별할까요?

야고보는 2장 1절에서 그 문제 해결의 핵심적인 교훈을 제시하고 있습니다.

> 1 내 형제들아 영광의 주 곧 우리 주 예수 그리스도에 대한 믿음을 너희가 가졌으니 사람을 차별하여 대하지 말라 약 2:1

우리가 사람을 차별하는 것은 각기 높은 자리에 올라가서 영광을 차지하려고 하기 때문입니다. 우리에게는 나보다 더 부유한 사람을 보면 굽실거리고 나보다 못한 사람을 보면 깔보는 인간의 죄악의 본성이 있습니다. 부자는 영광스러운 자리에 있다고 생각하기 때문에 부자에게 잘해서 자신도 높은 자리에 올라가고자 하는 것이지요.

이 문제를 해결하는 근본 방법은 영광의 주 예수 그리스도에 대한 믿음입니다. 하나님의 성품과 하나님의 행위는 다 우리 주 예수 그리스도를 통해서 나타났습니다. 우리가 이 예수 그리스도께 집중해서 생각하고 말하고 행동하고 예수 그리스도 안에서 하나님의 형제자매라는 정체성에 근거하면 절대 외모로 사람을 차별할 수 없습니다.

보스턴에서 어느 젊은 부부가 첫 득남을 축하하는 파티를 열었습니다. 초청된 친구들이 쌍쌍으로 도착해서 겉옷을 내던지고 음악에 맞춰 춤을 추며 파티를 즐기고 있었습니다. 그러다가 갑자기 오늘 파티의 주인공이 생각났습니다. 주인공 아기가 어디 있는지 일제히 아기를 찾기 시작했습니다. 그런데 찾아낸 아기는 안타깝게도 질식사한 뒤였습니다. 어른들이 벗어 던진 겉옷 더미 아래 버려져 있었던 것입니다.

우리 교회가 이래서 되겠습니까? 우리의 주인공이 누구십니까? 우리가 왜 예배드리러 왔습니까? 우리의 영광의 주님께 집중하기 위해서 왔습니다. 영광의 주 예수 그리스도, 주인공이 예수님이십니다. 저도 예수님을 선전하기 위해서 말씀을 전합니다.

삼위일체 하나님의 영광이 예수 그리스도를 통해 나타나셨습니다. 예수 그리스도가 이 땅 위에 오실 때 하나님이시면서도 수챗구멍으로 오셨습니다. 낮은 자리로 임하시어 인간까지 낮아지셨습니다. 종의 자리까지 최악의 죄수 자리까지 낮아지셨습니다. 그리고 십자가에서 죽기까지 복종하셨습니다.

더 이상 높으실 수 없는 영광의 주께서 더 이상 낮을 수 없는 자리까지 내려가신 것입니다. 그리고 부활하시고 승천하셔서 저 하늘 보좌 위에 앉아 계십니다. 한없이 무한대로 광대한 이 우주의 주인으로서 우주의 센터인 빛나고 높은 보좌 위에 앉아 계시는 것입니다.

우리는 영광의 주 예수 그리스도를 믿고 순종하고 따르고 배우는 사람들입니다. 우리는 우리 자신의 영광에 초점을 두지 않고 예수 그리스도의 영광에 초점을 두어야 합니다. 예수 그리스도는 과거에도 영광의 주요, 현재에도 영광의 주요, 미래에도 영광의 주이십니다.

영광의 주님이 임재하시는 예배

우리가 예수 그리스도께 영광을 돌리지 않는다고 해서 그분이 질식사할 리는 없지만, 그러나 우리가 그분에게 영광을 돌리지 않고 그분에게 초점을 기울이지 않고 사람에게 초점을 기울이고 건물에 초점을 기울이고 외부적인 조건에 초점을 기울이고 권력과 지위와 돈에 초점을 기울이면 영광의 주님이 임재하실 수 없습니다.

영광의 주님이 임재하시는 것이 예배입니다. 우리가 영광의 주님께 집중하면 영광의 주님이 그 자리에 나타나십니다. 그분을 영화롭게 하고 영광의 주님을 높이기 위해 찬양에 집중하면 영광의 주님이 임재하셔서 영광스러운 그분의 모습을 우리에게 보여주실 것입니다.

우리는 그분을 경배하기 위해 예배에 나오는 것입니다. 예배는 장난이 아닙니다. 예배는 구경이 아닙니다. 예배는 보는 것이 아니라 드리는 것입니다. 하나님께 집중하는 것입니다. 온몸으로 온 마음으로 뜻과 힘을 다해 정성을 기울여서 하나님께 집중하면 영광스러우신 하나님께서 '쉐키나'의 영광의 모습을 보여주실 것입니다.

하나님의 영광은 위조할 수 없습니다. 하나님만이 교회 안에 하나님의 영광을 비추실 수 있습니다. 교회는 매 주일 주님의 영광이 쓰나미처럼 밀려오는 예배를 드려야 합니다. 모든 교인이 영광의 주님이 임재하시는 예배 장소로 오는 내내 가슴이 설레는 기분이 되어야 합니다.

모세가 갈구한 대로 우리도 이렇게 간구해야 합니다.

"원하건대 주의 영광을 내게 보이소서"(출 33:18).

우리는 영광의 주 예수 그리스도께 초점을 맞추고 하나님께 영광을 돌리겠다는 일념으로 살아야 합니다. 우리가 영광의 주 예수 그리스도께 초점을 맞추면, 영광의 주님이 임재하시는 영광스러운 개인이 되고 교회가 됩니다. 매주 사람들이 영광의 주 예수 그리스도를 만나면서 망가진 것이 고쳐지고 병이 치유되고 잃은 양이 찾아지고 흔들리는 가정이 회복됩니다.

우리가 영광의 주님께 집중할 때 너무나 크신 영광의 주님이 임재하셔서 우리가 그분을 만나고 그분을 체험하고 살면 누가 크냐고 하는 자기 영광을 위한 경쟁과 투쟁이 사라집니다. 부자라고 우대하고 빈자라고 홀대하는 분위기가 사라집니다. 주님의 영광 앞에 부자나 빈자가 다 무릎을 꿇고 영광의 주님을 경배하는 데만 집중하기 때문입니다. 영광의 주님께 집중하면 영광스러운 주님의 임재가 나타나면서, 사람을 차별하지 않는 아름다운 사랑의 공동체가 이루어집니다.

그것이 은혜입니다. 그것이 감격입니다. 그것이 행복이고 환희입니다. 거기에 치유가 있습니다. 거기에 문제 해결이 있습니다. 거기에 하늘의 복이 임합니다. 영광의 주님께 집중할 때 주님의 영광이 임하는 예배를 드릴 때 우리는 그분을 만납니다.

우리가 우리 자신의 영광에만 초점을 맞추면 늘 완벽한 그림에 빠진 퍼즐 한 조각을 찾아 헤매다가 죽습니다. 그러나 우리가 우리 자신의 영광의 자리가 아닌 영광의 주 예수 그리스도의 영광의 자리에 초점을 맞추면 우리 인생에 빠진 조각 하나를 비로소 찾을 수 있습니다. 우리가 영광의 주님께 초점을 맞추고 살면 우리의 삶 속에 항상 영광의 주님이 임재하시는 것이 느껴집니다. 그것이 우리의 만족이요, 행복입니다.

머지않은 장래에 그분이 오시면 영광스러운 새 하늘과 새 땅이 나타날 텐데, 그때에 세세 무궁토록 상상할 수 없는 복락을 누리며 살 것이기 때문에 이 땅 위에 사는 동안 부자 앞에 굽실거리고 가난한 사람을 멸시하는 일을 하지 않는 것입니다.

저는 평생 시골에서 나무하던 소년을 기억하며 살아갈 것입니다. 중학교 2학년 때 30리를 걸어가서 작은 지게를 지고 나무하던 소년 권성수를 기억하며 살 것입니다. 세례 요한처럼 "그는 흥하여야 하겠고 나는 쇠하여야 하리라"(요 3:30)고 생각하고, 그분은 계속 존귀함을 받으셔야 되겠고 나는 사라져야 할 존재라는 것을 기억하며 살아가려고 합니다.

나의 삶, 우리 가정, 우리 교회가 영광의 주 예수 그리스도를 중심에 모시고 살면, 빈부귀천이나 외모에 따라 사람을 차별하지 않고 모든 인간을 다 하나님의 형상으로 만들어진 고귀한 존재들로 보고 존대하게 됩니다.

8 너희가 만일 성경에 기록된 대로 네 이웃 사랑하기를 네 몸과 같이 하라 하신 최고의 법을 지키면 잘하는 것이거니와 9 만일 너희가 사람을 차별하여 대하면 죄를 짓는 것이니 율법이 너희를 범법자로 정죄하리라 10 누구든지 온 율법을 지키다가 그 하나를 범하면 모두 범한 자가 되나니 11 간음하지 말라 하신 이가 또한 살인하지 말라 하셨은즉 네가 비록 간음하지 아니하여도 살인하면 율법을 범한 자가 되느니라 12 너희는 자유의 율법대로 심판 받을 자처럼 말도 하고 행하기도 하라 13 긍휼을 행하지 아니하는 자에게는 긍휼 없는 심판이 있으리라 긍휼은 심판을 이기고 자랑하느니라

—

야고보서 2장 8-13절

chapter 07

이웃 사랑을
실천하라

최근 많은 관객들을 블랙홀처럼 빨아들이고 있는 한 영화에 대한 기사를 읽었습니다. 이순신을 주인공으로 한 영화 〈명량〉입니다. 그는 12척의 배로 외선 330척을 격퇴해야만 하는 절체절명의 위기, 휘하에 있는 장군들의 보이지 않는 알력, 상할 대로 상한 몸과 마음, 부하 장군의 배반으로 가장 중요한 무기인 거북선까지 잃어버린 상황에서도 "무릇 장수는 충성해야 된다. 충성은 백성을 위한 것이어야 한다. 백성이 없으면 나라도 없고 임금도 없다"는 신념으로, "죽고자 하면 살고 살고자 하면 죽는다"는 정신으로 외선들을 쳐부수고 대승을 거두었습니다.

　이 영화가 인기를 끄는 것을 보면서, 요즘 국민들이 "지금은 왜 이런 지도자가 없을까?" 하는 탄식과 지금이라도 이런 지도자가 나타나면 좋겠다는 갈망이 한몫을 하지 않았을까 하는 생각을 하게 되었습니다.

왕법에 나타난 이웃의 범위

저는 이 기사를 읽으며 사실 너무 안타까웠습니다. 블랙홀처럼 사람들을 빨아들이실 분은 예수 그리스도이신데, 어떻게 우리를 위해서 죽으시고 우리를 위해서 부활하시고 우리를 위해서 승천하시고 우리를 위해서 성령님을 보내주셔서 우리를 죄와 사망과 지옥으로부터, 모든 문제로부터 궁극적으로 완벽하게 구원해주신 우리의 구원자 예수 그리스도께는 사람들이 빨려들지 않는 것일까, 도대체 무엇이 문제일까 하는 생각이 들었기 때문입니다.

그것은 바로 우리가 예수 그리스도께서 얼마나 좋은 분인지 삶으로 보여주지 못했기 때문입니다. 목회자로서 저는 참 부끄러웠습니다. 예수 그리스도는 우리에게 분명히 '삶의 방식'을 보여주셨습니다. 말씀으로, 행동으로 보여주셨습니다. 그것이 '왕의 법'(Royal Law)입니다.

그러면 왕법의 내용이 무엇입니까? 그 왕법이 어째서 많은 사람들을 예수 그리스도께 블랙홀처럼 빨려 들어오게 만드는 요소입니까?

> 8 너희가 만일 성경에 기록된 대로 네 이웃 사랑하기를 네 몸과 같이 하라 하신 최고의 법을 지키면 잘하는 것이거니와 약 2:8

8절에 '최고의 법'이라는 표현이 나옵니다. 헬라어 '노모스'가 "법"입니다. '최고의 법'은 헬라어로 '노모스 바실리코스'라고 합니다. 왕의 법, 'Royal law'입니다. 야고보는 이웃 사랑이 왕법(王法)이고 이 왕법의 내용이 성경에 기록되어 있다고 전합니다. 그러면 그 내용이 성경 어디에 있습니까?

야고보가 이 편지를 쓸 때만 해도 신약성경은 없었습니다.

"원수를 갚지 말며 동포를 원망하지 말며 네 이웃 사랑하기를 네 자신과 같이 사랑하라 나는 여호와이니라"(레 19:18).

이 하나님의 말씀이 구약성경에 분명히 나와 있습니다. 그러면 여기서 '이웃'이 누구입니까? 이웃의 범위가 어디까지입니까? 유대인들은 그 이웃을 자신의 유대인 동포라고 생각했습니다. 그러니까 유대인 동포가 아니면 이웃이 아니라고 생각한 것입니다.

요즘 이스라엘이 가자 지구(Gaza Strip)를 공격하고 있습니다. 이스라엘의 폭격으로 죽은 사람들이 이미 1,800명을 넘어섰고 그중에는 민간인들, 특히 어린아이들과 여자들도 있었습니다. 너무 충격스럽지 않습니까? 그러나 유대인들은 동포가 아니면 이웃이 아니라고 생각합니다. 그러니까 유대인들에게는 가자 지구 사람들이 사랑하고 배려해야 할 대상이 아닌 것입니다. 자신의 유대인 동포 몇 명만 죽어도 그들은 바로 가서 그들보다 열 배, 백 배로 공격합니다. 그들이 사랑하고 돌보아야 할 이웃이 아니기 때문입니다.

그러면 "네 이웃 사랑하기를 네 자신과 같이 사랑하라"는 레위기

19장 18절 말씀에서 '이웃'은 정말 유대인뿐이었을까요? 아닙니다. 상반절을 보시면 '동포'뿐만 아니라 '원수'도 들어 있습니다. 그러니까 원수도 포함해서 이웃을 사랑하라는 것이 왕법입니다.

예수님도 선한 사마리아인의 비유(눅 10:29-37)를 통해서 분명히 말씀해주셨습니다. 한 율법 교사가 예수님께 "내 이웃이 누구입니까?"라고 질문했습니다. 예수님은 비유를 통해 답변하셨습니다.

어떤 사람이 예루살렘에서 여리고로 내려가다가 강도를 만나 거의 죽은 채 버려졌습니다. 제사장과 레위인은 강도 만난 사람을 보고 그냥 지나가버렸습니다. 사마리아인은 보고 불쌍히 여겨 상처에 기름을 붓고 주막으로 데리고 가서 돌봐주면서 비용이 더 들면 돌아올 때 갚아주겠다고 했습니다.

예수님은 이 비유를 말씀하신 후에 "누가 강도 만난 자의 이웃이 되겠느냐?"라고 율법 교사에게 질문하셨습니다. 당연히 자비를 베푼 사람이지요. 예수님은 그에게 "너도 가서 이렇게 하라"고 하셨습니다.

여리고에는 유대인 제사장들이 많이 살고 있었습니다. 예루살렘에서 여리고로 내려가다가 강도 만난 사람은 유대인이었을 것입니다. 유대인들은 사마리아 사람을 이방인 취급, 원수 취급했습니다. 그런데 사마리아인은 자기를 이방인 원수로 따돌리는 유대인을 돌봐준 것입니다. 사마리아인은 원수까지도 이웃으로 보고 마음과 말과 행동으로 그를 사랑했습니다. 사마리아인은 '왕법'대로 원수까지 포함한 이웃을 사랑한 것입니다.

나와 같은 사람이다

가정 폭력, 학교 폭력, 군대 폭력은 너무나 탄식할 만한 일들입니다. 최근 군대 폭력으로 모 일병이 죽는 사건까지 발생했습니다. 참혹한 사건의 전말을 일일이 나열하지는 않겠지만 어떻게 이런 일이 일어날 수 있을까요?

저도 얼차려를 받아봤습니다. 군대 갔다 온 사람들은 다 압니다. 불시에 엎드려뻗쳐 하고 위에서부터 막 때리고 내려오는데 엉덩이에서 불이 납니다. 얼마나 두들겨 패는지 내무반에 돌아와 잠잘 때면 제대로 눕지도 못합니다. 엉덩이에 피멍이 들었기 때문입니다. 세상에 사람들이 이렇게 악할 수가 있습니까?

그 선임 병장이 모 일병을 무엇으로 보았을까요? 그를 사랑해야 할 이웃으로 봤다면 그렇게 때릴 수 있었을까요? 그를 샌드백이나 짐승으로 보지 않고서야 어찌 한 달 넘게 밤낮 가리지 않고 두들겨 팰 수 있었을까요? 죽은 모 일병이 자신과 같은 사람이라고만 생각했어도 그런 짓은 못할 것입니다. 만약에 우리가 복음을 잘 보여줘서 그 선임 병장에게 복음이 들어갔다면 모 일병을 이웃으로 생각했을 것이고 그렇게 무참히 구타하지는 않았을 것입니다. 그것이 가슴이 아픕니다.

누가 이웃입니까? 혹시 '이 사람은 이래서 싫고 저 사람은 저래서 싫다'는 식으로 마음에 안 드는 사람을 자신의 이웃 명단에서 제외시키지 않았습니까? 혹시 마음에 들지 않는 사람을 배려하고 사랑해야 할 이웃의 목록에서 빼내어 따돌리고 차별하고 있지는 않습니까? 우리는 그렇게 하면 안 됩니다. 어떤 경우 어떤 사람도 내가 사랑하고 돌보아야 할 이웃의 명단에서 빼내면 안 됩니다. 예수님이 네 이웃을 네 몸과 같이 사랑하라고 하셨으니까, 예수님이 선한 사마리아인의 비유를 통해서 누구든지 도움이 필요한 사람에게 이웃이 되어주라고 분명히 알려주셨으니까, 그것이 왕의 법이기 때문입니다.

우리는 이웃을 제한해서는 안 됩니다. 물론 가족, 교인, 자기와 가까운 사람부터 챙기기 시작하는 것은 당연합니다. 누구든지 자기 가족을 돌보지 않는다면 불신자보다 더 악한 자라고 하셨기 때문입니다(딤전 5:8). 그러나 우리가 이웃의 목록에서 누구라도 빼내면 거기서부터 차별이 일어나고 심한 경우에 구타해서 죽이기까지 한다는 말입니다.

예수 그리스도의 법

자신의 이웃을 내 몸과 같이 사랑한다는 것은 "as yourself", 당신 자신처럼 사랑하는 것입니다. 여기에 근거해서 무엇보다 자신을 사랑해야 한다고 하면서 자기 사랑(self-love)을 강조하는 책들이 많이 나오는데, 사실 자기 사랑이라는 주제의 책은 나올 필요가 없습니다. 자기 사랑은 저절로 되는 것입니다.

사람이 스스로 자기 목숨을 끊는 경우에도 자신이 자기가 괴로운 것을 보지 못하니까, 자신이 자기를 사랑해서 그러는 것입니다. 아침에 일어나서 가장 먼저 누구의 얼굴을 씻습니까? 누구의 이를 닦습니까? 누구의 입에 먹을 음식을 넣습니까? 자기 사랑은 자연스럽게 되는 것입니다. 이렇게 우리가 자기를 사랑하는 것처럼 남도 사랑하라는 것입니다. 우리가 자신에게 필요한 것을 공급하고 자기를 보호하는 것처럼 남들에게도 필요한 것을 공급해주고 보호해주라는 것입니다.

예수님은 이것을 황금률(Golden Rule)로 말씀하셨습니다.

"그러므로 무엇이든지 남에게 대접을 받고자 하는 대로 너희도 남을 대접하라 이것이 율법이요 선지자니라"(마 7:12).

이 군대 폭력 사건도 그 일을 마치 자신이 당한 일처럼 여기고 모든 불이익을 감수하겠다는 각오로 사실을 제보한 한 상병이 있었기 때문에 알려지기 시작했습니다. 그는 사람이 죽어가는데 양심이 괴로워서 견딜 수 없었다고 합니다. 또 자신이나 앞으로 자신의 아들이 군대에 와서 이런 일을 당한다고 생각하니 어떤 보복도 두려워하지 않고 후회 없이 행동하게 되었다고 합니다. 이것이 이웃을 내 몸처럼 사랑하는 것입니다. 이것이 왕의 법입니다.

그런데 예전의 왕을 한번 보십시오. 왕은 자기가 법을 만들어놓고 백성들이 그 법을 안 지키면 벌을 줍니다. 국민이 자기 법을 안 지켰다고 자기가 가서 문초를 당하는 왕은 없습니다. 국민이 자기 법을 안 지켰다고 국민을 위해 목숨을 내놓는 왕은 없습니다.

그러나 예수님은 "네 이웃 사랑하기를 네 몸과 같이 하라"는 왕의 법을 만들어놓으시고 그 법을 지키기 위해 하늘에서 이 땅 위에 내려오셨습니다. 그것을 몸소 100퍼센트 지키셨습니다. 그리고 왕의 법을 지키지 않은 국민들을 대신해서 십자가에서 피를 흘리심으로 대신 처벌을 받으셨습니다.

삼 일 만에 부활하셔서 법을 완전히 지킨 사람의 완벽한 의(義)를 우리에게 넘겨주시고 저 천국에 올라가셔서 성부 하나님으로부터 성령을 받아 하나님의 백성들에게 내려주셔서 왕의 법을 지킬 수 있는 힘까지 제공해주셨습니다. 이런 왕이 또 어디에 계십니까?

왕의 법이란 바로 이런 뜻입니다. 예수 그리스도께서 만왕의 왕이요 만주의 주이십니다. 이분이 바로 법입니다. 이 예수 그리스도의 법을 우리가 받았습니다. 이 법을 지킬 수 있는 새 마음, 지킬 수 있는 성령의 능력까지 이미 받았습니다. 따라서 우리는 핑계 대지 말고 "네 이웃을 네 자신과 같이 사랑하라"고 하신 왕의 법을 지켜야 합니다.

왕법대로 살면 자유가 있습니다. 왕법대로 살면 죄와 사망과 지옥의 속박으로부터 자유를 얻습니다. 본인이 자유롭고 가정이 자유롭고 공동체가 자유로워지고 잘 사는 아름다운 공동체가 되는 것입니다. 이것은 자유의 법입니다. 그러나 법이지만 우리를 속박하는 것이 아니라 자유를 줍니다. 그리스도의 법, 왕의 법이기 때문입니다.

왕법을 범하지 말라

그런데 이 법을 그다지 심각하게 생각하지 않는 분들이 참 많습니다. "네 이웃 사랑하기를 네 몸과 같이 하라"는 것은 사람을 차별하지 말라는 맥락의 말씀이 계속 이어지는 것입니다. 제가 사람을 차별하지 말라는 설교를 한 후 지난 말씀의 반응이 어떤가 하고 제 페이스북을 살펴보았습니다. 그런데 저희 교회 교인 같지는 않은데, 페이스북 친구들이 이런 반응을 보였습니다.

"사람 차별이 제일 심한 곳이 교회입니다."

"현실적으로 사람 차별 없이 살 수 있습니까?"

"다 조금씩 하지 않나요?"

사람 차별은 다 하는 것이고 별것 아니니 현실적으로 인정하고 넘어가자는 식입니다. 그런 우리에게 주시는 하나님의 답변이 무엇입니까?

> 9 만일 너희가 사람을 차별하여 대하면 죄를 짓는 것이니 율법이 너희를 범법자로 정죄하리라 약 2:9

차별하는 것이 별것 아니라고요? 아닙니다. 차별하는 것은 죄입니다. 하나님의 율법을 어긴 범법(犯法)입니다. 따라서 하나님의 법정에서 재판을 받아야 합니다. 하나님은 사람을 차별하여 대하는 죄를 심각하게 생각하십니다. 하나님의 법의 핵심이 무엇입니까? 사랑입니다.

"예수께서 이르시되 네 마음을 다하고 목숨을 다하고 뜻을 다하여 주 너의 하나님을 사랑하라 하셨으니 이것이 크고 첫째 되는 계명이요 둘째도 그와 같으니 네 이웃을 네 자신같이 사랑하라 하셨으니 이

두 계명이 온 율법과 선지자의 강령이니라"(마 22:37-40).

사람을 차별하는 것은 "사랑하라"고 하신 율법의 핵심을 놓치고 범한 죄입니다. 모든 율법이 다 사랑이라는 고리에 걸립니다. 하나님을 사랑하고 이웃을 사랑하는 사람은 우상숭배를 하거나 부모를 거역하지 않습니다. 살인하지 않고, 간음하지 않고, 도둑질하지 않습니다. 모든 율법은 "하나님을 사랑하고 네 이웃을 네 몸처럼 사랑하라"는 왕법에 다 걸립니다. 사람을 차별하는 것은 바로 이 왕법을 어긴 죄이고 그래서 범법입니다.

율법을 전부 어겼다!

하지만 이렇게 생각할 수도 있습니다.

"아이고 목사님, 범법이라고 그러지만 율법의 한 귀퉁이, 잘 보이지도 않는 조각 하나를 조금 어기는 것뿐인데요?"

그럴 때 하나님이 답이 무엇입니까?

10 누구든지 온 율법을 지키다가 그 하나를 범하면 모두 범한 자가 되나니 약 2:10

율법의 본질이 무엇입니까? 율법은 통째로 움직이는 법으로 하나를 범하면 다 범하는 것이 됩니다. 율법을 지키는 것은 학교 시험과는 다릅니다. 학교 시험은 100점 만점에 90점 맞아도 장학생이 될 수 있습니다. 60점 이상 맞으면 일단 통과시킵니다. 그렇지만 하나님의 법은 다릅니다. 율법은 하나만 어겨도 다 어긴 것이 됩니다.

물론 율법을 어긴 죄 중에는 큰 죄도 있고 작은 죄도 있습니다. 이웃집 벤츠를 마음으로 탐내는 죄와 탐심의 결과로 벤츠를 훔치는 죄는 차원이 다릅니다. 훔친 벤츠로 원수를 치어 죽였다면 그것은 더 큰 죄입니다. 분명히 더 큰 죄도 있고 작은 죄도 있습니다. 그렇지만 모두 율법을 어긴 것이 사실이며 그것이 죄임에는 틀림이 없습니다.

율법은 통째입니다. 물론 큰 죄는 크게 다스리고 작은 죄는 작게 다스리지만 율법은 총체적인 것입니다. 한 덩어리로 되어 있다는 말입니다. 율법을 주신 분이 하나님이시니까 모든 규정 중에 한 규정만 어겨도 하나님께 불순종한 것이 됩니다. 별로 큰 죄가 아니니까 그냥 넘어갈 수 있다는 것은 잘못된 생각입니다. 사람을 차별하는 것은 율법의 한 조항을 "범하면 모두 범한" 것이라는 측면에서 볼 때 결코 쉽게 넘어갈 죄가 아니라는 것입니다.

> [11] 간음하지 말라 하신 이가 또한 살인하지 말라 하셨은즉 네가 비록 간음하지 아니하여도 살인하면 율법을 범한 자가 되느니라 약 2:11

야고보는 사형 죄에 해당되는 간음과 살인을 통해서 율법 하나를 어기면 다 어긴 것이라는 원리를 확실히 예증해주었습니다. 살인과 간음의 죄를 예로 든 것은 인간관계를 해치는 가장 심각한 죄이기 때문입니다.

성경은 살인에 대해서 이렇게 말합니다.

"그러나 만일 어떤 사람이 그의 이웃을 미워하여 엎드려 그를 기다리다가 일어나 상처를 입혀 죽게 하고 이 한 성읍으로 도피하면 그 본 성읍 장로들이 사람을 보내어 그를 거기서 잡아다가 보복자의 손에 넘겨 죽이게 할 것이라"(신 19:11,12).

이웃을 미워하여 고의적으로 사람을 죽였다면 그가 도피성으로 들어가도 장로들이 사람을 보내어 그 사람을 찾아내서 보복자에게 넘겨 그를 죽이게 합니다. 이것이 성경의 법입니다.

성경은 간음에 대해서 이렇게 말합니다.

"어떤 남자가 유부녀와 동침한 것이 드러나거든 그 동침한 남자와 그 여자를 둘 다 죽여 이스라엘 중에 악을 제할지니라"(신 22:22).

자기 아내, 자기 남편을 버젓이 두고 다른 여자, 다른 남자와 간통을 했다면 사형입니다. 간음한 사람이 살인하지 않아도 그것은 율법의 일부를 어긴 것이 아니라 전체를 어긴 것입니다. 살인한 사람이 간음하지 않아도 마찬가지로 율법 전체를 어긴 것입니다. 율법의 일부분만 어겼다고 할 수 없습니다. 통째로 어긴 것입니다. 전부 다 어긴 것입니다.

간음하지 말라고 명령하신 하나님께서 살인하지 말라고 명령하셨기 때문에 어느 것을 어기든 동일한 하나님의 명령을 어긴 것이 됩니다. 이런 측면에서 봤을 때 사람을 차별하는 것이 작은 것 같지만 결코 작은 것이 아니라는 것입니다.

하나님의 법정에 서다

> 12 너희는 자유의 율법대로 심판 받을 자처럼 말도 하고 행하기도 하라
> 약 2:12

사람 차별이 왕법을 어기는 죄이니 우리는 사람을 차별하지 말아야 합니다. 우리가 사람을 차별하면 천국 법정에 서서 피고인으로 재판을 받는다고 생각하고 차별하지 말아야 한다는 것입니다.

여기서 심판은 예수 그리스도께서 재림하실 때에 받을 심판만을 말하는 것이 아닙니다. 하나님은 지금도 우리 마음의 동기, 입의 언어, 손발의 행동을 전부 다 보고 계십니다. 우리가 살아가는 현실 속에서도 하나님은 우리가 행한 대로 갚아주시는 분입니다.

"네 구제함을 은밀하게 하라 은밀한 중에 보시는 너의 아버지께서 갚으시리라"(마 6:4).

하나님께서 우리가 행한 대로 갚아주신다는 것은 보이지 않는 천국 법정에서 이미 심판이 부분적으로 이루어지고 있다는 것을 말합니다. 우리는 현세 천국에서도 심판을 받아 행한 대로 갚으심을 받지

만, 예수 그리스도께서 재림하실 때 이루어질 내세 천국에서도 심판을 받고 행한 대로 갚으심을 받습니다. 현세뿐만 아니라 내세의 천국의 법정도 있습니다.

예수 믿는 사람들은 지옥에 가지 않습니다. 사망에서 생명으로, 사탄의 왕국에서 하나님의 왕국으로 옮겨졌기 때문에 지옥에 떨어지는 심판을 받지 않습니다. 그러나 예수님이 재림하실 때까지 예수를 믿지 않으면 지옥에 떨어집니다. 사도 요한은 마지막 최후 심판의 장면을 미리 보았습니다. 예수 그리스도의 생명책에 기록되지 않은 사람은 다 불못에 툭툭 떨어지는 모습을 사도 요한이 분명히 보고 요한계시록을 기록한 것입니다.

"누구든지 생명책에 기록되지 못한 자는 불못에 던져지더라"(계 20:15).

왜 전도해야 됩니까? 예수 믿지 않는 우리 가족, 친척, 친구, 이웃에게 예수님을 믿도록 왜 그렇게 몸부림치면서 전도하고 사랑을 베풀면서 전도합니까? 예수님이 다시 오실 때까지 예수 그리스도를 믿지 않는 사람은 지옥 불못에 던져져서 영원히 불 속에 있으면서도 타지 않는 형벌을 받습니다. 예수님이 재림하실 때까지 예수 그리스도를 믿지 않는 자들은 재판장 예수 그리스도에게 이런 선고를 받습니다.

"저주를 받은 자들아 나를 떠나 마귀와 그 사자들을 위하여 예비된 영원한 불에 들어가라"(마 25:41).

지옥 불못에 들어가면 영원토록 거기서 슬피 울면서 이를 갑니다.

"세상 끝에도 이러하리라 천사들이 와서 의인 중에서 악인을 갈라 내어 풀무불에 던져 넣으리니 거기서 울며 이를 갈리라"(마 13:49, 50).

상급 심판

하나님은 절대 거짓말을 하시지 않습니다. 예수 믿지 않는 사람들은 결국 지옥 불에서 영원히 고통받습니다. 이 진리를 믿는다면 복음을 전하지 않을 수 없습니다. 예수 그리스도를 믿으면 생명책에 그 이름이 기록됩니다. 예수 그리스도를 믿으면 사망에서 생명으로 거주이동을 합니다(요 5:24). 예수 그리스도를 믿으면 어떤 피조물도, 어떤 상황도, 심지어 사망조차도 끊어내지 못하는 하나님의 사랑의 품에 안깁니다.

바울은 이 확신을 전했습니다.

"내가 확신하노니 사망이나 생명이나 천사들이나 권세자들이나 현재 일이나 장래 일이나 능력이나 높음이나 깊음이나 다른 어떤 피조물이라도 우리를 우리 주 그리스도 예수 안에 있는 하나님의 사랑에서 끊을 수 없으리라"(롬 8:38, 39).

그러면 우리가 무슨 심판을 받습니까? 우리는 상급 심판을 받습니다.

"그런즉 우리는 몸으로 있든지 떠나든지 주를 기쁘시게 하는 자가 되기를 힘쓰노라 이는 우리가 다 반드시 그리스도의 심판대 앞에 나타나게 되어 각각 선악 간에 그 몸으로 행한 것을 따라 받으려 함이라"(고후 5:9, 10).

예수 그리스도를 믿는 우리는 다 반드시 그리스도의 심판대 앞에서 천국의 차등 상급 심판을 받습니다. 천국의 차등 상급은 차별이 아닙니다. 천국의 차등 상급은 우리의 마음을 보시고 우리가 행한 대로 갚아주시는 하나님의 공의(公義)입니다.

어떤 경우에도 사람을 멸시해서는 안 됩니다. 특별히 부유한 지역에 산다고 해서 다른 지역 사람들을 무시해서는 안 됩니다. 급이 다르니까 같이 살 수 없다고 함부로 말하면 안 됩니다. 우리가 사람을 차별하면 심판을 받습니다. "네 이웃을 네 몸처럼 사랑하라"는 왕법을 지키느냐, 지키지 않느냐에 따라 하나님의 법정에 선다는 것을 생각하면서 사람을 차별하지 말아야 합니다. 이웃을 사랑해야 합니다.

사람을 차별하지 않고 사람을 사랑하면 자유가 있습니다. 율법은 '자유의 율법'입니다. 우리는 예수 그리스도를 믿어 구원받은 사람들로서 우리의 왕 예수 그리스도의 '왕법'을 따라 삽니다. 예수 그리스도의 왕법에 따라 살면 참된 자유를 누립니다. "네 이웃을 네 몸과 같이 사랑하라"는 것은 절대 쇠고랑을 차게 하는 율법이 아닙니다. 우리를 자유롭게 하는 자유의 율법입니다.

긍휼 없는 심판

그러면 이웃을 사랑하지 않고 사람을 차별하는 것이 특별히 무슨 죄인지 보십시오.

¹³ 긍휼을 행하지 아니하는 자에게는 긍휼 없는 심판이 있으리라 긍
휼은 심판을 이기고 자랑하느니라 약 2:13

사람을 차별하는 것은 긍휼을 베풀지 않는 죄악입니다. 긍휼을 베
풀지 않는 사람은 긍휼 없는 심판을 받습니다. 야고보는 이 진리를
예수 형님을 통해서 이미 배웠습니다.

"긍휼히 여기는 자는 복이 있나니 그들이 긍휼히 여김을 받을 것임
이요"(마 5:7).

사람을 잔인하게 때리고 억울하게 피눈물 나게 만들면 자신도 그
런 일을 당합니다. 긍휼을 베풀지 않으면 긍휼 없는 심판을 받습니
다. 최후 심판에서만 긍휼이 없는 심판을 받는 것이 아니라, 지금 현
실 속에서도 긍휼이 없는 심판을 부분적으로 받습니다. 하지만 긍휼
을 베푸는 사람은 심판을 당하지 않습니다. 긍휼을 베푸는 사람은
심판을 이깁니다. 예수 그리스도 안에서 하나님이 베푸신 긍휼을 받
아 변화된 삶을 살고 있기 때문입니다.

이번 병장과 선임병들이 모 일병을 구타하고 죽인 사건은 사람 차
별의 정점입니다. 우리가 이런 식으로 사람을 차별하지는 않더라도,
사람을 차별하는 것은 다 죄악임을 알아야 합니다. 사람을 차별하는
것은 사람을 긍휼히 여기지 않는 죄악입니다.

자신의 불신 가족, 친척, 친구, 이웃을 불쌍히 여기십니까? 수년, 아
니 수십 년을 기도해도 교회에 나오지 않는 남편과 부모와 자식들이

혹시 믿지 않습니까? 그러나 예수 그리스도를 믿지 않는 그들을 불쌍히 여겨야 합니다. 계속해서 믿지 않으면 지옥 형벌을 받는데 얼마나 불쌍합니까.

혹시 당신을 괴롭히는 사람이 교회 안에, 직장 안에, 이웃에 있습니까? 당신을 괴롭히는 사람도 불쌍히 여기십시오. 그가 회개하고 복을 받도록 기도하십시오. 하나님이 나를 불쌍히 여기셨으니까 나도 내 이웃을 불쌍히 여겨야 합니다. 설령 그 사람이 나를 괴롭히더라도 그는 따돌리지 말고 사랑해야 할 내 이웃입니다.

우리 속에 죄의 본성, 폭력의 본성이 있는 것은 사실입니다. 그러나 그것이 폭발하여 폭력 행위로 나타나는 것에 대한 책임은 폭력을 행사한 그 사람에게 있습니다. 근본적인 해결책은 분위기나 문화를 개선하는 데만 있지 않습니다. 물론 고쳐야 됩니다. 그러나 근본적인 해결책은 우리를 긍휼히 여기신 하나님의 긍휼을 깊이 체험하는 것입니다.

예수, 하나님의 긍휼

십자가에 달리신 예수 그리스도의 긍휼, 죄를 지은 나를 위해서 처벌받아야 할 나를 위해서, 영원히 지옥에서 고문을 당해야 할 나를 위해서, 십자가에서 "나의 하나님, 나의 하나님 어찌하여 나를 버리셨나이까" 하시고 우리를 불쌍히 여기셔서 자신의 몸을 던지신 그 예수 그리스도의 긍휼, 그것을 통해서 나타난 하나님의 긍휼에 부딪쳐서 마음이 녹아야 폭력의 본성이 근본적으로 해결될 줄 믿습니다.

오늘 개인과 우리 사회의 죄악 문제를 해결할 수 있는 것은 복음밖에 없습니다. 예수 그리스도밖에 없습니다. 이순신 장군에게 있는 것이 아닙니다. 예수님에게 있습니다. 예수 그리스도의 긍휼의 사랑에 부딪치면 마음이 녹아 나 같은 사람도 사랑해주시고 불쌍히 여기신 예수님의 은혜에 감사해서, 하나님의 사랑에 감사해서 차별할 수 없습니다. 실수로 차별했다가도 돌아서서 회개합니다. 내 이웃을 내 몸처럼 사랑하려고 애쓰게 됩니다.

우리가 이웃을 사랑한다고 할 때 너무 큰 것만 생각하지 마십시오. 작은 것 하나부터 실천하는 것이 중요합니다. 제가 지역 주민들의 불편을 해소하고 이웃 사랑을 실천하기 위해서 주택가나 상가에 주차하지 말 것을 부탁드렸을 때 많은 분들이 동참해주셔서 이제는 주택가에 차를 대는 분들이 거의 없어졌습니다. 내 이웃을 사랑하는 법은 멀리 있는 것이 아닙니다. 가까이에 있습니다.

"네 이웃을 네 몸처럼 사랑하라"고 하신 왕법을 예수 그리스도의 제자답게 지킴으로 자유를 누리십시오. 이 법대로 살면 자유의 가정, 자유의 교회, 자유의 공동체, 자유의 나라가 이루어집니다. 이 귀한 일에 모두 적극적으로 순종하시기를 바랍니다.

14 내 형제들아 만일 사람이 믿음이 있노라 하고 행함이 없으면 무슨 유익이 있으리요 그 믿음이 능히 자기를 구원하겠느냐 15 만일 형제나 자매가 헐벗고 일용할 양식이 없는데 16 너희 중에 누구든지 그에게 이르되 평안히 가라, 덥게 하라, 배부르게 하라 하며 그 몸에 쓸 것을 주지 아니하면 무슨 유익이 있으리요 17 이와 같이 행함이 없는 믿음은 그 자체가 죽은 것이라 18 어떤 사람은 말하기를 너는 믿음이 있고 나는 행함이 있으니 행함이 없는 네 믿음을 내게 보이라 나는 행함으로 내 믿음을 네게 보이리라 하리라 19 네가 하나님은 한 분이신 줄을 믿느냐 잘하는도다 귀신들도 믿고 떠느니라 20 아아 허탄한 사람아 행함이 없는 믿음이 헛것인 줄을 알고자 하느냐 21 우리 조상 아브라함이 그 아들 이삭을 제단에 바칠 때에 행함으로 의롭다 하심을 받은 것이 아니냐 22 네가 보거니와 믿음이 그의 행함과 함께 일하고 행함으로 믿음이 온전하게 되었느니라 23 이에 성경에 이른 바 아브라함이 하나님을 믿으니 이것을 의로 여기셨다는 말씀이 이루어졌고 그는 하나님의 벗이라 칭함을 받았나니 24 이로 보건대 사람이 행함으로 의롭다 하심을 받고 믿음으로만은 아니니라 25 또 이와 같이 기생 라합이 사자들을 접대하여 다른 길로 나가게 할 때에 행함으로 의롭다 하심을 받은 것이 아니냐 26 영혼 없는 몸이 죽은 것같이 행함이 없는 믿음은 죽은 것이니라

—

야고보서 2장 14-26절

chapter 08

진짜 믿으면
행동한다

2014년 8월 교황 프란치스코가 한국에 와서 많은 영향을 끼쳤습니다. 광화문에 1백만 명이 모였다고 합니다. 낮은 자리로 내려가서 가난한 이들을 돌보고, 어린아이의 뺨과 이마에 키스를 하고, 장애인을 격려하고, 교회가 돈과 권력에 야합하지 말라는 메시지를 던지는 프란치스코 교황에 대한 기사가 연일 신문과 뉴스를 장식했습니다. 가톨릭 교황은 야고보서에 근거해서 행함으로 의롭다 함을 받는다는 것을 강조합니다. 그것이 가톨릭 교리입니다.

그렇다면 종교개혁은 왜 일어난 것일까요? 가톨릭을 그대로 믿으면 되지 뭐하러 종교개혁을 일으켰을까요? 믿음으로만 의롭다 함을 받는다는 교리는 어떻게 되는 것인가요? 믿음과 행위의 관계는 어떤 것입니까?

야고보서 2장 24절을 보면 "사람이 행함으로 의롭다 하심을 받고 믿음으로만은 아니니라"라는 말씀이 기록되어 있습니다. 그러나 로마서 3장 28절에는 얼른 보면 충돌하는 말씀이 기록되어 있습니다.

"그러므로 사람이 의롭다 하심을 얻는 것은 율법의 행위에 있지 않고 믿음으로 되는 줄 우리가 인정하노라"(롬 3:28).

야고보서는 행함으로 의롭다 함을 받는다고 하고, 로마서는 믿음으로 의롭다 함을 받는다고 합니다. 얼른 보면 야고보는 바울과 정반대로 말했습니다. 바울은 믿음으로 의롭다 함을 받는다고 했는데, 야고보는 행함으로 의롭다 함을 받는다고 했기 때문입니다. 누구 말이 옳습니까? 야고보서도 성경이고 로마서도 성경인데, 성경의 한 부분과 다른 부분이 모순되는 것입니까? 이 표면상의 충돌을 어떻게 해결해야 하겠습니까?

종교개혁 시대에 5대 '쏠라'(solar, 오직)가 있었습니다. 오직 성경, 오직 그리스도, 오직 하나님의 영광, 오직 은혜 그리고 오직 믿음입니다. 우리가 의롭다 함을 받는 것은 오직 믿음으로만 된다고 하는 것이 오직 믿음, 쏠라 피데(solar fide) 교리입니다. 종교개혁 시대에는 분명히 오직 믿음으로 의롭다 함을 받는다는 교리가 나왔는데, 어째서 야고보는 성경에 행함으로 의롭다 함을 받는다고 했을까요?

이 본문과 관련해서 여러 가지 질문이 일어날 수 있습니다. 우리가 지금까지 믿어온 대로 "믿음으로만 의롭다 하심을 받는다"는 교리를 포기해야 할까요? 우리가 오직 은혜로, 오직 믿음으로 구원을 받는다는 교리를 버리고, 행함으로 구원을 받는다는 교리를 받아들여야 할까요? 야고보가 행함으로 의롭다 하심을 받는다고 한 말씀의 의미는 무엇일까요?

입술만의 신앙

> 14 내 형제들아 만일 사람이 믿음이 있노라 하고 행함이 없으면 무슨 유익이 있으리요 그 믿음이 능히 자기를 구원하겠느냐 15 만일 형제나 자매가 헐벗고 일용할 양식이 없는데 16 너희 중에 누구든지 그에게 이르되 평안히 가라, 덥게 하라, 배부르게 하라 하며 그 몸에 쓸 것을 주지 아니하면 무슨 유익이 있으리요 17 이와 같이 행함이 없는 믿음은 그 자체가 죽은 것이라 약 2:14-17

입술로는 믿음이 있다고 하면서 입을 것이 없는 사람에게 "제가 기도해드릴게요, 덥게 하세요"라고 말만 하고 입을 것은 전혀 주지 않는다면, 굶주린 사람에게 "배부르게 하세요, 제가 기도해드릴게요"라고 하고 양식을 전혀 주지 않는 입술뿐인 이런 믿음으로는 아무것도 이루지 못합니다. 14절에 "무슨 유익이 있으리요", 16절에도 "무슨 유익이 있으리요"라고 했는데, 이것은 아무 유익이 없다고 말하는 것입니다. 즉, 이 믿음은 17절 "이와 같이 행함이 없는 믿음은 그 자체가 죽은 것이라", 죽은 믿음(dead faith)입니다.

야고보가 분명히 규정했습니다. "믿음이 있노라 하고 행함이 없으면 무슨 유익이 있으리요 그 믿음이 능히 자기를 구원하겠느냐", 입술로는 믿는다고 하는데 행동이 전혀 없으면 아무 유익이 없고 그런 믿음으로는 구원을 받지 못한다고 말입니다. 왜냐하면 입술로는 믿는다고 하지만 실제로는 믿지 않는 죽은 믿음이기 때문입니다.

영안실에 가보십시오. 시체가 무엇을 할 수 있습니까? 시체가 일어설 수 있습니까? 시체가 물을 마실 수 있습니까? 시체가 운전할 수 있습니까? 시체가 넘어진 사람의 손을 잡아 일으켜줄 수 있습니까? 아무것도 못할 뿐만 아니라 아무것도 안 합니다. 입술만의 신앙은 바로 이 시체와 같습니다. 송장 신앙입니다. 구원을 주지 못합니다.

예수님도 이렇게 말씀하셨습니다.

"나더러 주여 주여 하는 자마다 다 천국에 들어갈 것이 아니요 다만 하늘에 계신 내 아버지의 뜻대로 행하는 자라야 들어가리라"(마 7:21).

송장 신앙은 "주여, 주여" 하고 입술로 말을 하면서도 실제로 하나님의 뜻대로 행하지는 않습니다. 그것은 열매로 증명되는 구원적 믿음(saving faith)이 아닙니다. 하나님을 알고 예수 그리스도를 안다고 고백은 하는데, 죄악을 회개하지 않고 예수 그리스도를 행동으로 믿지 않습니다.

입술만으로 믿는 사람은 어려운 사람들을 돌보지 않습니다. 가난한 사람들을 섬기지도 않습니다. 당장 먹을 것과 입을 것이 없는 사람들을 봐도 아무것도 주지 않습니다. 입술만의 믿음은 사람을 차별합니다. 사람을 사랑하지 않습니다. 가난한 사람, 소외된 이웃을 돌보는 행동이 전혀 없습니다.

많으니 적으니, 열매가 무르익었으니 설익었으니 하는 것이 아니라 아예 열매가 없다는 것입니다. 가난한 사람을 보아도 마음이 움직이지 않습니다. '나 먹고살기도 바쁜데 무슨 소리야' 하고 그냥 지나가 버립니다. 관심이 없습니다. 그러면 왜 이렇게 아무 열매가 없을까요? 그 이유가 무엇일까요?

예수님의 말씀을 한 번 들어보십시오.

"그들의 열매로 그들을 알지니 가시나무에서 포도를, 또는 엉겅퀴에서 무화과를 따겠느냐 이와 같이 좋은 나무마다 아름다운 열매를 맺고 못된 나무가 나쁜 열매를 맺나니 좋은 나무가 나쁜 열매를 맺을 수 없고 못된 나무가 아름다운 열매를 맺을 수 없느니라 아름다운 열매를 맺지 아니하는 나무마다 찍혀 불에 던져지느니라 이러므로 그들의 열매로 그들을 알리라"(마 7:16-20).

열매가 없는 것은 나무 자체에 문제가 있다는 것입니다. 좋은 나무라면 반드시 아름다운 열매를 맺습니다. 그럼 좋은 나무가 아름다운 열매를 맺는 비결이 무엇입니까? 바로 그 뿌리에 있습니다. 뿌리로부터 자양분이 올라오니까 좋은 열매를 맺는 것입니다. 나무 자체가 이미 좋은 나무이고 또 뿌리로부터 수액이 올라오기 때문입니다.

'좋은 나무'는 예수님을 진심으로 믿고 따르는 사람입니다. '못된 나무'는 예수님을 믿지도 않고 따르지도 않는 사람입니다. 좋은 나무와 못된 나무를 비교해보면 둘 다 멀쩡합니다. 그러나 한 나무에는 열매가 있고, 한 나무에는 열매가 없습니다. 한 나무에는 좋은 열매가 있는데, 한 나무에는 나쁜 열매가 있습니다.

그러면 왜 열매가 없고 왜 좋은 열매가 없을까요? 그 뿌리가 예수 그리스도가 아니기 때문입니다. 그 뿌리가 도덕이고 종교이고 일반 영성이기 때문입니다. 세상 사람들이 말하는 도덕과 종교와 영성에 따라 신앙생활을 하지만, 예수 그리스도를 믿고 따르지는 않기 때문입니다. 그 뿌리가 예수 그리스도가 아니기 때문에 좋은 열매를 맺을 수 없는 입술만의 신앙(lip-service faith)일 뿐입니다.

지식만의 신앙?

진짜 신앙인지, 가짜 신앙인지 자신의 믿음을 점검해보십시오. 가짜 믿음이라면 정말 안타까운 믿음입니다. 자신은 예수를 믿는다고 생각하고 천국에 간다고 생각하고 세상살이를 마감하고 눈을 감았는데, 눈을 떠보니 불구덩이 지옥에 있는 것이 바로 죽은 신앙입니다. 입술만의 신앙은 가짜입니다. 우리는 입술만의 신앙으로 만족해서는 안 됩니다. 행동이 있어야 합니다.

입술만의 신앙도 있지만 지식만의 신앙(information-only faith)도 있습니다.

¹⁸ 어떤 사람은 말하기를 너는 믿음이 있고 나는 행함이 있으니 행함이 없는 네 믿음을 내게 보이라 나는 행함으로 내 믿음을 네게 보이리라 하리라 ¹⁹ 네가 하나님은 한 분이신 줄을 믿느냐 잘하는도다 귀신들도 믿고 떠느니라 약 2:18,19

입술로만 믿는다고 하면서 행함이 전혀 없는 신앙은 죽은 믿음이라고 했습니다. '죽은 믿음'은 지식으로만 믿는 믿음과 직결되어 있습니다.

18절에는 행위를 강조하고 믿음을 강조하는 두 파가 있다고 했습니다. 행위파는 믿음이 없이 행하기만 하고, 믿음파는 행위가 없이 믿기만 합니다. 믿음이 없는 행위파는 자기의 행위로 구원을 받는다고 하는 율법주의자들입니다. 행함이 없는 믿음파는 교인들 중에 "나는 예수님을 믿어서 구원을 받았다. 행위는 필요 없다. 변화도 필요 없다. 바로 살려는 노력도 필요 없다. 예수님을 믿기만 하면 된다"고 하는 반율법주의, 방임주의자들입니다.

그런데 생각해보십시오. 기독교 외의 모든 타종교는 예외 없이 전부 믿음이 없는 행위 종교입니다. 구원의 도(道)를 닦고, 자신이 깨우친 도(道)대로 살아서, 공(功)을 쌓아야 구원을 받는다고 믿는 행위파입니다. 예수 그리스도를 믿는 믿음이 없는 행위파입니다. 예수님을 믿는 믿음과 아무 상관이 없는 행위파도, 믿는다고 하는데 행위가 없는 믿음파도 둘 다 잘못된 것입니다.

친행위파 가톨릭

그러면 교황이 보여주는 가톨릭은 어떤 믿음에 속할까요? 그가 가난한 사람들을 돌아보고, 어린아이와 장애인들을 돌보고, 교회에 경고의 메시지를 전하는 등의 행동에 관한 한 존대할 만합니다. 어쨌든 행동은 훌륭합니다. 그런 면에서 분명히 교황은 존경할 만한 부분이 있습니다.

그런데 뚫고 들어가서 봐야 합니다. 표면만 보아서는 안 되기 때문입니다. 가톨릭이 주장하는 구원관이 무엇입니까? 가톨릭도 우리가 하나님의 은혜로, 믿음으로 구원을 받는다고 주장합니다. 그러나 가톨릭은 '오직 은혜로', '오직 믿음으로' 구원을 받는다는 것은 인정하지 않습니다. 거기에 우리가 뭔가 더 보태야 구원을 받는다고 합니다.

바로 믿음 플러스 행위입니다. 가톨릭이 말하는 행함은 자기 속에 있는 의(義), 즉 내재적 의(inherent righteousness)의 행동을 더해야 구원을 받는다고 말합니다. 그러면 자신의 의를 얼마나 쌓으면 구원을 얻습니까? 가난한 사람들을 얼마나 도와주면 천국에 갑니까? 가톨릭의 답은 자신의 의가 얼마나 쌓여야 구원을 얻는지는 모른다는 것입니다. 사람이 죽으면 천국과 지옥 사이 연옥으로 가는데, 거기서 정화 과정을 거친 후에 천국으로 들어간다는 것입니다. 죽은 선조들을 위해서 그 후손들이 선행을 쌓도록 노력하면 죽은 선조들이 정화되어 빨리 천국으로 보내진다는 것입니다. 이것이 가톨릭입니다.

이것이 과연 옳은 교리입니까? 행위가 아무리 바르다고 해도 뿌리에 문제가 있으면 옳은 교리가 아닙니다. 믿음에 인간의 행위가 더해져야 구원을 받는다고 하니까 "그러면 가톨릭교도 중에서는 구원받는 사람들이 없습니까?" 이런 질문을 할 수 있습니다. 성경은 거기에 분명한 답을 주고 있습니다.

"아버지께서 내게 하라고 주신 일을 내가 이루어 아버지를 이 세상에서 영화롭게 하였사오니"(요 17:4).

여기서 '이룬다'는 것은 "완성한다"(플레로오)는 뜻입니다. 예수님은 우리의 구원에 필요한 모든 것을 다 완성하셨습니다. 예수 그리스도는 우리를 위해 이 땅에 인간으로 오셨습니다. 예수 그리스도께서 고난을 당하시고 우리를 위해 하나님의 율법대로 완벽하게 사셨습니다. 예수 그리스도께서 우리의 죄 때문에 우리 대신 십자가에서 피 흘려 죽으셨습니다. 예수 그리스도께서 우리를 의롭다 하시기 위해 사흘 만에 부활하셨습니다. 예수 그리스도께서 우리를 위해 성령을 보내주셔서 우리가 예수 그리스도를 믿게 하시고 우리가 하나님의 뜻대로 살 수 있는 부드러운 마음과 능력을 주셨습니다.

예수 그리스도께서 우리를 위해 다 하셨습니다. 그 예수를 믿기만 하면 우리의 의, 우리의 공로, 우리의 선행이 아니라 예수님의 의, 예수님의 선행, 예수님의 공적으로 구원받는 줄을 믿는 것이 바로 우리가 믿는 신앙입니다. 가톨릭에서 말하는 것처럼 우리의 행위로 구원받는데 이것이 얼마나 되어야 구원받는지 몰라 연옥에 떨어졌다가 천국으로 올라가는 것이 아니라는 말입니다.

오직 믿음으로 받는 구원

사람이 한 번 죽으면 바로 심판이 있습니다. 죽는 순간 영혼과 육체가 분리되어 예수 믿는 사람의 영혼은 천사들에게 받들려서(눅 16:22) 천국까지 에스코트 됩니다. 반대로 예수 안 믿는 사람의 영혼은 악령들에게 끌려서 지옥으로 내려갑니다. 연옥은 없습니다. 죽으면 분명히 천국과 지옥의 심판으로 딱 갈라집니다.

예수님이 재림하시면 예수 믿는 사람들은 그 영혼과 육체가 다시 합쳐져서 부활체로서 영원히 지복(至福)에서 주님을 섬기고 그 지복을 누리게 될 것입니다. 예수 안 믿는 사람들은 영혼과 육체가 합쳐진 상태로 지옥 불구덩이 속에서 영원히 끊임없이 고문을 당할 것입니다. 인간의 행위로 구원받는 것이 아닙니다. 믿음 플러스 행위가 아니라 '오직 믿음으로만' 구원받습니다. 성경은 분명히 예수 그리스도 외에는 구원받을 길이 없다고 가르칩니다. 우리가 아무리 착하게 살아도 예수 그리스도를 믿지 않으면 구원받지 못합니다.

우리가 예수를 믿는 순간에 하나님의 생명이 우리 속에 들어오기 때문에 그 생명이 실제로 나타나게 되어 있습니다. 그것이 실천이고 그것이 실행이고 그것이 행위입니다. 예수 그리스도를 진짜로 믿는 사람은 반드시 그 믿음의 결과, 그 믿음의 열매로 하나님의 뜻대로 사는 실천이 있습니다. '오직 믿음'이 진짜라면 행동이 반드시 나타난다는 말입니다.

행동이 없이 입술뿐이고 지식뿐이라면 가짜입니다. 우리는 행위로 구원받는 것이 아닙니다. 행위만으로 구원받는 것이 아니라 믿음의 열매로 행위가 나타나는 것이 참 구원입니다. 믿음이 부족해서 행위를 보태는 것이 아니라 우리 믿음이 진짜라면 그 행위는 우리 믿음의 증거요, 믿음의 열매요, 믿음의 나타남입니다.

귀신들도 가진 신앙

야고보는 18절에서 행위파와 믿음파가 둘 다 잘못되었다고 지적한 후 지식으로만 믿는 믿음은 귀신들에게도 있다고 했습니다.

> 19 네가 하나님은 한 분이신 줄을 믿느냐 잘하는도다 귀신들도 믿고 떠느니라 약 2:19

지식으로만 따지면 악령들은 세계 어느 유명 신학자보다 신학 지식이 정확합니다. 그러나 물론 그들은 아는 대로 말하지 않고 거짓말을 합니다. 그래도 정확한 신학 지식을 가지고 있습니다. 악령들은 예수님에 대해서 지식만 있는 것이 아니라 감정적인 반응도 보입니다. 귀신도 하나님이 한 분이신 것을 알고 떱니다.

자유주의 신학자들은 신학자라고 하면서 하나님이 한 분이신 것을 알면서도 떨지 않지만, 귀신들은 하나님이 한 분이신 줄 알고 떱니다. 귀신 들린 사람이 예수님 앞에 나와서 "나는 당신이 누구신지 압니다. 하나님의 거룩한 자입니다"라고 소리를 질렀습니다. 이렇게 귀신들이 압니다. 예수님이 메시아라는 것을 압니다. 지식적으로 압니다. 하나님이 거룩하신 분이라는 것도 알고 삼위일체도 잘 압니다. 성경이 정확한 말씀이라는 것도 다 압니다.

다만 귀신들은 예수님을 자신의 구원자로 믿지 않습니다. 귀신들은 예수님을 사랑하지 않습니다. 예수님에게 배우지 않습니다. 예수님의 영광을 드러내지 않습니다. 단지 지식뿐입니다. 예수님을 믿지 못하도록 방해를 합니다. 그것이 귀신입니다. 귀신들도 가지고 있는 지식만의 믿음은 진짜가 아니라는 것입니다. 행위로 나타나는 믿음이 진짜 믿음입니다.

그러니까 우리는 이렇게 질문하면 됩니다.

"예수님이 구원자라는 것을 아세요?"

"예. 압니다. 저의 죄 때문에 십자가에서 피 흘려 죽으시고 저를 의롭다 하시기 위해서 부활하셨다는 것을 제가 압니다. 믿습니다."

이렇게 대답한다면 그다음 질문이 나와야 합니다.

"예수님이 당신의 죄 때문에 죽고 당신을 의롭다 하시기 위해서 부활하셨다는 것을 믿는다고 하셨는데, 그러면 예수를 믿어서 변화가 있습니까?"

만일 이 두 번째 질문에 답을 못하거나 답이 없다면 가짜입니다. 가짜이거나 믿음의 중병에 걸린 것입니다. 예수를 진짜 믿는다면 반드시 변화가 있습니다. 큰 변화, 작은 변화의 차이가 있고, 무르익은 열매, 설익은 열매의 차이가 있고, 많은 열매, 적은 열매의 차이도 있습니다. 다 다릅니다.

"예수를 믿고 자신에게 정말 본질적인 변화가 있는가?"라고 할 때 그 체크리스트로 가난한 사람들, 불쌍한 사람을 대해보십시오. 그런 사람을 보았을 때 만약에 '에이, 어쩌다가 저런 거렁뱅이가 됐어? 저주받은 인간이군' 이렇게 느낀다면 자신이 진짜 믿는 신앙인인지 점검해보아야 합니다. 그런 사람을 볼 때 가슴이 아프고 부족한 대로 얼마라도 도와주는 행동이 나타난다면 그것이 참 신앙의 증거입니다.

지식만의 신앙은 귀신들도 가지고 있는 신앙입니다. 귀신들은 헐벗은 자를 입히고 굶주리는 자를 먹이는 식으로, 남을 도와주고 건져주는 행동을 하지 않습니다. 귀신들은 사람들을 파괴하는 작업을 할 뿐, 사람들을 구원하는 작업을 하지 않습니다. 행함이 없는 믿음이란 귀신들도 가진 가짜 믿음, 죽은 믿음이라는 것입니다.

행동도 신앙이다!

20 아아 허탄한 사람아 행함이 없는 믿음이 헛것인 줄을 알고자 하느냐 21 우리 조상 아브라함이 그 아들 이삭을 제단에 바칠 때에 행함으로 의롭다 하심을 받은 것이 아니냐 22 네가 보거니와 믿음이 그의 행함과 함께 일하고 행함으로 믿음이 온전하게 되었느니라 23 이에

성경에 이른 바 아브라함이 하나님을 믿으니 이것을 의로 여기셨다는 말씀이 이루어졌고 그는 하나님의 벗이라 칭함을 받았나니 24 이로 보건대 사람이 행함으로 의롭다 하심을 받고 믿음으로만은 아니니라 25 또 이와 같이 기생 라합이 사자들을 접대하여 다른 길로 나가게 할 때에 행함으로 의롭다 하심을 받은 것이 아니냐 26 영혼 없는 몸이 죽은 것같이 행함이 없는 믿음은 죽은 것이니라 약 2:20-26

우리가 믿는다고 하는데 입술로만 믿고 지식으로만 믿는다면 그는 허탄한 사람입니다. 공허하고 텅 빈 인간, 알맹이 없는 인간입니다. 행함이 없는 믿음도 헛것이고 가짜입니다. 믿음이 있다고 하면서 행함이 없는 사람은 스스로 속아서 사는 것입니다.

이제 행동도 신앙이라는 것을 보여주는 예가 나옵니다. 바로 아브라함과 라합입니다. 그런데 행동도 신앙인 것을 분명히 이해하기 위해서는 우리가 '행위에 의해서'(by works) 구원받은 것이 아니라 '행위를 위해서'(for works) 구원받았다는 것을 분명하게 알아야 합니다. 행위에 의해서 구원받았다면 가톨릭이나 기타 다른 종교로 넘어가버립니다. 우리는 우리의 행위로 구원받은 것이 아니라 예수 그리스도의 행위로 구원받았습니다.

"우리는 그가 만드신 바라 그리스도 예수 안에서 선한 일을 위하여 지으심을 받은 자니 이 일은 하나님이 전에 예비하사 우리로 그 가운데서 행하게 하려 하심이니라"(엡 2:10).

우리는 행위에 의해서 구원받은 것은 아니지만 행위를 위해서 구원받았습니다. 우리는 선한 일을 위하여 구원받았고, 선한 일을 위하여 칭의받았고, 선한 일을 위하여 중생받았습니다. 선한 일을 위하여 재창조받았습니다.

왜 신앙이 미지근합니까? 왜 변화가 없습니까? 왜 대학에 들어가면 교회를 떠납니까? 왜 직장에 들어가면 교회를 떠납니까? 왜 결혼해서 불신 시부모를 만나면 교회를 떠납니까? 입술로만 신앙이었고 지식만의 신앙인이었기 때문입니다. 진짜 신앙인이라면 떠나지 않습니다. 떠나더라도 바로 돌아옵니다. 선한 행위를 위해서 구원받은 진짜 신앙, 진짜 구원이라면 대학에 들어가도, 직장생활 하면서도, 시집살이를 하면서도 신앙인의 모습이 나타납니다.

아브라함을 의롭다 하심

"그를 이끌고 밖으로 나가 이르시되 하늘을 우러러 뭇별을 셀 수 있나 보라 또 그에게 이르시되 네 자손이 이와 같으리라 아브람이 여호와를 믿으니 여호와께서 이를 그의 의로 여기시고"(창 15:5,6).

하나님께서 하늘의 별들을 보여주시며 아브라함의 자손이 저와 같이 많아질 것이라고 하실 때 자식이 하나도 없는 아브라함이 하나님을 믿었고 하나님께서 그것을 의롭다 여기셨습니다.

바울은 분명히 아브라함이 무슨 일을 하기 전에, 무슨 행위를 하기 전에 하나님을 믿는 믿음에 근거해서 의롭다 하심을 받았다고 했습니다.

"성경이 무엇을 말하느냐 아브라함이 하나님을 믿으매 그것이 그에게 의로 여겨진 바 되었느니라 일하는 자에게는 그 삯이 은혜로 여겨지지 아니하고 보수로 여겨지거니와 일을 아니할지라도 경건하지 아니한 자를 의롭다 하시는 이를 믿는 자에게는 그의 믿음을 의로 여기시나니"(롬 4:3-5).

그런데 야고보서 본문을 보면 아브라함이 의롭다 함을 받았다고 하는 시점은 창세기 15장 시점이 아니라 창세기 22장 시점입니다. 그때 아브라함은 이미 이삭을 낳았는데 하나님께서 독자 이삭을 바치라고 하시고 그래서 모리아 산으로 이삭을 데리고 와서 이삭을 바치려고 칼을 들어서 막 찌르려는 찰나 숫양이 나타나서 숫양으로 이삭 대신 번제를 드렸습니다. 이삭을 바치지 않았지만 바친 것과 다름이 없었습니다. 그가 행함으로 의롭다 함을 받은 것입니다. 창세기 15장은 믿음으로만 의롭다 함을 받은 것을 말하지만, 창세기 22장은 행위로 의롭다 함을 받은 것이 이미 증명된 것입니다.

바울 vs 야고보

헬라어 '디카이오오'는 "의롭다 하다"라는 뜻이 있습니다. 이 단어가 정말 중요합니다. 바울도 로마서에서 이 단어를 썼고 야고보도 야고보서에서 똑같은 단어를 썼습니다. 그런데 같은 단어이지만 그 뉘앙스가 다릅니다. 바울은 예수를 맨 처음 믿는 순간에 포인트를 맞추었습니다. 야고보는 예수를 믿는 생활에 포인트를 맞추었습니다. 포인트가 다릅니다. 바울은 하나님과 우리의 수직관계에 포인트를 맞추었고, 야고보는 사람들과의 수평관계에 포인트를 맞추었습니다. 바울은 '하나님 앞에서' 포인트를 맞추었고, 야고보는 '사람들 앞에서' 포인트를 맞추었습니다. 바울은 '칭의'에 포인트를 맞추었고, 야고보는 '성화'에 포인트를 맞추었습니다. 바울은 그리스도인이 되는 데 포인트를 맞추었고, 야고보는 그리스도인으로 사는 데 포인트를 맞추었습니다. 단어는 같지만 이렇게 뉘앙스가 다릅니다.

바울과 같이 시작점에서 포인트를 맞추면 우리가 예수 믿는 순간에 하나님께서 예수님의 의를 보시고 "의롭다 하다, 의롭다 함을 받다"라고 법정적으로 선언해주시는(declare) 것입니다.

"그러므로 사람이 의롭다 하심을 얻는 것은 율법의 행위에 있지 않고 믿음으로 되는 줄 우리가 인정하노라"(롬 3:28).

반면에 야고보는 그리스도인으로 의롭다 함을 인정받는 것이 사람들 앞에서 드러나는 데 포인트를 맞췄습니다. 영어로 말하면, 'demonstrate', 보여주는 데 포인트를 맞춘 것입니다.

"이로 보건대 사람이 행함으로 의롭다 하심을 받고 믿음으로만은 아니니라"(약 2:24).

그러니까 바울과 야고보는 싸우는 것이 아니고 서로 틀린 것도 아닙니다. 바울과 야고보는 손을 잡았습니다. 바울과 야고보가 깨달은 것이 같아서 서로 친교의 악수를 했습니다(갈 2:9). 두 사람은 서로 사상이 같습니다.

진짜 믿음이 있는 삶인가?

그러면 야고보가 왜 그리스도인의 삶, 그리스도인의 생활에 포인트를 맞추었을까요? 예수를 믿는다고 하는데, 의롭다 함을 받았다고 하는데 삶이 엉망이기 때문입니다.

가난한 사람에게 먹을 것이 없는데 "배부르십시오. 기도해드릴 테니까" 하고 먹을 것을 주지 않습니다. 헐벗은 사람이 지금 당장 얼어죽게 생겼는데도 담요 한 장 안 주면서 "덥게 지내십시오. 내가 기도해줄 테니까" 이런 입술뿐이고 지식뿐인 신앙을 정신 차리게 만들기 위해 역설적인 언어로 모두를 깜짝 놀라게 만들었습니다.

"어, 바울은 믿음으로 의롭다 함을 받는다고 그랬는데, 우리 총회장 야고보는 행함으로 의롭다 함을 받는다고 하네. 이것 봐라. 이거 큰일 났구나."

다급한 심정으로 "당신들 말이야, 믿음으로 의롭다 함을 받았다고 하는데 그게 진짜야?"라고 하면서 역설적인 언어로 충격을 줍니다. 처음에는 충격을 받아서 가짜 같고 틀린 것 같았는데 깊이 보니 진짜입니다. 행함으로 의롭다 함을 받는다는 것을 내세운 것입니다.

저는 이 메시지가 지금 한국 교계에 절실히 필요하다고 생각합니다. 믿음으로 의롭다 함을 받았다고 하는데 생활 속에서 그것이 '입증되지'(demonstrate) 않는다면 입술만의 믿음, 지식만의 믿음이라는 것입니다. 교회 지도자들의 권위와 명예가 땅에 떨어져버리고, 한 번 구원받으면 영원히 구원받은 것이라고 생각하면서 자기 마음대로 살아버리는 것을 어떻게 고칠 수 있겠습니까?

"오 주여, 우리를 깨워주시옵소서. 한국 교회의 잠을 깨워주시옵소서."

정말 정신 차려야 합니다. 야고보 총회장이 한국 교회를 본다면 한국 교회에도 바로 이 메시지를 전할 것입니다. 믿음으로 의롭다 함을 받는 것이 맞습니다. 그렇지만 그것이 우리의 삶에서 입증되어야 한다고, 열매로, 실천으로, 행위로 증명이 되어야 한다고 외칠 것입니다.

증명되는 신앙인가?

구스타프 도레(Gustav Dore)라는 화가가 유럽을 여행하던 중 여권을 잃어버렸습니다. 다음 나라에 입국하려고 입국장에 들어갔지만 여권이 없으니 들어갈 수가 없었습니다. 도레가 입국장 직원에게 말했습니다.

"저는 도레입니다. 저는 제가 화가 구스타프 도레라는 것밖에 말할 수 없군요."

"저는 화가 도레를 모르는데요. 그러니까 당신이 그 유명한 화가 도레 씨라면 그것을 증명해 보여주세요."

그러자 그는 종이와 연필을 꺼내 곧바로 멋진 그림을 완성했습니다. 능숙한 솜씨로 그림을 그리는 도레를 본 직원이 깜짝 놀라며 말했습니다.

"이제는 확신합니다. 당신이 구스타프 도레 씨가 맞군요. 들어가십시오."

우리가 진짜 그리스도인이라면 생활로 증명해 보여주어야 합니다. 열매로 실천으로 증명해 보여야 합니다. 그것이 진짜입니다. 라합도 마찬가지였습니다. 기생 라합에게는 이스라엘의 정탐꾼을 영접하고 도와주는 행위 이전에 이미 믿음이 있었습니다. 그 진짜 믿음이 정탐꾼들을 숨겨주고 다른 길로 가게 하는 행위로 증명된 것입니다. 라합은 행함으로 증명된 진짜 믿음으로 의롭다 함을 받았습니다.

영혼 없는 몸이 죽은 것같이 행함이 없는 믿음은 죽은 것입니다. 우리가 정신을 차리고 점검해야 합니다. 내가 진짜로 믿고 있는지 아니면 가짜로 믿고 있는지, 입술로 지식으로만 믿는지 아니면 행동으로도 믿는지 구체적으로 점검하십시오.

"내가 예수를 믿어서 나에게 변화가 있는가? 예수 믿어서 변화된 것을 나의 가족들이 아는가? 내가 예수 믿어서 변화된 것을 가족들이 인정하는가? 친구들이 인정하는가? 친척들이 인정하는가? 동료들이 인정하는가?"

진짜 믿으면 행동한다

나의 생활 속에서 사람들과의 관계에서 의롭다 함을 받은 것이 입증되는지 점검하셔야 합니다. 진짜 믿으면 반드시 행동이 나타나게 되어 있습니다. 우리 믿음의 증거, 믿음의 열매, 믿음의 근거로 반드시 행동이 나타나게 되어 있습니다. 그러나 거기서 멈추면 안 됩니다. 진짜 믿으면 자동으로 나타나니까 나는 가만히 있어도 된다는 것이 아닙니다. 진짜 믿으면 실천해야 합니다. 가난한 사람을 도와주라는 것입니다.

우리 교회에서 탄자니아 선교사님의 자동차를 위해 헌금하기로 했는데, 2주 만에 바로 채워졌습니다. 참 감사한 일입니다. 그렇게 돕고 실천하는 것입니다. 금액이 많든 적든 상관없습니다. 가난한 사람들, 눈물 흘리는 사람의 눈물을 닦아주라는 것입니다. 기독교 지도자들이 가톨릭 지도자들보다 도덕적으로 훨씬 더 존경받는 인물들이 되어야 할 줄 믿습니다.

교황을 부러워하지 마십시오. '아, 저 사람들이 진짜로 예수님을 믿는구나!' 그렇게 되도록 예수님이 우리를 위해서 일하십니다. 우리 안에서 일하시고 우리를 통해서 일하십니다. 우리를 위해서 구원을 이루시고 우리 안에서 우리를 변화시키시고 우리를 통해서 실천하게 하셔서 다른 사람들에게 선한 영향을 끼치는 행위로 나타나게 하십니다. 그것이 생생 신앙입니다.

PART

3

삶 으 로
실 천 하 는
지　혜

1 내 형제들아 너희는 선생된 우리가 더 큰 심판을 받을 줄 알고 선생이 많이 되지 말라 2 우리가 다 실수가 많으니 만일 말에 실수가 없는 자라면 곧 온전한 사람이라 능히 온몸도 굴레 씌우리라 3 우리가 말들의 입에 재갈 물리는 것은 우리에게 순종하게 하려고 그 온몸을 제어하는 것이라 4 또 배를 보라 그렇게 크고 광풍에 밀려가는 것들을 지극히 작은 키로써 사공의 뜻대로 운행하나니 5 이와 같이 혀도 작은 지체로되 큰 것을 자랑하도다 보라 얼마나 작은 불이 얼마나 많은 나무를 태우는가 6 혀는 곧 불이요 불의의 세계라 혀는 우리 지체 중에서 온몸을 더럽히고 삶의 수레바퀴를 불사르나니 그 사르는 것이 지옥 불에서 나느니라 7 여러 종류의 짐승과 새와 벌레와 바다의 생물은 다 사람이 길들일 수 있고 길들여 왔거니와 8 혀는 능히 길들일 사람이 없나니 쉬지 아니하는 악이요 죽이는 독이 가득한 것이라 9 이것으로 우리가 주 아버지를 찬송하고 또 이것으로 하나님의 형상대로 지음을 받은 사람을 저주하나니 10 한 입에서 찬송과 저주가 나오는도다 내 형제들아 이것이 마땅하지 아니하니라 11 샘이 한 구멍으로 어찌 단 물과 쓴 물을 내겠느냐 12 내 형제들아 어찌 무화과나무가 감람 열매를, 포도나무가 무화과를 맺겠느냐 이와 같이 짠 물이 단 물을 내지 못하느니라

—

야고보서 3장 1-12절

chapter 09

입의 말을
길들여라

모 방송에서 실험을 했습니다. 병을 두 개 정해놓고 한쪽 병에는 계속
해서 좋은 말을 들려주었고, 다른 한 쪽 병에는 계속해서 나쁜 말을
들려주었습니다. 4주 후 "감사합니다"라고 했던 병에서는 하얀 곰팡
이가 슬었고, "짜증나"라고 했던 병에서는 시커먼 곰팡이가 슬었습니
다. 한쪽 병에 들어 있던 쌀밥은 누룽지처럼 구수한 냄새가 났지만,
다른 쪽 병의 쌀밥은 썩어버렸습니다.

　당신은 사람들에게 시커먼 곰팡이가 피게 하는 말을 하십니까? 아
니면 하얀 곰팡이가 피게 하는 말을 하십니까? 당신은 상대가 기분
이 좋아지는 좋은 말을 하십니까? 상대의 기분을 상하게 만드는 나
쁜 말을 하십니까? 같은 입을 가지고 말을 하는데도 그 말이 정반대
의 영향을 끼칠 수 있습니다.

야고보는 지금 행함을 강조하고 있습니다. 행함이 없는 신앙은 죽은 신앙이라고 강조하면서 그 행함과 '혀'를 연결하여 선한 일을 하는 혀와 악한 일을 하는 혀를 본격적으로 다루고 있습니다. 야고보는 '말'이 얼마나 중요한지를 잘 알기 때문에 야고보서 1장 9절과 26절에서 말에 대해 언급했습니다. 2장 12절, 4장 11절, 5장 12절에서도 말에 대해서 언급했습니다. 거의 매 장에 빠지지 않고 '말'을 언급했습니다. 그리고 3장에서는 본격적으로 무려 열두 절에 걸쳐서 이것을 다루고 있습니다.

선생이 많이 되지 말라

야고보가 우리에게 어떤 교훈을 주고 있습니까?

> ¹ 내 형제들아 너희는 선생된 우리가 더 큰 심판을 받을 줄 알고 선생
> 이 많이 되지 말라 약 3:1

1절 "내 형제들아", 이것은 분명히 예수 믿는 사람들을 두고 교훈하는 것입니다. 예수 믿는 형제자매들에게 가장 먼저 하는 교훈이 "선생이 많이 되지 말라"는 것입니다. 왜냐하면 가르치는 우리가 더 큰 심판을 받기 때문이라는 것입니다.

그러나 이 교훈을 "교사가 되지 마세요"라고 들으면 안 됩니다. 모

세는 모든 백성들이 여호와의 영을 받아서 다 선지자들이 되기를 원한다고 했습니다(민 11:29). 예수님은 우리에게 모든 족속으로 제자를 삼아 예수님이 명령하신 것을 지키도록 가르치라고 당부하셨습니다(마 28:18-20). 바울 역시 자신이 복음을 전하지 않으면 자기에게 화가 미칠 것이라고 고백했습니다(고전 9:16).

우리는 예수님이 주신 복음을 우리만 누리는 것이 아니라 반드시 다른 사람들에게 전하고 가르쳐야 합니다. 그런 의미에서 본문은 교사가 되지 말라는 말씀이 아니라 교사의 책임이 크다는 것을 생각하고 교사가 되라는 것입니다. 교사는 많은 사람들에게 영향을 미치기 때문입니다. 가르치는 일은 모든 성도들이 해야 하는 일입니다. 하지만 신중해야 된다는 것입니다. 바로 혀를 통해 굉장한 영향을 미치기 때문입니다.

특별히 공인된 교사의 경우, 이 사람들은 반드시 분명한 소명이 있어야 합니다. 목사, 선교사, 신학자가 주로 그렇습니다. 반드시 신중하게 들어서야 되는 길입니다. 비공인 교사의 경우, 주일학교 교사, 순장도 늘 가르치는 직분입니다. 공인 교사나 비공인 교사나 혀가 가장 큰 무기입니다. 교사는 누구나 혀의 심각성을 깨달아야 합니다. 무슨 말인지 이해하지 못하고 가르치는 경우 본인과 상대에게 좋지 않은 영향을 끼칩니다. 교사는 보통 사람보다 더 큰 영향을 끼치기 때문에 더 큰 심판을 받습니다.

우리는 우리가 한 말로 심판받는다

"내가 너희에게 이르노니 사람이 무슨 무익한 말을 하든지 심판 날에 이에 대하여 심문을 받으리니 네 말로 의롭다 함을 받고 네 말로 정죄함을 받으리라"(마 12:36, 37).

우리가 하는 말 중에 악한 말은 당연히 심판을 받고 또한 무익한 말도 심판을 받습니다. 영어로 'idle words', 쓸데없는 말, 무익한 말도 심판의 대상입니다. 그러니까 말을 가지고 일을 많이 해야 하는 교사의 입장에서는 더 큰 심판을 받기 때문에 교사 되기를 애쓰지 말라, 주의하라고 하는 것입니다.

과학자들의 연구에 의하면 우리가 혼자 있는 방에서 내뱉은 말도 우주 공간에 음파가 되어서 떠돌아 다닌다고 합니다. 그런데 과학자들이 정확한 기구를 만들어서 그 음파를 잡아버리면 우리가 한 말의 내용 전체를 다 복원할 수 있다고 하니 생각만 해도 아찔하고 정말 말을 조심해야겠다는 생각이 들지 않습니까?

그런데 하나님께는 그런 음파 탐지기가 필요 없습니다. 지금 우리가 하는 좋은 말, 나쁜 말, 유익한 말, 무익한 말은 모두 다 하나님의 보이지 않는 음파 탐지기에 걸려 기록되고 있습니다. 하나님께서는 우리가 하는 모든 말을 하나도 빼지 않고 다 탐지하고 평가하십니다. 우리 마음속에 있는 생각, 우리 입에서 나오는 말을 전부 탐지해서 다 기록해두셨습니다. 물론 회개하면 없어지지만 그 전에는 다 기록되어 있습니다.

그만큼 말이 중요합니다. 사람의 말은 하나님의 심판을 받을 대상이니 조심하라는 것입니다.

혀는 리트머스 시험지다

혀를 통제하는 데 실수가 없으면 정말 온전한 사람입니다.

> 2 우리가 다 실수가 많으니 만일 말에 실수가 없는 자라면 곧 온전한 사람이라 능히 온몸도 굴레 씌우리라 약 3:2

'온전한'이란 '텔레이오스', "성숙한"이라는 뜻입니다. 우리 중에 누구도 완벽한 사람은 없습니다. 그러나 성숙한 사람은 될 수 있습니다. "능히 온몸도 굴레 씌우리라", 혀를 통제할 수 있으면 온몸의 모든 기능을 다 통제할 수 있다는 것입니다. 야고보는 이 혀가 제일 통제하기 어렵다는 것을 이렇게 분명하게 말하고 있습니다.

우리는 혀로써 엄청난 실수, 실패 또 범죄를 저지릅니다. 우리의 화내는 혀, 욕하는 혀, 비난하는 혀, 거짓말하고 위증하는 혀, 삐딱하게 말하는 혀, 짜증부리는 혀, 멸시하는 혀, 불평하는 혀, 아부하는 혀, 모독하는 혀, 자랑하는 혀, 과장하는 혀, 저주하는 혀, 싸우는 혀, 잔소리하는 혀, 뒤에서 쑥덕쑥덕, 중얼중얼 구시렁구시렁하는 혀가 죄를 짓고 실수하고 실패하게 합니다. 그러니까 이 혀를 통제하라는 것입니다.

하나님께서 우리가 혀를 잘 사용하도록 혀를 이중 감옥 안에 가두어놓으셨습니다. 입술은 감옥 문이요 이빨은 감옥 창살입니다. 이렇게 이중 감옥 안에 혀를 가두어놓으셨는데도 혀가 감옥 창살을 부수고 감옥 문을 열고 바깥으로 뛰어나와 온 천지를 돌아다니며 엄청난 죄를 짓고 실수를 하고 실패를 하고 있습니다. 우리는 이것을 반드시 통제해야 합니다.

그러면 혀가 이렇게 실수를 많이 하고 실패를 많이 하고 죄를 많이 짓는 것은 왜일까요? 바로 마음 때문입니다. 혀가 마음에 가득한 것을 바깥으로 쏟아내기 때문입니다. 혀의 죄는 바로 마음의 죄입니다. 혀의 실수와 실패는 마음의 실수와 실패입니다. 마음은 말의 창고입니다.

"의인의 마음은 대답할 말을 깊이 생각하여도 악인의 입은 악을 쏟느니라"(잠 15:28).

"입에서 나오는 것들은 마음에서 나오나니 이것이야말로 사람을 더럽게 하느니라"(마 15:18).

입에서 나오는 것들은 마음에서 나옵니다. 마음에 가득한 것이 혀로 터져 나오는 것입니다. 자신의 혀를 보십시오. 그러면 자신의 마음을 알 수 있습니다. 우리가 혀를 어떻게 사용하는지 보면 우리 신앙의 성숙도를 측정할 수 있습니다. 우리의 혀는 우리 영성의 리트머스 시험지입니다.

초대교부 중 순교자 저스틴(Justin Martyr)이 이런 말을 했습니다.

"의사는 환자의 혀를 보고 육신의 질병을 진단하고, 철학자는 정신의 질병을 진단하고, 그리스도인은 혀를 보고 영혼의 질병을 진단한다."

성화된 혀

그런데 우리가 이 혀를 잘 통제하려면 우리 마음이 예수님의 마음을 닮아야 합니다. 그만큼 영적으로 건강하고 성숙해야 합니다. 마음 창고에서 혀의 말이 나오기 때문입니다. 욕을 마구 해버리는 사람, 혀의 말로 여기저기 폭탄을 투하하는 사람들은 그냥 보통 사람이 아닙니다. 속이 그렇습니다. 마음이 그런 것입니다. 마음이 늘 그러니까 그것이 터져 나오는 것입니다.

군대생활을 할 때 어떤 사병을 보니 모든 문장 속에 반드시 욕이 들어가는 것을 보았습니다. 영어 문법에 8품사가 있는데 아마 그 사병의 영문법 책에는 9품사가 있는 모양입니다. 그 마음이 욕으로 가득하기 때문에 욕이 터져 나오는 것입니다.

부정한 혀는 부정한 마음의 표현입니다.

"화로다 나여 망하게 되었도다 나는 입술이 부정한 사람이요 나는 입술이 부정한 백성 중에 거주하면서 만군의 여호와이신 왕을 뵈었음이로다"(사 6:5).

바울도 인간의 전적 타락과 부패를 설명하면서 혀의 부패를 크게 부각시켰습니다. 입술의 부패는 마음의 부패를 드러내기 때문입니다.

"그들의 목구멍은 열린 무덤이요 그 혀로는 속임을 일삼으며 그 입술에는 독사의 독이 있고 그 입에는 저주와 악독이 가득하고"(롬 3:13,14).

이런 우리의 마음이 예수님을 닮아야 우리의 혀를 통제할 수 있습니다. 우리가 예수님을 믿으면 마음의 변화가 일어납니다. 예수님을 믿으면 우리 하나님께서 하나님의 뜻대로 살고 싶고, 하나님의 뜻대로 살 수 있는 부드러운 새 마음을 주십니다. 따라서 예수님을 믿고 새로운 피조물이 되었다고 하면서 혀의 변화가 전혀 없다면, 자신이 가짜 신앙인이 아닌지 살펴봐야 합니다. 예수님을 믿고 말의 변화가 전혀 없다면, 죽은 신앙이 아닌지 점검해봐야 합니다. 참된 신자에게는 성화된 혀가 반드시 있어야 합니다.

예수님은 완벽한 말을 하셨습니다. 바리새인의 하인들이 보고한 대로 예수님이 말하는 것처럼 말한 사람은 이때까지 없었습니다(요 7:46). 또 베드로가 말한 대로 예수님은 그 입에 거짓도 없으시며 욕을 당하시되 맞대어 욕하지 않으셨습니다(벧전 2:22,23).

우리의 마음이 예수님을 닮으면 닮은 만큼 우리의 혀가 예수님을 닮을 수 있습니다. 우리는 예수 그리스도를 닮아 우리의 혀를 통제해야 합니다. 우리가 우리의 혀를 통제한다는 것은 우리의 마음을 통제하는 것이기 때문에 우리가 혀를 통제하면 온몸도 통제할 수 있습니다. 우리가 우리 마음을 통해 혀의 말을 통제하면 할수록 우리의 말을 통해서 예수님의 향기를 뿜을 수 있습니다.

"내가 말하기를 나의 행위를 조심하여 내 혀로 범죄하지 아니하리니 악인이 내 앞에 있을 때에 내가 내 입에 재갈을 먹이리라 하였도다"(시 39:1).

다윗이 이렇게 고백했습니다. 한번 생각해보십시오. 자신의 가족 또는 자신과 가장 가까운 사람, 사랑하는 사람과 나눈 대화 내용이 담긴 블랙박스가 전부 공개된다고 해도 떳떳하게 얼굴을 들 수 있겠습니까? 당신의 적수가 그 블랙박스를 가지고 가서 어디에 써먹는다면 어떻게 하시겠습니까? 참으로 조심해야 되지 않겠습니까?

세 치 혀가 사람을 죽인다

3절과 4절 말씀을 보니 이 혀를 좋은 방향으로 사용하도록 통제하라고 말씀합니다.

> 3 우리가 말들의 입에 재갈 물리는 것은 우리에게 순종하게 하려고 그 온몸을 제어하는 것이라 약 3:3

야고보는 혀를 통제하는 사람은 성숙한 사람이라고 하면서, '굴레 씌운다'는 표현을 사용했습니다. 1절 끝에 '굴레 씌우다'라는 단어는 '재갈'이란 단어가 들어간 복합어입니다. 3절에서는 재갈이라는 단어를 직접 사용해서 혀를 통제하면 온몸을 통제하는 것이라고 했습니다.

작은 아이라도 말을 탈 수 있으면 제아무리 큰 말이라도 통제할 수 있습니다. 말(馬)은 본래 말을 잘 듣지 않지만, 말의 입에 재갈을 물려서 통제하기 때문이지요. 이처럼 우리가 혀를 통제할 수 있으면 우리의 온몸을 통제할 수 있고, 우리의 온몸으로 하는 것이 자신과 남들에게 유익을 주고, 하나님의 영광을 드러냅니다.

이번 교황의 한국 방문으로 우리 기독교인들이 바로 살아야 한다는 면에서는 자극과 도전을 받아야 한다고 생각합니다. 하지만 혀를 통제한다는 측면에서 특별히 저는 교황 프란치스코가 한 설교의 내용을 지적하지 않을 수가 없습니다. 교황이 엄청난 오해를 불러일으킬 수 있는 말을 했기 때문에 〈Catholic Online〉 2013년 5월 30일자 기사를 영어로 직접 인용하고자 합니다.

The Lord has redeemed all of us, all of us, with the Blood of Christ, all of us, not just Catholics. Everyone!
'Father, the atheists?'
Even the atheists. Everyone! We must meet one another doing good.
'But I don't believe, Father, I am an atheist!'
But do good: we will meet one another there.
"주님은 우리 모두, 우리 모두를 그리스도의 피로 구속하셨습니다. 가톨릭 교인들만이 아니라 우리 모두. 모든 사람!

'교황님, 무신론자들도요?'

심지어 무신론자들도. 모든 사람!

우리는 선을 행하면서 서로 만나야 합니다.

'그러나 저는 안 믿는데요. 교황님, 저는 무신론자입니다!'

그러나 선을 행하세요. 우리는 거기서 서로를 만날 것입니다."

무신론자들은 교황의 이 설교를 듣거나 읽고 나서 환호했습니다. 예수를 믿지 않아도 심지어 무신론자라고 해도 선을 행하면 구원받을 수 있다고 하니까 환호와 동시에 논쟁이 벌어졌습니다. 논쟁이 심해지니까 교황청 쪽에서는 어떤 사제가 교황이 그런 뜻으로 말한 것이 아니라고 수습에 나섰습니다. 그런데 교황이 무신론자라고 해도 선을 행하면 구원받는다고 했든지, 아니면 예수를 믿어야만 구원받는다고 했든지 간에, 분명한 것은 교황의 저 말을 객관적으로 읽고 들으면 무신론자도 구원받는다고 다 생각하게 된다는 것입니다.

우리는 이런 식으로 모호하게 말하지 말아야 합니다. 듣는 사람이 오해하지 않도록 정확하게, 정직하게, 분명하고 선명한 말을 해야지 모호하게 말해서 사람들을 혼란스럽게 해서는 안 됩니다. 교황의 저 말을 그대로 믿고 예수를 믿지 않아도 선을 행하기만 하면 천국 간다고 생각했던 사람들이 죽고 나서 지옥 불 속에서 눈을 뜨게 될 때 과연 누가 책임을 질 수 있겠습니까? 얼마나 많은 사람들이 그런 일을 당하겠습니까?

4 또 배를 보라 그렇게 크고 광풍에 밀려가는 것들을 지극히 작은 키
로써 사공의 뜻대로 운행하나니 약 3:4

세계 최대 유람선이 '바다의 오하시스' 호라는 유람선입니다. 그런
데 이 유람선이 어찌나 큰지 직원만 2,800명이고 태울 수 있는 승객의
수가 무려 5,400명, 18층 높이에 객실 수가 2,700개입니다. 실로 바
다 위에 떠 있는 도시인 셈입니다. 이렇게 거대한 배도 작은 키로 조정
이 됩니다.

바로 혀가 그렇습니다. 작은 혀로 온몸을 움직입니다. 혀는 강력
한 도구입니다. 혀는 사람들을 세울 수도 있고, 무너뜨릴 수도 있습
니다. 혀는 가정을 세울 수도 있고, 무너뜨릴 수도 있습니다. 혀는 교
회를 세울 수도 있고, 무너뜨릴 수도 있습니다. 혀는 나라를 세울 수
도 있고, 무너뜨릴 수도 있습니다. 혀는 전쟁을 일으킬 수도 있고, 전
쟁을 이길 수도 있습니다. 또한 혀는 사랑과 기쁨과 열정과 격려와 위
로와 힘을 줄 수도 있습니다. 혀를 통제하면 인생을 통제할 수 있습
니다.

혀의 부정적인 파괴력

혀가 이렇게 엄청난 일을 하기 때문에 혀를 좋은 방향으로 길들이
고 좋은 방향으로 통제해야 합니다. 뿐만 아니라 혀가 나쁜 일도 할

수 있기 때문에 나쁜 방향으로 가지 않도록 통제해야 합니다.

> 5 이와 같이 혀도 작은 지체로되 큰 것을 자랑하도다 보라 얼마나 작
> 은 불이 얼마나 많은 나무를 태우는가 6 혀는 곧 불이요 불의의 세계
> 라 혀는 우리 지체 중에서 온몸을 더럽히고 삶의 수레바퀴를 불사르
> 나니 그 사르는 것이 지옥 불에서 나느니라 약 3:5,6

5절, "이와 같이 혀도 작은 지체로되 큰 것을 자랑하도다", 이 말은
작은 혀가 굉장한 힘이 있다는 것입니다. 야고보는 3절과 4절 재갈과
키 비유를 통해 혀가 긍정적으로는 인생의 방향을 잡아 통제할 수 있
다고 했는데 5절부터 8절에서는 혀가 부정적으로 파괴적인 큰 일을
할 수 있음을 밝히고 있습니다.

먼저 무시무시한 불의 비유입니다. 엄청난 규모의 산림을 태우고
한순간에 수많은 이재민을 발생시키는 산불도 처음에는 성냥개비에
붙은 작은 불꽃에서 시작됩니다. 이것이 혀입니다. 바로 혀가 이런 엄
청난 피해를 끼칠 수 있습니다.

"불량한 자는 악을 꾀하나니 그 입술에는 맹렬한 불 같은 것이 있
느니라"(잠 16:27).

"죽고 사는 것이 혀의 힘에 달렸나니 혀를 쓰기 좋아하는 자는 혀의
열매를 먹으리라"(잠 18:21).

혀로 사람을 죽일 수도 있고 혀로 사람을 살릴 수도 있습니다.

"나는 죽이지 않고 이깁니다. 나는 가정을 무너뜨리고 마음을 부수고 인생을 때려 부숩니다. 나는 바람 날개를 타고 여행합니다. 아무리 정직하라고 해도 나는 겁을 먹지 않습니다. 아무리 순수하라고 해도 나는 꺾이지 않습니다. 나는 진실에는 관심이 없습니다. 나는 정의에는 관심이 없습니다. 나는 무방비 상태에 있는 사람들을 불쌍히 여기지 않습니다. 내게 당한 사람들은 바다의 모래처럼 많습니다. 그들은 죄가 없는 사람들입니다."

미국의 모건 블레이크라는 기자가 한 말입니다. "나는 누구일까요?" 정답은 가십(루머, 험담)입니다. 미국의 한 작은 타운에 젊은 부부가 살고 있었습니다. 자녀가 둘에 행복한 부부로 소문이 난 화목한 가정이었습니다. 그런데 그 마을에 사는 한 사람이 루머를 퍼뜨렸습니다.

"그 남편이 불륜을 저질렀대."

물론 사실이 아니었지만 그 소문은 삽시간에 마을로 퍼져나가 이내 그의 아내의 귀에까지 들렸습니다. 남편을 철썩같이 믿었던 아내는 그 소문을 듣고 도저히 감당할 수 없었습니다. 남편이 집으로 돌아왔을 때 그는 평소와 달리 뭔가 잘못되었다는 것을 느꼈습니다. 사랑하는 아내도 두 자녀도 보이지 않고 집안이 너무 조용했기 때문입니다. 방마다 다 찾아보다가 결국 지하실까지 갔는데 아뿔싸, 아내와 두 자녀는 이미 목을 매어 세상을 떠나버렸습니다.

이것이 루머입니다. 사실이 아닌 근거 없는 루머나 악플로 괴로워하다가 스스로 목숨을 끊는 유명인들의 사건도 많습니다. 무서운 일입니다. 입에서 나오는 말로 혀를 가지고 사람을 죽이는 것입니다. 소중한 생명을 죽음으로 몰고 가는 악성 루머나 악플은 다 혀의 파괴력을 보여줍니다.

6절, "혀는 곧 불이요 불의의 세계라", 그렇습니다. 혀는 불의(不義)의 시스템입니다. 온몸을 더럽힙니다. 삶의 수레바퀴를 불사릅니다. 혀는 가정, 교회, 학교, 직장이라는 우리 인생의 코스 전체를 불태워버립니다.

"그 사르는 것이 지옥 불에서 나느니라", '지옥'은 '게헨나'입니다. 예루살렘 남쪽에 힌놈의 골짜기가 있습니다. 과거 몰록 우상을 섬기는 자들이 자기 자녀들을 산 채로 불태워 바친(왕하 23:10) 곳으로 유대인들은 그 골짜기를 혐오해서 거기에 쓰레기를 갖다버리고 항상 불로 태웠습니다. 그래서 그 골짜기에는 항상 불이 타고 있고, 연기가 올라옵니다. 지옥이 그렇습니다. 혀에서 나오는 이것이 지옥 불에서 나온다니 얼마나 무서운 경고입니까.

물은 작은 물이 많이 모여서 커지지만, 불은 하나의 작은 불이 점점 더 커집니다. 성냥개비 하나의 작은 불이 큰 숲을 태우고, 큰 도시를 다 태워버립니다. 이런 큰 불을 막는 가장 좋은 방법은 성냥개비 하나의 작은 불을 통제하는 것입니다. 인생의 멸망을 막을 수 있는 가장 좋은 방법 역시 작은 혀를 통제하는 것입니다.

"입과 혀를 지키는 자는 자기의 영혼을 환난에서 보전하느니라"

(잠 21:23).

> 7 여러 종류의 짐승과 새와 벌레와 바다의 생물은 다 사람이 길들일
> 수 있고 길들여 왔거니와 8 혀는 능히 길들일 사람이 없나니 쉬지 아
> 니하는 악이요 죽이는 독이 가득한 것이라 약 3:7,8

동물은 다 길들일 수 있습니다. 사람들이 길들인 동물들의 종류가
어마어마하게 많아요. 야수도 길들입니다. 사람이 동물은 다 길들일
수 있는데 사람의 혀는 길들일 수 없을 정도로 굉장한 파괴력이 있다
는 말입니다.

혀를 길들이는 지혜

"칼로 찌름 같이 함부로 말하는 자가 있거니와 지혜로운 자의 혀는
양약과 같으니라"(잠 12:18).

칼로 찌르듯이 함부로 말하지 마십시오. 양약(良藥)과 같은 말을
해야 합니다.

"진실한 입술은 영원히 보존되거니와 거짓 혀는 잠시 동안만 있을
뿐이니라"(잠 12:19).

"거짓 증인은 벌을 면하지 못할 것이요 거짓말을 뱉는 자는 망할
것이니라"(잠 19:9).

분명히 거짓말인데 얼굴 하나 붉히지 않고 당당하게 거짓말을 하는 사람은 오래 가지 못합니다. 혀를 반드시 길들여야 됩니다.

서울에 있는 초등학교 2학년에서 5학년 학생 676명을 대상으로 어떤 말이 가장 듣기 싫은지 설문조사를 했는데, 그 결과로 아이들이 듣기 싫어하는 101가지 말이 나왔다고 합니다.

"공부 좀 해라", "동생이 널 보고 뭘 배우겠니?", "넌 왜 매일 그 모양이니?", "한 번만 더 그러면 가만두지 않겠다", "옆집 누구는 이번에도 1등을 했다더라", "내가 못 살아 못 살아", "왜 그렇게 버릇없이 구니", "어디서 말대꾸야?", "넌 애가 어떻게 매일 돈타령이니?"

아이들이 가장 싫어하는 말입니다. 이런 말을 하는 부모였다면 지금부터라도 다르게 말하도록 혀를 길들여야 합니다. 예수 그리스도의 새 생명이 들어와 있는 마음으로 좀 더 여유 있는 말이 나가도록 혀를 길들이십시오. 그럼 어떻게 하면 됩니까?

"공부 좀 해라" 그러지 마시고 "공부 좀 하자" 그리고 부모님도 서재에 들어가셔야지요. 공부 좀 하자고 말해놓고 자신은 텔레비전을 보고 있으면 소용이 없습니다. "너와 동생은 하나님이 주신 재능이 다를 수 있어. 그러니 너는 너 나름대로 최선을 다하렴", "그럴 수 있지. 다시는 그렇게 하지 않도록 해라. 엄마가 도와줄게", "옆집 아이 일등 했다고 기 꺾이지 마라. 최선을 다했으면 됐어. 그리고 너는 다른 것을 잘하잖아" 이렇게 말을 길들이시면 됩니다.

"가는 말이 고와야 오는 말이 곱다"라고 하지 않습니까? 우리는 항상 고운 말을 해야 합니다. "낮말은 새가 듣고 밤말은 쥐가 듣는다"라고 했습니다. 남의 비밀을 누설하지 말아야 합니다. 기도제목을 들었으면 기도만 해주십시오. 상담한 후에 비밀을 누설하지 마십시오. 비밀을 누설해서 남을 깎아내리지 마십시오.

우리의 속담과 격언 속에도 하나님의 일반은총의 지혜가 숨어 있습니다. "들으면 병이요, 모르면 약이다", "말 많은 집은 장맛도 쓰다", "발 없는 말이 천 리 간다", "좁은 입으로 말하고 넓은 치맛자락으로 못 막는다", "혀 아래 도끼 들었다", "말 한마디에 천 냥 빚도 갚는다" 등 새겨 들으면 우리 혀를 길들이는 데 지혜를 주는 말들입니다.

예수님을 믿는 사람의 말

마지막으로 야고보는 9절부터 일관된 말을 하도록 혀를 길들이라고 권면합니다.

> 9 이것으로 우리가 주 아버지를 찬송하고 또 이것으로 하나님의 형상대로 지음을 받은 사람을 저주하나니 10 한 입에서 찬송과 저주가 나오는도다 내 형제들아 이것이 마땅하지 아니하니라 11 샘이 한 구멍으로 어찌 단 물과 쓴 물을 내겠느냐 약 3:9-11

교회에 와서 하나님을 찬양하는 그 입으로 돌아서서 사람을 저주해버리는 이런 모순을 범하지 말라는 것입니다. 약수터에서 물을 뜨는데 좀 전에 단 물이 나온 약수터에서 잠시 후에 쓴 물이 나올 수 있나요? 그런 일은 절대로 없습니다. 단 물이 나오는 약수터에서는 계속 단 물이 나오고, 쓴 물이 나오는 약수터에서는 계속 쓴 물이 나옵니다. 샘이 한 구멍에서 단 물과 쓴 물을 낼 수 없듯이 우리도 한 입에서 단 물과 쓴 물이 나올 수 없습니다.

야고보는 불신자들을 향해서 혀를 길들이라고 하는 것이 아닙니다. 야고보는 3장 1절, 10절, 12절에서 "내 형제들아"라고 했습니다. 야고보는 혀를 길들이라는 권면을 예수 그리스도를 믿는 형제자매들에게 하고 있습니다. 예수 그리스도를 믿는 형제자매들이 원리적으로는 한 입으로 축복과 저주를 할 수 없음에도 불구하고 그렇게 하고 있다는 것입니다.

야고보는 이것을 탄식하면서 권면했습니다. 한 입으로 하나님을 찬양하고, 바로 그 한 입으로 하나님의 형상으로 창조된 인간을 저주할 수 없습니다. 한 입으로 교회에 가서 찬송하고, 집에 돌아와서 욕하지 말라는 것입니다. 한 입으로 교회에서는 축복하고, 직장에서는 저주하지 말라는 것입니다. 혀의 이중성, 혀의 외식을 주의하십시오. 우리는 일관되도록 혀를 길들여야 합니다.

12 내 형제들아 어찌 무화과나무가 감람 열매를, 포도나무가 무화과를 맺겠느냐 이와 같이 짠 물이 단 물을 내지 못하느니라 약 3:12

야고보는 무화과나무가 감람 열매를 맺지 못하고, 포도나무가 무화과를 맺지 못한다고 했습니다. 열매는 나무에 의해 결정되는 것입니다. 좋은 열매는 좋은 나무에서 옵니다. 좋은 나무는 예수를 믿고 예수를 따르고 예수님 중심으로 사는 사람입니다. 이것이 혀를 길들이라는 야고보의 결론입니다.

예수님은 거짓말하신 적도 없고, 협박하신 적도 없고, 위협하신 적도 없고, 속이신 적도 없고, 무시하신 적도 없습니다. 예수님처럼 말씀하시는 분은 한 분도 없었습니다. 그분이 예수님입니다. 예수님은 마음이 완벽하신 분이고 말이 완벽하신 분입니다. 그러니까 우리가 그 예수님을 얼마나 믿고 따르느냐에 따라서 우리의 말이 통제되는 것입니다.

우리를 위해서 십자가에서 죽으시고 우리를 위해서 부활하시고 우리를 위해서 성령을 보내주시고 우리를 위해서 기도하시는 예수 그리스도를 날마다 순간마다 닮아갈 때 우리의 마음도 예수님처럼 변화되어서 온유하고 겸손해지고 거기에 사랑이 넘치고 희망이 넘치고 그 마음에서 다른 사람을 사랑하고 포용하고 배려하고 격려하는 좋은 말이 나오는 것입니다.

혀를 다스리는 신앙인

미국 존스홉킨스 대학병원의 소아신경외과 교수이자 '신의 손'이라는 별명을 가진 벤 카슨(Ben Carson) 박사라는 분이 있습니다. 그가 어릴 때 얼마나 사나웠는지 말 폭탄을 던지기 일쑤였고, 공부는 또 얼마나 못했는지 그 반에서 바보라는 별명으로 통했다고 합니다.

그의 홀어머니 소냐 카슨은 아들의 성적표를 받아 보고 바로 아들이 텔레비전 보는 시간을 통제했고, 일주일에 두 권의 책을 읽고 독후감을 쓰게 했습니다. 그로부터 얼마 후 카슨은 자기 반 꼴찌에서 일등으로 올라갔습니다. 그의 어머니는 늘 꼴찌만 해서 따돌림을 당하던 흑인 소년 카슨을 긍정적인 말로 격려했습니다.

카슨은 공부를 잘 하게 되었지만 포악한 성격과 말 폭탄이 여전히 문제로 남아 있었습니다. 무슨 옷을 입을까 하는 문제로 다투다가 엄마의 머리를 망치로 때리고 싶은 충동을 느꼈다고 하고, 14살 때에는 친구가 라디오 채널을 바꾸었다고 해서 친구를 거의 죽게 만들기도 했습니다.

그 때 너무 포악한 자신의 성격에 기겁을 한 카슨은 하나님께 자신의 포악한 성격을 고칠 수 있게 해달라고 기도했습니다. 기도를 마치고 잠언을 읽다가 그는 다음 말씀에 부딪혔습니다.

"노하기를 더디 하는 자는 용사보다 낫고 자기의 마음을 다스리는 자는 성을 빼앗는 자보다 나으니라"(잠 16:32).

성령은 이 말씀을 통해 카슨 마음의 포악과 말의 폭탄을 다스리게 해주셨습니다. 카슨은 이 말씀을 생각하면서 자신의 포악한 마음을 다스려 혀를 길들였습니다. 말씀을 통해서 예수 그리스도의 마음을 본받아 변화된 그는 1987년에 세계 최초로 샴쌍둥이를 분리하는 수술에 성공했고 미국 의료 역사에 길이 남을 훌륭한 공헌을 했습니다.

제가 다닌 웨스트민스터 신학교의 상담학과 교수 폴 트립(Paul Tripp) 박사가 이런 경험을 전해주었습니다. 아들이 9살 때 사모님과 함께 부활절 예배에 참석하게 되었습니다. 트립 목사님은 시간을 정확하게 지키는 가정에서 자라나 시간 개념이 철저했지만, 사모님은 그렇지 못해 항상 늦는 버릇이 있었습니다. 목사님이 준비를 다 마쳤는데도 사모님은 아직 준비를 하지 않고 있습니다. 그 날은 부활절 예배를 드린 다음 교인들과 함께 아침 식사를 하게 되어 있었는데 목사님이 사모님에게 이렇게 야유했습니다.

"여보, 우리는 부활절 아침 식사를 하러 가는 것이지, 저녁 식사를 하러 가는 것이 아니잖아요?"

그때 9살짜리 아들이 아빠의 말을 듣고 말했습니다.

"아빠, 제가 아빠에게 드릴 말씀은 아니지만, 한 마디 해도 될까요?"

"그래? 어디 한 번 해봐라."

"아빠는 그 말이 그리스도인이 해야 할 말이라고 생각하세요?"

"너는 어떻게 생각하는데?"

아버지가 이렇게 되묻자 아들이 말했습니다.

"제가 어떻게 생각하는 것이 중요한 것이 아니라, 하나님이 어떻게 생각하시느냐가 중요해요. 성경이 뭐라고 하느냐가 중요해요."

트립 목사님은 아들의 말에 찔렸습니다. 트립 목사님이 아내의 늦장을 비꼬면서 말하지 말고, "여보, 뭐 도와줄 게 없나요?"라고 했다면 얼마나 좋았을까요?

우리는 혀를 길들이라고 하면, 거창한 것을 생각하기 쉽습니다. 그러나 혀를 길들이는 것은 거창한 데서 출발하는 것이 아닙니다. 매일의 가정생활에서, 친구와의 만남에서, 교회와 학교와 직장에서, 만나는 사람들과 함께하는 아주 작은 일로부터 시작하는 것입니다.

"오늘 말씀은 내 남편이 들어야 하는데", "시어머니가 꼭 들으셔야 되는 말씀이군" 이런 식으로 들으면 안 됩니다. 우리 모두 하나님의 말씀의 거울 앞에 겸손히 서서 자신을 정확하게 보고 자신의 혀를 길들여야겠다는 각오와 결심으로 들어야 합니다. 자신에게 주신 말씀이라 생각하시고 예수 그리스도를 날마다 순간마다 닮아가며 잘못된 말이 나오면 바로바로 회개하시면서 마음을 순화시키셔서 입의 말을 길들임으로써 선한 영향을 끼치시기를 바랍니다.

13 너희 중에 지혜와 총명이 있는 자가 누구냐 그는 선행으로 말미암아 지혜의 온유함으로 그 행함을 보일지니라 14 그러나 너희 마음속에 독한 시기와 다툼이 있으면 자랑하지 말라 진리를 거슬러 거짓말하지 말라 15 이러한 지혜는 위로부터 내려온 것이 아니요 땅 위의 것이요 정욕의 것이요 귀신의 것이니 16 시기와 다툼이 있는 곳에는 혼란과 모든 악한 일이 있음이라 17 오직 위로부터 난 지혜는 첫째 성결하고 다음에 화평하고 관용하고 양순하며 긍휼과 선한 열매가 가득하고 편견과 거짓이 없나니 18 화평하게 하는 자들은 화평으로 심어 의의 열매를 거두느니라

▬

야고보서 3장 13-18절

chapter 10

천상의 지혜로
행하라

스티븐 코비(Stephen Covey)는 1989년에《성공하는 사람들의 7가지 습관》이라는 책을 썼습니다. 이 책은 2천만 부 이상 팔렸다고 알려졌는데, 그만큼 그는 영향력 있는 인물로 손꼽혔습니다. 그는 이런 말을 남기기도 했습니다.

"우리는 엄청난 잠재력을 가지고 있다. 개발만 하면 엄청난 잠재력을 깨워 성공할 수 있다."

그는 2012년에 세상을 떠났지만 "win-win"과 "do first things first"라는 그의 말은 아직도 학교, 교회, 사업체 등 여러 공동체에서 유행할 정도로 위력이 있습니다.

그러나 그와는 비교할 수 없을 정도로 훨씬 더 지혜로운 분이 계십니다. 바로 예수 그리스도이십니다. 그분은 최고(最高), 최선(最善), 최상(最上)의 지혜를 보여주셨습니다. 그런데 그분의 지혜로운 모습을 가장 가까이에서 오랫동안 지켜보았던 사람이 바로 동생 야고보입니다. 그리고 부활하신 예수님을 직접 만났습니다. 그는 예수 그리스도의 지혜를 목격한 사람으로서 무엇이 지혜로운 삶인지 분명히 제시하고 있습니다. 그렇다면 어떻게 사는 것이 지혜롭게 사는 것일까요?

삶으로 보여주는 지혜와 총명

> 13 너희 중에 지혜와 총명이 있는 자가 누구냐 그는 선행으로 말미암아 지혜의 온유함으로 그 행함을 보일지니라 약 3:13

이 세상에 자기 자신을 바보라고 생각하는 사람은 없습니다. 혹시 누군가 겸손하게 "제가 바보입니다"라고 말할 수 있을지는 모르겠지만, 그 말을 듣고 "그렇군요, 당신은 정말 바보군요"라고 할 때 그것을 받아들일 사람은 없습니다. 각자 나름대로 자기가 똑똑하고 지혜롭다고 생각하면서 살아간다는 말입니다.

'지혜'는 삶의 모든 분야에서 자신이 가진 지식과 정보를 적용할 수 있는 능력을 말하고, '총명'은 어떤 분야에서 나타내는 탁월한 능력을 뜻합니다. 지혜가 총론이라면 총명은 각론입니다. 다시 말해 지혜가 모든 것을 잘 처리하는 전반가(全般家)의 능력이라면, 총명은 어떤 분야에서 잘하는 전문가(專門家)의 능력입니다. 지혜가 삶의 모든 분야를 총괄한다면, 총명은 삶의 특수 분야를 명시합니다. 그렇지만 사람이 모든 것을 다 잘하는 경우는 드뭅니다.

2014년에 전 세계에서 가장 IQ(Intelligence Quotient, 지능지수)가 높은 사람 10명을 뽑은 적이 있습니다. 저는 그동안 캠브리지 대학의 스티븐 호킹(Stephen Hawking) 교수가 가장 머리가 좋은 사람인 줄 알았습니다. 그런데 그는 IQ 160으로 세계 10위에 랭크되어 있었습니다. 우리나라의 김웅용 씨도 IQ 210으로 3위에 올라 있었습니다. 이런 사람들을 보면 어떤 생각이 듭니까? 대단하다는 생각이 듭니까?

그렇지만 하나님의 관심은 IQ가 아닙니다. 성경은 머리가 좋은 사람을 지혜로운 사람이라고 하지 않고, 바르게 사는 사람을 지혜로운 사람이라고 합니다. 입으로만 지혜가 있다, 총명이 있다고 말하는 사람이 아니라, 실제 생활로 바르게 사는 사람이 진짜 지혜로운 사람입니다.

지혜와 총명은 이론이 아니라 실제라는 것입니다. 말과 생각이 아니라 실제 생활입니다. 지혜가 있다면, 삶의 모든 분야에서 그것을 보여달라는 것입니다. 총명이 있다면 삶의 어떤 분야에서 그것을 보여달라는 것입니다.

실천적 지식인인가?

저는 총신대학교 기획실장을 두 차례 역임하면서 미래에 관한 책을 많이 읽었습니다. 아무래도 FF(fact finding)을 해야 하고, 미래가 어떻게 될 것인지를 내다보며 학교가 나아가야 할 방향을 총장님과 함께 상의하며 만들어가야 했기 때문입니다. 그중에는 세계적인 미래학자 존 나이스비트(John Naisbitt)와 엘빈 토플러(Alvin Toffler)의 책도 있었습니다.

제가 이 책들을 다 읽고 내린 결론은 21세기는 실천적 지식인의 시대가 될 것이라는 점이었습니다. 그리고 저는 5년간 하나님께 이렇게 기도드렸습니다.

"하나님, 실천하면서 가르칠 수 있는 길을 열어주십시오."

하나님께서는 저에게 목회와 신학을 실천하면서 가르칠 수 있는 길을 열어주셨습니다. 대구동신교회에 헌신예배 설교를 하러 왔을 때 장로님 두 분이 제게 이런 제안을 하신 것입니다.

"목사님, 목사님은 우리 교회에 오실 분이 아니라는 거, 우리가 잘 알고 있지만 그래도 기도는 한 번 해보이소."

"네, 기도는 한 번 해보지요."

그 기도가 응답되어서 대구동신교회를 섬기게 되었고, 이렇게 15년째 목회를 하고 있습니다.

예전에 저의 학창 시절 때만 해도 박형룡, 박윤선 박사님의 강의는 정말 절대적이었습니다. 목사님들도 강의를 들은 그대로 교회에 가서 목회를 했습니다. 그러나 지금은 시대가 달라졌습니다. 제가 학교에서 이론적으로 아무리 잘 가르쳐도 실제로 목회를 할 때 보면 그들은 하나같이 목회를 잘 한다는 대형교회 목회자들의 목회 방법을 따라 하는 것을 보게 되었습니다. 저는 깜짝 놀랐습니다. 그리고 그때 느꼈습니다.

'아, 세상이 많이 바뀌었구나. 실천하면서 가르쳐야 효과가 있구나!'

지금 제가 교회에서 목회를 하면서 가르쳐보니 학교에서 이론적으로 가르칠 때와는 전혀 다른 반응이 나오는 것을 보게 됩니다. 그래서 우리 교회를 신학과 목회가 접목되어 삶의 변화가 일어나는 목회 현장으로 보시는 분들이 많아졌습니다. 참으로 감사한 일입니다. 앞으로 저는 전국의 목회자들과 신학생, 평신도들에게 목회와 신학의 '지혜와 총명'을 본격적으로 전하고자 하는 계획을 가지고 있습니다.

야고보가 말한 지혜는 삶 전체에서 실천해서 입증된 지식입니다. 야고보가 말한 총명은 자기 분야에서 실천해서 입증된 정보입니다. 흔히 어떤 인물을 보고 '아, 저 사람이 대통령 감이네. 정말 대단한 사람이군' 이렇게 생각했다가 막상 그가 정당에 들어가서 활동하는 것을 보고 실망해서 '지금은 저 사람에게 대통령이 될 만한 지혜가 없구나' 이렇게 생각할 수 있습니다. 또 영어 전공자로 대학가에서는 그 명성이 하늘을 찌르는데, 실제로 미국 사람을 만나면 말 한 마디 못하고 슬그머니 도망친다면, 그는 '총명'이 없는 사람입니다.

삶의 모든 분야에 지혜가 있다는 것을 삶으로 보여주는 지혜로운 전반가가 되십시오. 각자 하나님이 주신 은사와 재능으로 어떤 분야에서 참으로 탁월한 총명이 있다는 것을 삶으로 보여주는 총명한 전문가가 되시기 바랍니다.

온유함으로 지혜를 보여라

그런데 삶으로 보여줄 때 "지혜의 온유함으로" 보여달라고 합니다. 이것은 곧 '마음'으로 보여달라는 것입니다. 하나님은 우리의 IQ보다는 LQ(Life Quotient, 삶의 지수)에 더 많은 관심을 가지고 계십니다. 우리 마음의 태도가 어떠한지 보십니다.

"모든 지킬 만한 것 중에 더욱 네 마음을 지키라 생명의 근원이 이에서 남이니라"(잠 4:23).

마음이 우리 인생의 뿌리입니다. 정말 지혜가 있다면 마음이 온유하다는 것입니다. 그런데 오해하지 말아야 합니다. '온유'라는 말은 힘이 없어서 부들부들하거나 흐물거리는 것이 아닙니다. 누이 좋고 매부 좋다는 식으로 원칙도 없고 되는 대로 사는 것이 아닙니다. 감상적인 것이 아닙니다. 온유함은 분명히 힘이 있는데 그 힘을 통제할 수 있는 것을 말합니다.

모세는 2백만 명을 지휘하고 이끌 만한 카리스마가 있었습니다. 정말 대단한 힘을 가지고 있었지만 그는 그 힘을 통제했습니다. 자신을 괴롭히는 사람에게도 그 힘을 제한했습니다. 그래서 그는 지면에서 가장 온유한 사람이라는 평가를 받았습니다.

예수님은 자신을 체포한 사람, 끌고 가는 사람, 재판하는 사람들을 통제할 만한 힘이 있으셨습니다. 하늘을 향해 한마디만 하셔도 열두 군단도 넘는 천사가 내려오고, 한 천사가 18만 5천 명의 앗수르 군사들을 하룻밤에 친 것처럼 모든 지도자들을 죽일 수도 있으셨습니다. 그러나 예수님은 그 힘을 통제하셨습니다. 온유하셨기 때문입니다.

지혜롭다고 하면서 교만합니까? 똑똑하다고 하면서 남을 무시합니까? 이런 사람은 지혜가 없는 사람입니다. 지혜의 완벽한 모델이신 예수께서는 "나는 마음이 온유하고 겸손하다"고 말씀하셨습니다. 진짜 지혜로운 사람은 온유하고 겸손합니다. 마음이 바로 되어 있습니다.

예수님을 제외하고 세계 역사에서 가장 지혜로운 인물로 꼽히는 사람이 솔로몬입니다. 솔로몬은 본래 자기 힘을 통제했고 지혜로웠기 때문에 잠언을 기록할 수 있었습니다. 그러나 후기의 솔로몬은 그 힘을 통제하지 못했습니다. 자기가 원하는 대로 즐겁게 살면서 쾌락을 누렸습니다. 부인을 천 명이나 두었고, 수많은 종들을 거느렸으며, 왕궁도 어마어마하게 지었습니다. 그를 따라갈 자가 아무도 없게 만들었습니다. 그러던 솔로몬도 자기 힘을 통제하지 못해 이런 고백을 했습니다.

"헛되고 헛되며 헛되고 헛되니 모든 것이 헛되도다"(전 1:2).

분명히 동일한 솔로몬인데 힘을 통제했을 때는 온유함으로 지혜를 보였지만, 힘을 통제하지 못했을 때는 교만했습니다. 그리고 마침내 그것을 깨닫고 다 헛되고 헛되다고 하며 허무주의에 빠졌습니다.

지혜는 삶으로 말해야 합니다. 그리고 그 지혜는 마음에서 나오는 것이기 때문에 온유해야 합니다. 온유함으로 드러내십시오. 이 기준을 가지고 지혜롭게 살아가십시오.

세상 지혜 vs 천상 지혜

그런데 우리가 이 기준을 가지고 진리의 원칙에 따라 지혜롭게 살아갈 때 과연 어떤 지혜를 가지고 살아가느냐가 참 중요합니다. 지혜에는 두 가지가 있습니다. 하나는 세상의 지혜이고, 다른 하나는 천상의 지혜입니다.

> ¹⁴ 그러나 너희 마음속에 독한 시기와 다툼이 있으면 자랑하지 말라 진리를 거슬러 거짓말하지 말라 약 3:14

세상 사람들은 세상의 지혜를 따라 삽니다. 신자들도 순간순간 이것을 따라갈 가능성이 참 많습니다. 이 세상의 지혜는 마음에서 나옵니다. 그런데 이 마음속에 독한 시기와 다툼이 있다고 합니다.

'시기'는 자신의 세계를 구축해놓고 자기 세계를 위협하는 어떤 존재나 모든 사람에 대해서 느끼는 질투입니다. 세상 지혜를 가진 사람은 '나'의 세계에 집중하여 살고 있기 때문에 자신의 세계를 위협하는 사람이면 누구나 시기합니다. 야고보는 이런 태도를 가리켜 '독한 시기'(bitter jealousy)라고 표현했습니다.

'다툼'은 헬라어로 '에리쎄이아', 즉 "이기적인 야망"을 의미합니다. 야망은 자기 세계, 기존의 세계를 점점 더 넓혀나가는 것을 말합니다. 자기를 위해서, 자기의 이권을 위해서, 자기의 명예를 위해서 끊임없이 확장하는 것입니다. 이기적인 야망은 경쟁심과 적대감과 분파의식을 유발합니다.

이것들이 마음에서 이루어집니다. 그런데 마음속에 시기가 있으면 사람의 뼈를 썩게 합니다(잠 14:30). 즉, 자기를 파괴시킵니다. 야망은 어떻습니까? 야망이 있으면 굉장히 큰 것을 이루는 것같이 느껴집니다. 그러나 실컷 이루었다 해도 결국은 추락하고 맙니다. 이것이 세상의 지혜입니다.

이 세상의 지혜가 있을 때 우리는 어떻게 해야 합니까? "자랑하지 말라 진리를 거슬러 거짓말하지 말라"는 본문의 말씀처럼 "stop!" 입을 다물어야 합니다. 이미 동기에서부터 진리를 거슬렀으니 그 길로 가지 말라는 것입니다.

> 15 이러한 지혜는 위로부터 내려온 것이 아니요 땅 위의 것이요 정욕의 것이요 귀신의 것이니 약 3:15

이 세상 지혜는 하나님으로부터 내려온 것이 아니기 때문입니다. 세상 지혜는 "땅 위의 것이요 정욕의 것이요 귀신의 것이니", 다시 말해 그 본질이 세상적인 것입니다.

성도들의 세 가지 적이 무엇입니까? '육체'와 '세상'과 '마귀'입니다. 야고보가 지적한 대로 세상 지혜는 육체의 특징대로 '정욕적'입니다. 세상 지혜는 세상의 특징대로 '세상적'입니다. 세상 지혜는 마귀의 특징대로 '마귀적'입니다.

육체는 우리의 몸을 말하는 것이 아니라 싸륵스, 부패한 죄성을 말합니다. 이 부패한 죄성이 마음대로 활동할 수 있는 분위기를 만드는 곳이 바로 세상입니다. 그리고 죄성을 자극함으로써 자신의 성공만을 바라고 남을 파괴시키는 것이 마귀입니다. 이것이 세상 지혜의 본질입니다.

세상에서 성공하는 사람들을 한 번 분석해보십시오. 그 안에 시기와 야망이 나타나는 것을 볼 수 있습니다. 그것이 육체를 따라가고 정욕을 따라가고 마귀를 따라가는 것입니다. 혹 제 말에 '에이, 무슨 마귀를 따라가?' 하는 생각이 드십니까?

베드로가 "주는 그리스도시요 살아 계신 하나님의 아들이시니이다"라고 고백했으면서도 예수님이 고난과 죽임을 당한 후에 삼 일 만에 부활하신다고 예언하시자 "주님, 그러지 마세요. 절대 그런 일이 주님께 일어나서는 안 됩니다" 하고 만류하지 않았습니까? 그러자 예수께서 베드로에게 "사탄아! 내 뒤로 물러가라" 하신 것입니다.

정말 순간입니다. 아무리 조금 전에 천상의 지혜로 살았고 천상의 지혜로 고백했더라도, 바로 사탄에게서 온 세상의 지혜대로 예수님의 고난과 죽음과 부활을 가로막는 말을 한 것입니다. 하나님의 일을 생각하지 않고 사람의 일을 생각하니까 "사탄아"라고 책망을 받게 되는 것입니다.

세상 지혜를 따른 결과

> 16 시기와 다툼이 있는 곳에는 혼란과 모든 악한 일이 있음이라 약 3:16

우리는 시기와 다툼으로 육체의 죄성을 따라갑니다. 세상에 자기 왕국을 세웁니다. 그 깊은 원흉이 마귀인데도 모르고 따라가고 있습니다. 이때 우리 마음에는 불안이 찾아옵니다. 그러니까 아무리 성공해도 죽고 싶어지고, 허무해지고, 결국 자살하는 것입니다. 불안한 마음이 바깥으로 드러나면 가정에서는 가족들을 괴롭힙니다. 부모와도 자식과도 형제들 간에도 싸웁니다. 혼란이 옵니다.

시기와 다툼이 있는 곳에는 혼란과 모든 악한 일이 있습니다. 세상 지혜는 혼란, 카오스, 무질서를 초래합니다. 세상 지혜로는 결코 화합과 사랑이 이루어지지 않습니다. 그런 사람이 교회에 들어오면 교회를 어지럽히고, 교제와 연합을 파괴합니다. 정치를 하면 나라를 망하게 만듭니다. 모든 악한 일의 결과가 나타나는 것입니다. 그것이 세상 지혜라는 것입니다.

언뜻 보면 성공한 사람들이 좋아 보이고 대단해 보일 수 있습니다. 그러나 세상 지혜를 따라 살면 그 결과는 다 똑같습니다. 이것은 불신자뿐만 아니라 신자도 그렇습니다. 더러는 신자도 세상 지혜를 따라가는 경우가 있는데, 그럴 때 가정과 공동체를 파괴시키는 혼란이 찾아오고 모든 악한 일을 행하게 됩니다. 실감이 나지 않습니까? 그렇다면 다음 이야기를 한번 보십시오.

저는 인터넷에서 가장 비참하게 산 8명의 갑부들에 대한 기사를 보았습니다. 그들 중에 하나가 바로 듀크 집안의 쌍둥이입니다. 듀크 집안은 한때 미국 전체의 담배 사업을 쥐락펴락했습니다. 미국의 명문인 듀크 대학교를 설립했고 1년에 수 백만 불을 자선사업에 쓸 정도로 대단한 명문가에서 태어났지만 그 쌍둥이들은 12살이 될 때까지 참혹하게 살아야 했습니다.

그들의 아버지는 알코올중독에 마약중독자였고 5번째 아내를 맞아들이기까지 했습니다. 부자인 아버지는 그들에게 애완용 사자를 선물해주고 세계 최고의 바캉스를 즐기게 해주었지만, 반면에 아이들을 지하실에 가두거나 뜨거운 욕조에 집어넣거나 만취한 상태로 아이들을 태우고 차를 운전하는 등 학대를 일삼았습니다.

시기와 다툼이 동기가 되어 세상과 마귀의 시스템 속에서 살다보니 마음이 불안한 것입니다. 그래서 자기 자식까지 괴롭힌 것입니다. 수

조 원의 유산을 물려받을 아이들이 영양실조에 걸리고 정신병원에 수용되었다는 것이 믿어지십니까? 시기와 다툼이 있는 곳에는 혼란과 모든 악한 일이 있습니다. 듀크 가의 쌍둥이가 극단적인 경우의 예라고 생각할 수도 있겠지만, 정도의 차이는 있을지 몰라도 원리 면에서는 똑같습니다.

세상 지혜를 따라서 살지 마십시오. 마음이 시기와 야망에 따라 움직이는 상태로 살다보면 불안에 시달리게 되고 결국 평화를 파괴해버리고 문제를 일으키며 악을 행하게 됩니다. IQ만 높고 LQ는 저능아 수준에 머물러 있는 삶을 살아서는 안 됩니다. 사람들은 세상 지혜를 따르며 사는 것이 지혜로운 줄 알지만 성경은 그런 길로 가지 말라고 경고합니다.

천상 지혜의 본질

그렇다면 진짜 지혜로운 길이 무엇입니까?

> 17 오직 위로부터 난 지혜는 첫째 성결하고 다음에 화평하고 관용하고 양순하며 긍휼과 선한 열매가 가득하고 편견과 거짓이 없나니 18 화평하게 하는 자들은 화평으로 심어 의의 열매를 거두느니라 약 3:17,18

"오직 위로부터 난 지혜", 곧 '천상 지혜'를 따라 사는 것입니다. 천상 지혜는 하나님이 주시는 지혜, 위로부터 난 진짜 지혜입니다. 이것은 하나님이 주셨기 때문에 그 지혜를 주신 하나님의 영광을 위해서 산다는 동기가 있습니다. 마음이 하나님의 영광에 초점이 맞춰져 있고, 18절 "화평하게 하는 자들은 화평으로 심어 의의 열매를 거두느니라"라는 말씀처럼 화평으로 심겨 있습니다. 다시 말해 이 지혜의 동기는 바로 남들을 잘되게 하는 것, 남들과 화목하게 사는 것입니다. 이기적인 야망으로 시기하지 않고 이타적인 사랑으로 화평을 도모하는 것입니다.

흔히 "공부해서 남 주냐?"라고 말하는데, 천상 지혜를 따르면 공부해서 남 주는 것이 동기입니다. 하나님께 영광을 올려드리고 사람에게 평화를 주는 마음의 상태를 가졌기 때문입니다. 우리는 이 지혜를 따라서 살아가야 하고, 이것이 바로 야고보가 주는 교훈입니다.

그러면 이 천상 지혜의 본질은 무엇일까요? 야고보는 17절에서 "첫째 성결하고 다음에 화평하고 관용하고 양순하며 긍휼과 선한 열매가 가득하고 편견과 거짓이 없나니"라고 했습니다. 첫째로는 성결합니다. 시기와 야망으로부터 자유롭습니다. 완벽하지는 않아도 순수하고 순결합니다. 육체의 세상, 마귀로부터 자유롭기 때문입니다. 닳을 대로 닳은 사람이 지혜로운 사람이 아니라 순수한 사람이 지혜로운 사람입니다. 팔순의 나이에도 "어떻게 그렇게 사십니까?"라고 할 정도로 순수한 것입니다. 때가 묻었으면 바로 회개해서 깨끗하게 하는 사람이 지혜로운 사람입니다.

둘째, 화평합니다. 남들과 싸우지 않습니다. 가정에서 말썽을 피우거나 문제를 일으키지 않습니다. 술 마신 후에 폭력을 행사하지 않습니다. 셋째, 관용합니다. 그것은 곧 진리의 기준이 분명하다는 말입니다. 진리의 기준이 분명한데도 마음이 넓고 행동하는 것이 넓은 것입니다. 당신의 포용력은 어느 정도입니까? 당신을 괴롭히는 사람들을 얼마만큼 감싸 안을 수 있습니까?

저는 결혼식 주례를 할 때 신랑신부에게 가끔 이런 말을 합니다.

"포항 앞바다나 부산 앞바다에 가끔 가십시오. 시어머니하고 자식하고 부부간에 자꾸 치고받고 하지 말고 포항 앞바다에 가서 바다를 바라보면서 할 수 있으면 이렇게 가슴을 한번 벌려보십시오."

혹시 포용력이 없습니까? 집에서 자꾸 싸우지 말고 포항 앞바다를 좀 보십시오. 포항 앞바다처럼 넓은 마음을 가지셔야 합니다. 진리는 분명합니다. 원칙도 분명합니다. 그러나 '나도 잘못하는데, 상대방도 잘못할 수 있지' 하고 생각하며 포용하십시오. 이것이 없으면 지도자가 될 수 없습니다.

넷째, 양순합니다. 양순하다는 말은 설득을 잘 당한다는 의미입니다. 이는 이단(異端)에게 잘 넘어간다는 것이 아닙니다. 자신이 아무리 똑똑한 사람이라고 하더라도 바른 진리 앞에서는 바로 "오케이" 하는 것입니다. 실수했을 때 누군가 무엇을 지적하면 바로 고치는 것입니다. 진리 앞에서는 설득당할 줄 알아야 하는 것입니다.

또 천상 지혜는 '긍휼'이 많으며 '선'을 행하고 '편견'이 없습니다. 편견이 없다는 것은 곧 원리 원칙이 분명하다는 말입니다. 네 편 내 편을 따져서 한쪽으로 기우는 것이 아니라 똑바로 가는 것입니다. 가식도 없고, 아부할 필요도 없이 바로 사는 것입니다.

컴퓨터가 처음 나왔을 당시에는 화면에 표시된 것을 인쇄하면 엉뚱한 것이 나오곤 했습니다. 그것을 개선하기 위해 나온 장치가 바로 '위지위그'(WYSIWYG)입니다. 이는 "What you see is what you get"의 앞글자만 따서 만든 프로그램인데, "당신이 화면에서 본 그대로 프린트 됩니다"라는 말입니다. 우리의 삶도 마찬가지입니다. 거짓이 없습니다. 우리가 말하는 그대로 '아, 저런 사람이구나'라는 것이 나타납니다.

천상 지혜를 따르는데 말과 행동이 다를 수 있습니까? 아닙니다. 천상 지혜를 따르면 외식(外飾)할 필요가 없습니다. 이것이 지혜입니다. 우리가 이 세상을 사는 동안에 세상 지혜를 따라가지 말고 천상 지혜를 따라가기 바랍니다.

성숙한 하나님의 사람

천상 지혜를 따라 살면 삶의 변화가 분명히 나타납니다. 17, 18절 말씀에 "선한 열매가 가득하고", "화평하게 하는 자들은 화평으로 심어 의의 열매를 거두느니라"라고 했듯 일단 마음이 편안해지고, 그러다 보면 평화가 따라옵니다.

이런 사람이 집에 들어가면 가정이 편안해집니다. 혹 자식과 부부 간에 부딪쳐도 바로바로 화해합니다. 교회에서도 직장에서도 피스메이커(peacemaker)입니다. 그러니까 이런 사람이 가는 곳마다 선한 결과, 의의 결과가 나타나는 것입니다.

미국에서 명문 고등학교를 나와 서울의 유명 대학에 입학한 학생이 있습니다. 그 학생이 입시 준비를 할 때의 일입니다. 그는 전교 30등 안에 들어가 있었는데, 그래서 주일에도 학교에 나가 입시 공부를 해야 했습니다. 그러나 그 학생은 선생님께 공손히 말씀드렸다고 합니다.

"선생님, 저는 내일 교회에 가서 예배를 드려야 하기 때문에 학교에 나오지 못합니다."

그는 자기 입장을 분명하게 이야기했지만 공손했습니다. 대학교에 들어가서도 다른 친구들이 술을 마셔도 자신은 술을 마시지 않았습니다. 천상 지혜를 따라 살고 있기 때문입니다.

많은 사람들이 예수 믿는다고 하면서도 사회에 나가서 사람들과 어울리기 위해 세상 지혜를 따라 삽니다. 반면 소수이긴 하지만 천상 지혜를 따라 사는 사람들도 있습니다. 저는 그들을 보면서 앞으로 교회와 사회를 움직일 사람들이라고 생각하고 있습니다. 당신은 천상 지혜를 따라 살고 있습니까, 세상 지혜를 따라 살고 있습니까?

우리의 마음의 동기에서 시기와 야망을 버리십시오. 천상 지혜는 위로는 하나님께 영광을 올려드리고 옆으로는 사람에게 유익을 끼칩니다. 듀크 집안을 보십시오. 아무리 돈을 많이 벌고 대학을 세우고 자선사업까지 해서 그 명예가 대단하다고 해도 하나님과의 관계는 끊어졌습니다. 사람과의 관계 역시 끊어졌습니다.

세상 지혜와 천상 지혜를 비교해보니, '관계'라는 단어로 요약이 됩니다. 가짜 지혜, 세상 지혜는 나와 하나님의 관계, 나와 이웃의 관계를 파괴하는 지혜입니다. 가짜 지혜, 세상 지혜는 나 외에 다른 존재들과의 관계를 끊어버리고, 나와 내 가족만 잘 살겠다고 하는 지혜입니다.

진짜 지혜, 천상 지혜는 나와 하나님의 관계, 나와 이웃의 관계를 맺어주고 견고하게 하는 지혜입니다. 진짜 지혜, 천상 지혜는 관계를 강화시켜주고 관계가 성숙해지는 지혜입니다. 진짜 지혜는 위로는 하나님과의 관계에서 하나님을 영화롭게 하는 지혜이며, 옆으로 사람과의 관계에서 사람을 유익하게 하는 지혜입니다.

어떻게 이런 삶이 가능할까 싶으십니까? 가능합니다. 그러나 그 길은 오직 하나밖에 없습니다. 최고, 최선, 최상의 지혜를 가지고 계신 하나님의 지혜의 모습을 그대로 보여주신 예수 그리스도 안에서만 가능합니다. 우리는 예수 그리스도 안에서 하나님과의 관계를 견고히 할 수 있습니다.

천상 지혜의 원천이요 모델인 예수 그리스도를 마음에 항상 모시고 그분처럼 온유하고 겸손한 상태에서 하나님의 영광을 드러내고 살아가십시오. 사람들에게 유익을 주기 위해서 이 땅 위에서 열심히 살아가십시오. 그렇게 하다보면 우리가 땅 위에서 사는 동안에 가는 곳마다 평화가 만들어지고 하나님의 나라가 확장되는 역사가 나타납니다. 이런 천상의 지혜대로 사는 하나님의 백성들이 되기를 바랍니다.

1 너희 중에 싸움이 어디로부터 다툼이 어디로부터 나느냐 너희 지체 중에서 싸우는 정욕으로부터 나는 것이 아니냐 2 너희는 욕심을 내어도 얻지 못하여 살인하며 시기하여도 능히 취하지 못하므로 다투고 싸우는도다 너희가 얻지 못함은 구하지 아니하기 때문이요 3 구하여도 받지 못함은 정욕으로 쓰려고 잘못 구하기 때문이라 4 간음한 여인들아 세상과 벗된 것이 하나님과 원수 됨을 알지 못하느냐 그런즉 누구든지 세상과 벗이 되고자 하는 자는 스스로 하나님과 원수 되는 것이니라 5 너희는 하나님이 우리 속에 거하게 하신 성령이 시기하기까지 사모한다 하신 말씀을 헛된 줄로 생각하느냐 6 그러나 더욱 큰 은혜를 주시나니 그러므로 일렀으되 하나님이 교만한 자를 물리치시고 겸손한 자에게 은혜를 주신다 하였느니라 7 그런즉 너희는 하나님께 복종할지어다 마귀를 대적하라 그리하면 너희를 피하리라 8 하나님을 가까이하라 그리하면 너희를 가까이하시리라 죄인들아 손을 깨끗이 하라 두 마음을 품은 자들아 마음을 성결하게 하라 9 슬퍼하며 애통하며 울지어다 너희 웃음을 애통으로, 너희 즐거움을 근심으로 바꿀지어다 10 주 앞에서 낮추라 그리하면 주께서 너희를 높이시리라 11 형제들아 서로 비방하지 말라 형제를 비방하는 자나 형제를 판단하는 자는 곧 율법을 비방하고 율법을 판단하는 것이라 네가 만일 율법을 판단하면 율법의 준행자가 아니요 재판관이로다 12 입법자와 재판관은 오직 한 분이시니 능히 구원하기도 하시며 멸하기도 하시느니라 너는 누구이기에 이웃을 판단하느냐

━

야고보서 4장 1-12절

chapter 11

더 큰 은혜를
사모하라

옛날에 한 열차에서 일어난 일입니다. 열차 창가 자리에 세 사람이 앉아 있었습니다. 무뚝뚝한 한 남자를 중심으로 좌우에 두 여자가 앉았는데 그때 마침 한 여자가 창문을 열려고 했습니다. 창문을 열지 않으면 답답해서 심장마비로 죽을 것 같다는 것입니다. 그러나 다른 여자는 창문을 닫으려고 했습니다. 창문을 열어놓으면 폐렴으로 죽을 것 같다는 이유였습니다.

두 여자가 옥신각신하다가 마침내 남자에게 중재를 부탁했습니다. 그러자 무뚝뚝한 남자가 퉁명스럽게 말했습니다.

"먼저 창문을 여십시오. 그러면 한 사람이 죽을 것입니다. 그 다음 창문을 닫으십시오. 그러면 또 한 사람이 죽을 것입니다. 그러면 마침내 평화가 찾아올 것입니다."

다투던 두 사람이 다 죽으면 다툼이 없으니 평화가 오겠지만 이런 평화는 진정한 평화가 아니지요. 평화를 이루는 일이 얼마나 힘들면 이런 이야기가 나오겠습니까? 하지만 반대로 왜 창문을 열지 않고 옷을 벗을 생각은 하지 못하는 것일까요? 왜 창문을 열고 추위에 떠는 사람에게 옷을 벗어줄 생각은 하지 못하는 걸까요?

우리는 살면서 참 많은 갈등을 합니다. 어디서나 갈등이 끊이지 않습니다. 명절에 오랜만에 친척들과 만났다가도 싸우고 헤어지는 일이 다반사입니다. 우리의 갈등의 원인이 무엇입니까?

육욕인 또는 영성인?

국제대학생선교회(CCC)를 창립한 빌 브라이트(Bill Bright) 박사는 세 종류의 인간이 있다고 했습니다. 그것은 자연인, 육욕인 그리고 영성인입니다.

'자연인'(natural person)은 예수를 믿지 않는 사람입니다. 예수님은 그 사람의 삶 바깥에 있고 자신이 삶의 주인이 되어 있습니다. 자기가 왕좌에 앉아서 모든 것을 자기 마음대로 결정하고 행동합니다. 그 결과 좌절과 불안이 나타납니다(고전 2:14).

'육욕인'(carnal person)은 예수는 믿는데 여전히 자기가 왕좌에 앉아 있고 예수님은 발치에 두고 있는 사람입니다. 다른 말로 하면 예수님을 구원자(Savior)로만 영접하고, 주님(Lord)으로 모시지 않은 사람입니다. 자연인보다는 조금 나아 보이지만 그래도 혼란이 많습니다(고전 3:1-3).

'영성인'(spiritual person)은 예수님을 자신의 삶에 영접하고 예수님을 왕좌에 모시고 예수님에게 순종하는 사람입니다. 예수님을 구원자로 모실 뿐만 아니라 주님으로 모신 사람입니다. 그의 삶 속에 예수님의 영향과 방향이 그대로 나타납니다(고전 2:15).

교회에 다니는 사람들 중에도 자연인이 있을 수 있습니다. 교회에 다니는 종교생활은 하지만 예수님을 하나님의 아들 구원자로 믿지 않는 사람은 종교인입니다. 종교인은 교회에 다니는 자연인, 교회에 다니는 불신자입니다. 야고보서에 따르면 예수님은 믿지만 삶의 변화가 전혀 없는 사람, 행함이 전혀 없는 사람은 교회 안의 자연인입니다. 교회에 다니지만 세상 지혜만 따라가는 사람 역시 종교적인 불신자입니다.

그런데 이 세 부류의 구분이 쉽지 않습니다. 사람이 예수를 믿고 난 후의 삶은 계속해서 성숙해가는 과정입니다. 그런데도 예수를 믿는 사람들을 육욕인과 영성인, 이렇게 칼로 두부 베듯 가를 수 있을까요? 다윗의 경우를 보면 그가 밧세바를 취하기 전에 그는 영성인이었지만, 밧세바를 취하는 순간부터 육욕인으로 살았습니다. 그러나 눈물로 회개하고 돌아섰을 때 다시 영성인으로 살아갈 수 있었습니다. 솔로몬도 마찬가지였습니다. 열왕기상 10장까지 그는 하나님의 말씀대로 사는 영성인이었습니다. 하지만 11장 이하에 기록된 그의 삶은 여인을 천 명이나 취하고 우상숭배하는 육욕인의 삶이었습니다.

야고보가 야고보서에서 줄곧 '형제들'이라고 부른 사람들은 분명히 예수님을 믿는 사람들입니다. 그 형제들이 욕심을 부리고 싸우니까 야고보서 4장 4절에서는 "간음한 여인들아"라고 한 것입니다. 그렇다면 본문 4장 1절에 '너희'는 누구입니까? 이때 '너희'는 빌 브라이트 박사가 말한 영성인은 아닙니다. 예수님을 왕좌에 모시고 자신은 그 발치에서 예수님을 왕으로 섬기는 성숙한 그리스도인은 아닙니다. 그렇다면 야고보가 말한 '너희'는 육욕인이 되는 셈입니다.

오직 하나님의 은혜로, 오직 믿음으로 의롭다 함을 받는 칭의(稱義) 이후에 우리는 점점 더 '의롭게' 되어가는 성화(聖化)의 과정 중에 있습니다. 물론 성화의 과정으로 육욕인에서 영성인으로 넘어가는 경우도 있지만, 평소 성령을 통해 예수님을 믿고 배우고 따라서 육욕인의 모습이 사라지고 영성인의 모습이 드러나기도 합니다.

다시 말해 신자들을 육욕인과 영성인으로 구분하는 것은 신자의 현실을 이해하는 데 도움이 될 수는 있지만, 인간이 계속해서 발전하기도 하고 퇴보하기도 하는 등 성숙의 과정 중 어떤 단계에 있다는 것을 감안할 때 육욕인과 영성인으로 양분하지는 못한다는 것입니다.

예수님도 나무는 그 열매로 안다고 하시면서도, 열매에는 30배 60배 100배의 정도 차이가 있다고 말씀하셨습니다. 바울도 은사와 지식은 많지만 사랑의 열매가 부족한 그리스도인들을 두고 아직도 육욕의 단계, 즉 어린 아이의 단계에 있다고 했습니다(고전 3:1). 히브리서 저자 역시 아직 젖을 먹을 신자도 있고, 단단한 음식을 소화시킬 수 있는 신자도 있다고 했습니다(히 5:12-14).

더욱 큰 은혜를 사모하라

야고보서 4장 6절에는 "더욱 큰 은혜"라는 표현이 나옵니다. '은혜'도 있고 '더욱 큰 은혜'도 있다는 것입니다.

우리가 원수 되었을 때, 죄인 되었을 때, 연약할 때, 하나님의 외아들 예수 그리스도께서 우리 대신 죽으시고 부활하신 것을 믿고 구원받는 것은 하나님의 은혜입니다. 우리가 예수님을 믿고 하나님의 자녀가 되게 하신 것은 하나님의 은혜입니다. 그러나 우리가 성령의 인도에 따라 하나님의 은혜에 어떤 반응을 보이느냐에 따라 '더 큰 은혜'를 받을 수도 있습니다.

벌새(hummingbird)라는 새가 있습니다. 이 새는 화산 분화구에서 알을 깨고 나와서 화산 분화구에서만 삽니다. 벌새는 더 높이 날아올라 화산 분화구 바깥 주변의 아름다운 자연을 한 번도 보지 못합니다. 벌새의 지평은 화산 분화구일 뿐입니다. 육욕인은 바로 화산 분화구만 보고 사는 벌새와 같습니다. 육욕인은 그리스도인의 풍성한 생명과 생활을 체험하지 못합니다. 기쁨, 만족, 행복, 안정 등을 모르고 삽니다.

육욕인이 하나님의 더 큰 은혜를 받아 화산 분화구에서 높이 날아오르면, 그리스도인의 아름다운 세계를 보는 새로운 지평이 생깁니다. 더 큰 은혜를 받으면, 화산 분화구에서 넓은 자연으로 그 지평이 더 열리는 것입니다. 더 큰 은혜를 받으면, 육욕인이 영성인으로 성숙하게 되는 것입니다.

우리가 화산 분화구만 보는 벌새처럼 육욕인으로 살면 계속 시기하고 다툽니다. 우리가 보고 있는 세상이 전부라고 알면 벌새와 다를 것이 무엇입니까? 그러나 더 큰 은혜를 받아 하나님의 놀라운 축복의 세계를 체험하게 되면, 갈등이 해소되고 평화가 옵니다. 우리가 갈등을 해소하는 방법은 단연 주님의 '더 큰 은혜'를 사모하고 체험하는 것입니다.

우리가 그리스도인으로 살아가게 된 이후로 주님은 우리에게 점점 더 큰 은혜를 주십니다. 우리가 그것을 모르거나 알아도 사모하지 않기 때문에 낮은 은혜의 단계에 머물러 있는 것입니다. 세상살이에 푹 빠져서 사는 신자가 그런 사람입니다. 그가 적극적으로 더 큰 은혜를 사모한다면 세상과 벗하여 살지 않고 주님과 벗하여 살게 됩니다.

자기 욕심

1 너희 중에 싸움이 어디로부터 다툼이 어디로부터 나느냐 너희 지체 중에서 싸우는 정욕으로부터 나는 것이 아니냐 약 4:1

"왜 저 부부는 저토록 싸울까?"

"저 친구는 왜 저렇게 불만이 많을까?"

"왜 우리 집은 평안할 날이 없을까?"

도대체 그 원인이 무엇일까요? 그것은 1절에 "싸우는 정욕으로부터 난다"고 합니다. 우리는 싸울 때 그 원인을 상대방에게서 찾습니다. 남편에게, 자녀에게, 시어머니에게, 며느리에게 문제가 있다고 생각합니다. 그런데 정말 그럴까요? 갈등과 다툼의 뿌리는 다른 사람에게 있는 것이 아니라, 나 자신에게 있습니다. 우리는 그 원인을 자기 정욕에서 찾아야만 합니다. 야고보도 '싸움'이 '정욕'으로부터 나오는 것이라고 말합니다.

'정욕'은 '헤도네', 즉 '쾌락'(pleasures)을 말합니다. 그리스도 안에서 새로운 피조물이 되고, 그리스도와 함께 죽고 살았다고 해도, 우리 속에는 죄의 부패성이 남아 있습니다. 이것이 야고보가 말한 '정욕'입니다. 우리 속에는 이 죄악의 쾌락을 추구하는 욕심이 있습니다. 정욕대로 살기 때문에 싸움과 다툼이 일어납니다.

> 2 너희는 욕심을 내어도 얻지 못하여 살인하며 시기하여도 능히 취하지 못하므로 다투고 싸우는도다 너희가 얻지 못함은 구하지 아니하기 때문이요 3 구하여도 받지 못함은 정욕으로 쓰려고 잘못 구하기 때문이라 약 4:2,3

'싸움'이라는 단어는 원문으로 보면 '전쟁'이라는 말입니다. 야고보는 영적인 잠을 깨우기 위해서 매우 강한 말을 썼습니다. 본문 2절의 '살인'은 미움을 의미할 수도 있습니다(마 5:22). 마음의 욕심이 상대를 시기하고 미워하게 합니다. 내 속에 있는 욕심 때문에 가정과 교회와 사회에 다툼과 갈등과 마찰이 일어나고 국가 간에 전쟁을 유발합니다.

육체의 정욕은 굉장한 문제를 일으킵니다. 어항에 물고기 두 마리가 살고 있다고 생각해보십시오. 한 물고기가 다른 물고기를 보며 '아, 저놈이 없으면 내가 편할 텐데' 이런 마음이 들어서 결국 그 물고기를 물어뜯어 죽였습니다. 그러면 이 물고기는 어항 전체를 차지하고 편해졌을까요? 아닙니다. 죽은 물고기가 썩으면서 물 전체를 오염시켰고 결국 이 물고기도 죽게 되었습니다. 욕심 때문에 서로 싸우면 이렇게 둘 다 죽습니다.

우리도 갈등을 겪을 때 이렇게 됩니다.

'저놈이 원수야. 저놈만 없으면 돼.'

이런 마음을 가지고 있지 않습니까? 그 사람이 없으면 편안할 것 같습니까? 아닙니다. 그러면 결국 은혜도 잃어버리고 말 것입니다. 명심하십시오. 내 속에 영혼을 거슬러서 싸우는 육체의 부패성, 이 욕구에 문제가 있다는 것을 발견해야 문제가 해결되기 시작합니다.

그렇다면 왜 우리는 기도해도 얻지 못하는 걸까요? 얻고 싶은 것이 있으면 시기하고 탐내고 다툴 것이 아니라 하나님께 구해야 합니다. 구하지 않으면 얻지 못합니다. 구해도 얻지 못하는 것은 그 속에 정욕이 있기 때문입니다. 하나님의 이름을 거룩하게 하는 것, 하나님의 나라가 임하는 것, 하나님의 뜻이 땅에서 이루어지는 것에 대해서는 아무 관심이 없고 그저 자기 욕심대로 기도하기 때문에 얻지 못합니다.

하나님의 목적을 추구하기보다 자기 목적을 이루기 위해 하나님을 이용하는 이기적인 기도는 이루어지지 않습니다. 우리 교회의 미션은 복음으로 사람을 살리고 사람을 키우고 사람을 고치는 것입니다. 이런 동기로 자신과 가정과 교회와 사업을 위해 기도하는 것은 바르게 기도하는 것입니다. 반면 자기와 자기 가족만 잘 먹고 잘 살기 위해 하는 기도는 부당한 기도입니다. 동기가 잘못됐기 때문에 구해도 얻지 못하는 것입니다.

갈등의 원인이 자기 욕심에 있다는 것을 기억하십시오. '내 탓'이라는 것을 분명히 알아야 합니다.

영적 간음

4 간음한 여인들아 세상과 벗된 것이 하나님과 원수 됨을 알지 못하느냐 그런즉 누구든지 세상과 벗이 되고자 하는 자는 스스로 하나님과 원수 되는 것이니라 약 4:4

야고보는 갈등 문제의 핵심을 지적한 후 정욕으로 서로 다투고 싸우는 사람들을 향해 "간음한 여인들아"라고 부릅니다. "세상과 벗된 것"을 '간음', '간통'이라고 표현한 것입니다. 여기서 '간음'은 영적인 간음을 말합니다.

성경에 나와 있듯 하나님은 우리의 신랑이 되시고 우리는 그분의 신부입니다. 신랑과 신부는 마음을 다하고 뜻을 다하고 성품을 다하고 힘을 다해서 서로 사랑하며 아름다운 공동체를 이루어 살아가야 합니다. 다른 것이 간음이 아닙니다. 이 세상을 살아갈 때 주님과 동행하면서 살아도 기쁨이 넘칩니다. 그런데 우리는 주님을 떠나 세상과 어울려 살려고 합니다. 신랑 되시는 하나님을 떠납니다. 분명히 하나님 안에 참된 쾌락이 있는데도 불구하고 세상 쾌락을 찾아 떠납니다.

다윗은 주님이 주시는 기쁨을 다음과 같이 고백했습니다.

"주께서 내 마음에 두신 기쁨은 그들의 곡식과 새 포도주가 풍성할 때보다 더하니이다"(시 4:7).

예수님도 이렇게 말씀하셨습니다.

"내가 이것을 너희에게 이름은 내 기쁨이 너희 안에 있어 너희 기쁨을 충만하게 하려 함이라"(요 15:11).

우리의 모든 죄는 신랑 되신 예수님을 배신하고 세상과 영적으로 간음한 것입니다. 세상과 벗이 된다고 할 때 '세상'은 하나님을 적대하는 분위기와 시스템을 말합니다. 세상과 벗이 되어 영적으로 간음한다는 것은 세상의 가치관을 그대로 따라가는 것입니다. 세상 쾌락을 누리며 죄 지으며 자기 욕심대로 살려고 하는 것, 육신의 정욕, 안목의 정욕, 이생의 자랑을 따라 사는 것이 간음입니다.

우리는 세상 속에 살고, 세상 속으로 들어가서 세상에 영향을 끼쳐야 하지만 세상과 구별되어야 합니다. 예수님은 이렇게 기도하셨습니다.

"내가 비옵는 것을 그들을 세상에서 데려가시기를 위함이 아니요 다만 악에 빠지지 않게 보전하시기를 위함이니이다"(요 17:15).

우리가 세상 속에 산다고 해서 다 세상의 친구가 되는 것은 아닙니다. 기타를 친다고, 영화를 본다고, 골프를 친다고 해서 다 세상과 벗이 되어 영적으로 간음하는 것은 아닙니다. 영적 간음을 할 수도 있고 안 할 수도 있습니다. 기타를 치면서도 하나님을 찬양할 수 있고, 건전한 영화를 보면서도 복음을 어떻게 문화 속에 집어넣을 것인지 깨달을 수 있고, 골프를 치면서도 생명을 살리기 위한 사업을 할 수 있습니다.

과거 미국에서는 교회 안에서 악기를 사용하는 문제 때문에 교단이 무악기파, 유악기파로 분열되기도 했습니다. 악기를 사용해서 문제입니까? 아무 상관없습니다. 박수 쳐도 괜찮습니다. 그렇다고 해서 이 세상과 간음하는 것이 아닙니다. 기타를 치면서, 박수 치면서도 하나님께 영광을 올려드리면 되는 것입니다.

심지어 과거 미국의 어느 교파에서는 여성이 바르는 립스틱을 사탄의 기름이라고 정죄하기도 했다고 합니다. 물론 지금은 그렇게 보는 사람이 없습니다. 마땅히 죄악 된 것은 하지 말아야 합니다. 하지만 무엇을 하는 것이 중요한 것이 아니라 우리 마음이 어디로 기울어져 있느냐 하는 것이 중요합니다.

욕심의 웅덩이

그러면 우리가 왜 세상을 따라갑니까? 우리의 욕심을 따라 무엇을 얻으려고 하기 때문입니다. 하지만 무엇을 얻기 위해 욕심을 내어 세상과 친구가 되어도 그것을 얻지는 못합니다. 세상과 친구가 된다는 것은 영적 간음을 하는 것인데 이는 터진 웅덩이에 물을 채우는 격입니다.

"내 백성이 두 가지 악을 행하였나니 곧 그들이 생수의 근원되는 나를 버린 것과 스스로 웅덩이를 판 것인데 그것은 그 물을 가두지 못할 터진 웅덩이들이니라"(렘 2:13).

지금도 이스라엘에 가면 웅덩이가 많이 있습니다. 웅덩이를 파놓고 비가 내리기를 기다렸다가 물을 가두려는 것입니다. 그렇지만 물을 많이 가두었다고 생각했는데 나중에 가보면 물이 하나도 없습니다. 왜 그럴까요? 터진 웅덩이이기 때문입니다. 우리가 하나님을 버리고 쾌락을 취하겠다, 하나님을 버리고 성공하겠다, 하나님을 버리고 부자가 되겠다, 하나님을 버리고 이 세상에서 명예를 얻겠다, 인기를 얻겠다고 하는 것은 전부 터진 웅덩이입니다. 실컷 돈을 벌고, 성공하고, 명예를 얻었는데 아무것도 남지 않는 것입니다.

우리는 터진 웅덩이에 물을 가두어서는 안 됩니다. 생명의 원천이신 하나님께만 만족이 있다는 것을 믿으십시오. 주님은 곡식과 새 포도주가 풍성할 때보다 더 넘치는 기쁨을 우리 마음에 채워주십니다. 세상이 알지 못하는 큰 기쁨으로 충만하게 해주십니다.

"주께서 생명의 길을 내게 보이시리니 주의 앞에는 충만한 기쁨이 있고 주의 오른쪽에는 영원한 즐거움이 있나이다"(시 16:11).

더 이상 세상과 친해져서 영적 간음을 할 필요가 없습니다. 우리에게는 주님 안에서 얼마든지 행복을 누릴 수 있는 길이 있습니다. 주님 안에서 세상의 의미를 발견하고, 주님 안에서 세상 성공의 의미를 발견하게 되는 것이 가장 행복한 길입니다.

마귀를 대적하라

명절 때마다 제가 강조해서 말하는 것이 있습니다.

"제사 지내면 안 됩니다. 절하면 안 됩니다."

그러면 어떤 교인이 이렇게 물어봅니다.

"몸으로 절해도 마음으로는 절하지 않으면 괜찮지 않습니까?"

아닙니다. 그것도 죄입니다. 어떤 사람의 돈을 뺏어놓고 마음으로는 안 그랬다고 잡아떼면 돈을 안 뺏은 것이 됩니까? 지금 살아 계신

부모님을 정성을 다해 잘 섬기십시오. 그러나 이 세상을 떠나신 다음 그 영혼이 와서 음식을 먹는 일은 절대로 없습니다. 조상에게 제사 지내는 것은 우상숭배입니다.

가족, 친척과 어울려 살고 그들과 사이가 나빠지고 싶지 않기 때문에 제사를 드리고 절한다면 세상과 벗되어 간음하는 것입니다. 평소에 가족들을 잘 섬기십시오. 안부도 전하고 선물도 하십시오. 그러나 제사 지내자고 하면 거절하셔야 합니다. 우리가 선명하게 예수님을 믿지 않으니까 갈등이 해결되지 않는 것입니다. 아무리 돈이 많고 지위가 높아져도 집안에 평화가 없습니다.

아직도 남 탓만 하고 있습니까? 문제는 '나'입니다. 내 안에 죄악의 욕망이 있는 것, 우리가 세상과 간음하고 있는 것이 문제입니다.

그러면 이 문제의 근원이 무엇인지 알아야 합니다.

> 7 그런즉 너희는 하나님께 복종할지어다 마귀를 대적하라 그리하면 너희를 피하리라 약 4:7

문제의 근원은 '마귀'입니다. 마귀가 원흉(arts enemy)입니다. 마귀는 우리의 정욕과 세상을 이용해서 우리가 하나님을 멀리 떠나게 만듭니다. 마귀는 우리가 하나님을 멀리 떠나 욕심을 부리고 세상과 친구가 되게 해서 하나님의 은혜가 떨어지게 합니다. 우리가 마귀의 유혹을 받아 욕심대로 살고 세상과 친구가 되면 자동차에서 휘발유가 떨어지듯, 우리 속에서 하나님의 은혜가 계속 떨어집니다.

하나님의 은혜가 고갈되면 우리가 자꾸 시기하고 싸우게 됩니다. 우리가 갈등하기 시작하면 마귀는 우리로 하여금 상대방을 원수라고 생각하게 만듭니다. 남편, 아내, 자식, 시어머니, 며느리가 원수라고 생각하게 합니다. 그것도 철천지원수로 만들어버립니다. 그렇게 살아가니까 집이 엉망이 되는 것입니다. 그러나 그들은 우리의 원수가 아니라 하나님이 주신 나의 배우자요 가족이요 친구요 동료입니다. 원수라고 생각하면 제거해야 할 대상이 되지만, 가족이라고 생각하면 불쌍하게 여겨집니다. 이 생각만 해도 갈등이 많이 줄어듭니다.

사탄을 대적하십시오. 사탄이 우리에게 나쁜 생각을 심어줄 때 물리쳐야 합니다. 우리가 마귀를 대적할 때 마귀가 물러가면서 갈등이 해소되고 평화가 임할 것입니다.

하나님을 가까이하라

우리가 정욕을 따라가서 세상에 빠지고 사탄의 유혹에 넘어가면, 은혜의 휘발유가 떨어집니다. 은혜가 떨어지면 가족끼리 싸우고, 교인끼리 싸우고, 친구끼리 싸우고, 직장 동료끼리 싸웁니다. 갈등이 높아집니다. 갈등을 해소하기 위해서는 은혜가 늘어나야 합니다. 은혜가 늘어나도록 더 큰 은혜를 받기 위해서는 은혜의 원천이신 하나님을 가까이해야 합니다.

5 너희는 하나님이 우리 속에 거하게 하신 성령이 시기하기까지 사모
한다 하신 말씀을 헛된 줄로 생각하느냐… 8 하나님을 가까이하라
그리하면 너희를 가까이하시리라 약 4:5,8

하나님은 우리를 사랑하셔서 우리를 위해 예수님을 십자가에 내어
주시기까지 하셨습니다. 그리고 지금도 앞으로도 우리를 사랑하실
것이기 때문에 우리도 마음을 다하고 뜻을 다하고 성품을 다하고 힘
을 다해서 전심으로 하나님을 사랑해야 합니다.

그런데 지금 우리의 모습은 어떻습니까? 하나님 아닌 다른 것을 하
나님처럼 여기고, 그것을 좋아하고, 그것을 하나님보다 더 중요하게
여깁니다. 예배드리는 것보다 다른 일이 더 중요하다고 생각해서 교
회를 빠지기도 하고, 자식을 더 귀하게 여겨 교회에 안 나오거나 시어
머니 눈치 보느라 교회에 안 나오기도 합니다. 이것이 우상숭배입니
다. 이미 우리의 마음이 하나님이 아닌 우상에 넘어가 있는 것입니다.

우리가 하나님 외에 다른 사람이나 다른 것을 우상처럼 섬기면 우
리 하나님은 거룩한 질투를 하십니다. "성령이 시기하기까지 사모한
다"고 하십니다. 그분이 우리를 사랑하기 때문에 질투하시는 것입니
다. 내 남편이 나 아닌 다른 여자에게 홀딱 빠져 있다고 생각해보십
시오. 어떤 마음이 듭니까? '남자라서 어쩔 수 없어. 괜찮아' 하는 생
각이 듭니까? 그렇지 않을 것입니다. 진짜 자기 남편을 사랑한다면
그럴 수 없습니다. 질투를 느끼는 것이 당연한 것입니다. 하나님은

우리를 향해서 거룩한 질투를 하시면서 우리가 하나님께 속하기를 원하십니다. 그렇기 때문에 우리가 하나님을 계속해서 가까이 모셔야 합니다.

저는 결혼식 주례를 할 때마다 삼각형을 그리면서 설명을 합니다. 삼각형의 맨 위 꼭짓점에 주님이 계시고, 아래 두 꼭짓점에는 신랑과 신부가 있습니다. 신랑과 신부 모두 주께 가까이 가면 갈수록, 주님을 향한 믿음이 깊어질수록 두 사람 사이도 가까워집니다. 그러나 바쁘고 힘들다는 이유로 하나님을 멀리하면 할수록 두 사람 사이는 멀어집니다.

"오직 너희 죄악이 너희와 너희 하나님 사이를 갈라 놓았고 너희 죄가 그의 얼굴을 가리어서 너희에게서 듣지 않으시게 함이라"(사 59:2).

우리가 죄로 인해 하나님과 멀어지면 인간관계에서도 그 사이가 멀어집니다. 그런데 많은 사람들이 이 원리를 놓치고 삽니다. 주님을 가까이하십시오. 주님을 가까이하는 만큼 은혜가 임하고 아무리 큰 갈등도 해결됩니다. 부부관계가 좋아지고, 자녀와의 관계가 좋아지고, 시부모, 친구, 동료와의 관계가 좋아집니다.

처음 예수님을 믿을 때는 주님을 가까이하는데, 세상 살기에 바빠지면 주님에게서 멀어지는 경우를 많이 보았습니다. 주님과 멀어지고 있는 것을 모른 채 세상에서 성공했다고 생각합니다. 이럴 때 우리는 주님과 가까이해야 한다는 것을 깨달아야 합니다.

그러면 주님을 어떻게 가까이해야 합니까?

첫째, 겸손하라

> 6 그러나 더욱 큰 은혜를 주시나니 그러므로 일렀으되 하나님이 교만한 자를 물리치시고 겸손한 자에게 은혜를 주신다 하였느니라… 10 주 앞에서 낮추라 그리하면 주께서 너희를 높이시리라 약 4:6,10

우리는 겸손해야 합니다. 6절에서는 "하나님이 교만한 자를 물리치시고 겸손한 자에게 은혜를 주신다"라고 했고, 10절에서는 "주 앞에서 낮추라 그리하면 주께서 너희를 높이신다"라고 했습니다. '겸손'에 대해 한번 생각해보십시오. 우리가 언제 진짜 겸손해집니까? 나보다 더 훌륭한 사람을 만나면 겸손해집니다. 나보다 공부를 잘하는 사람을 만나면 겸손해집니다. 그러면 한없이 위대하신 분, 우주보다 더 크신 절대적인 분 앞에서는 우리가 어떻겠습니까? 저절로 겸손해집니다.

언덕 위에서 아래를 내려다보면 자신이 높은 곳에 올라와 있다고 느낍니다. 그러나 높이 떠 있는 태양을 올려다보면 1분도 못 견디고 금세 겸손해지기 마련입니다. 태양이 뜨면 별도 달도 사라집니다. 태양이 환하게 비치면 촛불도 필요 없습니다. 우리가 대단한 것 같아도 하나님 앞에 가까이 가면 겸손해집니다. 겸손하지 않으면 하나님께 다가갈 수 없고 하나님께 다가가면 절로 겸손해집니다.

하나님께서는 교만한 자는 물리치시고 겸손한 자에게는 은혜를 주십니다. 우리가 겸손하게 주님을 가까이하면 할수록 은혜를 받고, 은혜를 받으면 여유가 생깁니다. 그리고 여유가 생기면 자신을 괴롭히는 사람을 여유 있게 대합니다. 그러면 갈등이 해소되는 것입니다.

둘째, 복종하라

하나님의 뜻에 복종하면 은혜를 받습니다.

> 7 그런즉 너희는 하나님께 복종할지어다 마귀를 대적하라 그리하면 너희를 피하리라 약 4:7

얼마 전 저는 상담실에 들어온 글 하나를 읽게 되었습니다. 너무 귀한 글이라 제 영성일기에 옮겨 적어두기까지 했습니다. 그 간증을 간략히 소개할까 합니다.

그의 아버지는 술만 드시고 오면 폭력을 휘두르는 분이었습니다. 아버지가 술 마시고 오는 날이면 어머니에게 폭력을 가하고, 집은 지옥이 되었습니다. 부모님과 관련해서 차마 말로 다할 수 없는 일이 발생할 때마다 그의 마음에 걸리는 것이 있었는데, 그것은 설교 시간에 들은 말씀이었다고 합니다. 잘난 부모 못난 부모를 구별해서 공경하는 것이 아니라 그냥 내 부모라는 것 그 자체만으로 공경해야 한다는 말씀, 이 말씀을 도저히 받아들일 수 없어서 괴로운데도 이 말씀이 내내 걸렸다는 것입니다.

3년 전, 그가 가족들과 함께 차를 타고 시골에 내려가고 있었을 때입니다. 그가 운전을 하고 조수석에 아버지가 타고, 뒷자리에 그의 아내와 어린 아들이 타고 있었는데 그때 그의 아버지가 이런 말을 했습니다.

"나는 지금까지 남을 해친 일이 없어. 남을 못 살게 군 일도 없고, 돈 떼먹은 일도 없고 남에게 불편을 준 일도 없어."

그 말을 듣고 있던 그의 속이 부글부글 끓어올랐고 결국 견디다 못해 아버지에게 한마디 했습니다.

"남한테는 그러셨는지 몰라도 집안에서는 안 그러셨잖아요. 우리가 아버지 때문에 얼마나 괴로운지 아세요? 아버지가 어머니를 못 살게 구셨잖아요. 제발 술 좀 그만 드시고 어머니 좀 그만 괴롭히세요."

그 순간 핸들을 잡고 있던 아들을 향해 아버지의 주먹이 날아왔습니다. 날이 어둑어둑해질 무렵 내리막길에서 너무나 갑자기 벌어진 일이었기 때문에 도무지 감당이 되지 않았다고 합니다.

"뭐라고? 그래, 오늘 너 죽고 나 죽자."

아버지는 때리는 것도 모자라 이제는 달려들어서 코를 물어뜯으려고 했습니다. 다행히 그가 손으로 막아서 손이 찢어졌지만 이 일은 그에게 큰 상처가 되었습니다. 한 달 반이라는 시간이 흘러 손의 상처는 아물었지만 그는 아버지가 용서가 되지 않았습니다. 용서해야지 싶다가도 내가 왜 용서해야 하느냐는 생각에 사로잡혀 이제는 정말 연(緣)을 끊고자 하는 마음까지 들었다고 합니다.

그런데 그때도 제가 한 설교가 생각났다는 것입니다.

"용서, 감정으로 하는 것 아닙니다. 기분으로 하는 것 아닙니다. 의지로 하는 것입니다."

계속 그 말씀이 생각나서 마음이 힘들었다고 합니다. 그러던 어느 날 형이 아버지를 모시고 식당에 와 있는데 올 수 있느냐고 연락이 왔습니다. 처음에 그는 "안 가요. 내가 왜 갑니까?"라고 말했습니다.

그렇지만 전화를 끊고 나서도 이 말씀이 자꾸 떠오르면서 '그래. 나는 용서 못해. 하지만 주님께서 엉터리 같은 내 삶을 용서하셨는데, 나에게 아내와 아들을 주셨는데, 주신 게 너무 많은데…', 하나님이 나 같은 사람을 용서해주시고 은혜를 주셨으니까 하나님의 은혜를 받은 사람답게 말씀에 순종해서 아버지를 용서해야 한다는 생각이 들었습니다.

그가 식당에 도착하자 가족들이 무척 반가워했고 그가 아버지를 꼭 안아드리자 아버지가 눈물을 흘리셨습니다. 이 일로 그의 아버지가 변했습니다. 어머니에게도 잘하고, 집안에서 폭력이 사라졌으며, 이제는 술도 거의 안 드신다고 합니다.

혹 갈등이 있습니까? 하나님의 은혜를 생각해보십시오. 용서하지 않을 수가 없습니다. 마음으로 용서하기 싫어도 의지적으로 복종하면 용서가 됩니다. 그럴 때 하나님의 은혜가 임하면서 갈등이 해소되고 치유가 임합니다.

셋째, 회개하라

하나님과 세상 사이에서 왔다 갔다 한 두 마음을 회개해야 합니다.

> 8 하나님을 가까이하라 그리하면 너희를 가까이하시리라 죄인들아
> 손을 깨끗이 하라 두 마음을 품은 자들아 마음을 성결하게 하라 9
> 슬퍼하며 애통하며 울지어다 너희 웃음을 애통으로, 너희 즐거움을
> 근심으로 바꿀지어다 약 4:8,9

지옥에 가서 가슴을 치며 회개하는 것은 늦습니다. 정욕을 따라가
고 세상에 취해 살고 마귀를 따라가던 삶을 회개할 때 신령한 근심으
로 통곡해야 합니다. 죄를 끌어안고 기뻐하던 삶을 거룩하신 하나님
앞에 내어놓고 울어야 합니다. 하나님 외에 다른 것을 기뻐하던 웃음
을 회개의 눈물로 바꾸어야 합니다. 우리가 참된 회개를 할 때 비로소
세상이 주지 못하는 참된 기쁨이 찾아옵니다.

넷째, 비방하거나 판단하지 말라

> 11 형제들아 서로 비방하지 말라 형제를 비방하는 자나 형제를 판단
> 하는 자는 곧 율법을 비방하고 율법을 판단하는 것이라 네가 만일
> 율법을 판단하면 율법의 준행자가 아니요 재판관이로다 12 입법자와

재판관은 오직 한 분이시니 능히 구원하기도 하시며 멸하기도 하시
느니라 너는 누구이기에 이웃을 판단하느냐 약 4:11,12

하나님을 가까이하는 사람의 모습은 사람을 비방하지도 않고 판단
하지도 않습니다. 물론 사람도 분별할 줄 알고, 인격도 판단할 줄 알
고, 사역도 판단할 줄 알아야 합니다. 그러나 야고보가 판단하지 말
라는 말은 그런 의미가 아닙니다. 파괴적으로, 이기적으로, 자기 욕심
으로 마치 자신이 다 아는 것처럼 그렇게 판단하지 말라는 것입니다.

하나님의 법에 따라 사람을 판단하려고 할 때 우리는 절대적인 판
단을 할 수 없습니다. 12절 말씀과 같이 하나님의 법을 만드시고, 그
법대로 판단하시는 분은 오직 주님 한 분뿐이십니다. 절대적인 판단
을 주님께 맡겨놓고 비방하거나 판단하지 말라는 것입니다.

주님이 우리 가정의 법정에 판사로 들어오셔서 남편에게 말씀하십
니다.

"너는 죄인이다."

옆에서 듣던 아내가 "예, 맞습니다. 죄인입니다"라고 맞장구를 칩
니다. 그때 주님이 아내를 보며 말씀하십니다.

"너도 죄인이야."

"제가 왜 죄인이에요?"

"남편을 미워했으니까 죄인이지. 죄의 값은 사망이야. 둘 다 죄인이
기 때문에 다 죽어야 해. 그런데 나 예수 그리스도가 너희 둘을 대신

해서 십자가에서 피를 흘렸어. 내가 죽었어. 내가 죽어서 너희의 죗값을 대신 치렀으니 이제 더 이상 미워하지 말라. 제발 이제는 더 이상 싸우지 말라. 내가 너희를 용서하고 받아준 것처럼 너희도 서로 받아주어라."

이것이 주님의 은혜입니다. 하나님이 재판관으로 오셔서 죄인인 우리를 용서해주신 그 은혜에 부딪치면, 우리는 서로 용서하고 포용할 수 있습니다. 그렇게 갈등이 해소되고 평화가 임하는 것입니다.

은혜의 고도를 높여라

항공 비행의 선구자인 핸들리 페이지(Handley Page)가 비행기를 조종하고 있을 때 갑자기 이상한 소리가 들렸습니다. 그는 비행기 안에 쥐 한 마리가 탔고 그 쥐고 뭔가를 갉고 있다는 것을 알았습니다.

'저 쥐를 그대로 두면 기계에 손상이 가서 사고가 날지도 몰라. 어떻게 하지?'

그 순간 그에게 아이디어가 떠올랐습니다. 바로 비행기 고도를 높이는 것입니다. 고도를 높이면 쥐가 숨을 쉬지 못해 살 수 없다고 생각한 것입니다. 그는 바로 실행에 옮겼습니다. 고도를 높일수록 갉는 소리가 점점 사라졌습니다. 목적지에 도착했을 때 조정실 안에서 죽은 쥐를 발견할 수 있었다고 합니다. 당신은 무엇으로 갈등을 해소합니까? 갈등은 은혜로 해소해야 합니다. 은혜의 고도를 계속해서 올리십시오. 더 큰 은혜를 사모하셔서 더 큰 은혜를 받으십시오. 그러면 갈등의 생쥐는 죽어 없어질 것입니다.

은혜가 올라가면 갈등은 내려갑니다. 우리가 주님의 친구로 살면 은혜가 늘고, 은혜가 늘면 싸우지 않고 화목하게 삽니다. 날마다 주님과 교제하며 더 큰 은혜의 바다로 나가면 갈등과 다툼은 자연스럽게 사라집니다.

성령의 감동에 순종하여 주님과 늘 동행하면, 육욕인이 영성인으로 성숙합니다. 육욕인이 영성인으로 성숙하는 만큼 은혜가 늘어납니다. 은혜가 늘어나는 만큼 갈등이 사라집니다. 갈등이 사라지는 만큼 우리가 평화를 누립니다. 은혜의 고도를 높여 갈등을 없애고 평화로운 삶을 사시기 바랍니다.

13 들으라 너희 중에 말하기를 오늘이나 내일이나 우리가 어떤 도시에 가서 거기서 일 년을 머물며 장사하여 이익을 보리라 하는 자들아 14 내일 일을 너희가 알지 못하는도다 너희 생명이 무엇이냐 너희는 잠깐 보이다가 없어지는 안개니라 15 너희가 도리어 말하기를 주의 뜻이면 우리가 살기도 하고 이것이나 저것을 하리라 할 것이거늘 16 이제도 너희가 허탄한 자랑을 하니 그러한 자랑은 다 악한 것이라 17 그러므로 사람이 선을 행할 줄 알고도 행하지 아니하면 죄니라

—

야고보서 4장 13-17절

chapter 12

안개 인생을
자랑 마라

우리는 모두 그 누구도 예외 없이 언제 죽을지 모릅니다. 그래서 우리
는 인생이 안개와 같다는 것을 기억하며 살아야 합니다. 왜 인생이 안
개라는 것을 기억해야 할까요?

도대체 무엇이 잘못인가?

그 당시 예수 믿는 유대인들은 지중해 연안에 흩어져서 이런저런
장사를 하며 돈을 벌었습니다. 야고보는 그 흩어진 열두 지파 교인들
에게 전달하고 싶은 메시지가 있었습니다.

13 들으라 너희 중에 말하기를 오늘이나 내일이나 우리가 어떤 도시

에 가서 거기서 일 년을 머물며 장사하여 이익을 보리라 하는 자들아
약 4:13

오늘이나 내일이나 어느 도시에 가서 일 년을 머물며 장사를 하여 돈을 벌겠다는 것은 계획이고 꿈입니다. 이 계획이 잘못된 것입니까? 학생이 공부를 열심히 해서 명문대학에 가겠다는 계획이 잘못된 것입니까? 주부가 자기 자녀를 잘 키우겠다고 생각하고 꿈을 꾸는 것이 잘못입니까? 그것은 잘못이 아닙니다. 그것은 계획입니다.

하나님도 우리를 향한 계획을 가지고 계십니다.

"너희를 향한 나의 생각을 내가 아나니 평안이요 재앙이 아니니라 너희에게 미래와 희망을 주는 것이니라"(렘 29:11).

"너희를 향한 나의 생각", 즉 계획(plan)이 있다고 하십니다. 그런데 하나님의 계획은 재앙이 아니라 평안이며, 미래와 희망을 주는 것입니다. 이처럼 하나님도 계획하시는 분이니, 우리가 계획하는 것은 아무 문제가 없습니다.

"너의 행사를 여호와께 맡기라 그리하면 네가 경영하는 것이 이루어지리라"(잠 16:3).

'경영한다'는 것은 계획한다는 것입니다. 이것은 곧 계획하고 이를 추진한다는 것입니다. 그러니까 행사를 하나님께 맡겨놓고 계획하는 것은 아무 잘못이 없습니다.

예수님도 이렇게 말씀하셨습니다.

"너희 중의 누가 망대를 세우고자 할진대 자기의 가진 것이 준공하기까지에 족할는지 먼저 앉아 그 비용을 계산하지 아니하겠느냐"(눅 14:28).

망대를 준공하겠다는 계획을 세운 것은 잘못이 아닙니다. 단, 그런 계획을 할 때는 철저히 준비하라는 것입니다. 그렇습니다. 꿈이나 계획에는 아무 문제가 없습니다.

그러면 이곳저곳을 가겠다, 여행하는 것이 잘못입니까? 예수님도 두루 다니시면서 복음을 전하셨습니다. 사도 바울도 선교 여행을 했습니다. 베두인인 아브라함, 이삭, 야곱도 풀을 찾아 여행했습니다. 그들이 가축에게 먹일 풀을 찾아 여행한 것은 일종의 비즈니스 여행이었으니까요. 여행 자체는 잘못이 없습니다.

그러면 장사하는 것이 잘못입니까? 이익을 남기는 것이 잘못입니까? 그것도 잘못이 아닙니다. 달란트 비유를 보면 예수님은 다섯 달란트, 두 달란트 받은 사람이 장사해서 이익을 남긴 것을 칭찬하셨습니다. 그렇다면 도대체 무엇이 잘못입니까?

실천적 무신론의 문제

이 말씀에 겉으로 표현되어 있지는 않지만 우리가 살펴보아야 할 잘못된 태도가 있습니다. 그것은 우리 자신이 시간과 장소와 여행과 사업과 이익을 통제할 수 있다고 생각한 것입니다. 우리는 시간을 통제하지 못합니다. 10분 후의 일도 우리는 모릅니다. 장소도 통제하지 못합니다. 어디에서 무슨 일이 일어날지 알지 못합니다. 여행도 통제하지 못합니다. 비행기 타고 무슨 일이 있을지 어떻게 압니까? 사업도 통제하지 못합니다. 변수가 얼마나 많습니까? 이익도 통제하지 못합니다. 돈은 벌 수 있을지 어떻게 압니까?

그런데 이 흩어진 열두 지파 교인들은 자기가 다 통제할 수 있다고 생각했습니다. 사람이 통제할 수 없는 것을 통제할 수 있다고 생각한 것은 무신론입니다. 그것도 '실천적 무신론'입니다. 이론적으로는 하나님이 계신다고 믿는데 사업 현장에만 가면 하나님 없이 사업합니다. 교회에 오면 하나님이 계신다고 분명히 믿는데 직장에만 가면 하나님이 없는 것처럼 사는 것, 이것이 실천적 무신론입니다.

교인 중에 자신이 하나님이라고 하는 사람이 어디 있겠습니까마는, 하나님을 배제하고 일하는 것 역시 하나님처럼 자기 마음대로 하는 것입니다. 이것은 실천적 자기신론(自己神論)입니다. 실제적으로 자기가 신(神)이 되어서 살아가는 것입니다.

혹 신앙과 자신의 생활을 따로 구분해놓고 살지는 않습니까?

"이건 종교 문제 아니야. 사업상의 문제야. 종교는 종교이고 사업은 사업이지."

이것이 실천적 무신론입니다. 생업과 신앙을 따로 떼어놓고 사는 것입니다.

이것이 문제입니다. 인생은 태엽을 한 번 감아놓은 시계입니다. 인생이라는 우리의 시계태엽이 어디까지 풀렸는지 우리는 모릅니다. 하나님의 통제 아래 있기 때문에 언제 어디서 어떻게 멈출지 아는 사람은 아무도 없습니다. 인생 시계가 멈추고 나면 아무리 호소해도, 아무리 핑계를 대도, 아무리 항의해도, 멈춘 인생 시계를 되돌릴 수 없습니다. 인생과 인생의 모든 것을 통제하시는 분은 오직 하나님밖에 없습니다. 그런데 우리가 마치 모든 것을 아는 것처럼 생각하고 계획을 세운다는 것입니다.

이것이 잘못입니다. 하나님을 의식하고, 하나님이 계신다는 것을 인정하고 살아야 하는데 그렇지 않은 것입니다. 시간과 장소, 여행과 사업, 이익 등 삶의 모든 것을 통제하시는 분이 하나님이신데, 하나님을 고려하지 않고 계획을 세운 것이 잘못입니다. 야고보는 이 메시지를 간접적으로 던지고 있습니다.

허탄한 자랑

그리고 하나님을 배제하고 일하는 사람에 대해 다음과 같이 말하고 있습니다.

> 16 이제도 너희가 허탄한 자랑을 하니 그러한 자랑은 다 악한 것이라
>
> 약 4:16

"허탄한 자랑"을 하는 것입니다. 세상으로부터 나온 것이 육신의 정욕과 안목의 정욕과 이생의 자랑이라고 했는데(요일 2:16), 이 '이생의 자랑'이 허탄한 자랑입니다. 바벨론 제국의 느부갓네살 왕이 얼마나 대단했습니까? 그는 이렇게 호언장담했습니다.

"이 큰 바벨론은 내가 능력과 권세로 건설하여 나의 도성으로 삼고 이것으로 내 위엄의 영광을 나타낸 것이 아니냐"(단 4:30).

"이 큰 성 바벨론, 이 큰 왕국 바벨론을 내가 세웠다. 이것이 나의 위엄의 영광을 그대로 드러내고 있다"라고 말한 것입니다. 그런데 그의 말이 끝나기도 전에 하늘에서 음성이 들렸습니다.

"이 말이 아직도 나 왕의 입에 있을 때에 하늘에서 소리가 내려 이르되 느브갓네살 왕아 네게 말하노니 나라의 왕위가 네게서 떠났느니라"(단 4:31).

"네 나라는 끝났다"라고 하십니다. 결국 그는 지극히 높으신 하나님께서 이 세상 전체를 다스리고 계신다는 것을 깨닫기까지, 사람들로부터 쫓겨나 7년 동안 소처럼 풀을 뜯어 먹고 손톱이 새 발톱처럼 될 때까지 살았습니다. 하나님을 배제한 채 실천적 무신론으로 사는 것은 허탄한 자기 자랑입니다. 매우 위험한 것입니다.

나폴레옹이 계속해서 다른 나라를 침략하여 성공을 거두고 다음 목표로 러시아 원정을 계획할 때 친구가 아무리 만류해도 그는 고집을 꺾지 않았습니다. 그때 그 친구가 이런 유명한 말을 남겼습니다.

"Man proposes, God disposes."

"사람은 작정하지만 하나님이 처리하신다."

"네가 아무리 작정해도 하나님이 말리시면 안 되는 거야"라고 말한 것입니다. 그런데도 나폴레옹은 그 말을 무시한 채 러시아로 들어갔습니다. 그것을 계기로 나폴레옹은 몰락하게 되었습니다. 하나님을 배제하고 자기 마음대로 모든 것을 계획하고 결정하고 사는 것은 실천적 무신론, 실천적 자기신론입니다. 허탄한 자기 자랑입니다.

사도 바울은 이렇게 말했습니다.

"누가 너를 남달리 구별하였느냐 네게 있는 것 중에 받지 아니한 것이 무엇이냐 네가 받았은즉 어찌하여 받지 아니한 것같이 자랑하느냐"(고전 4:7).

공부 잘할 수 있는 머리, 돈을 잘 벌 수 있는 비즈니스 감각을 우리는 하나님으로부터 받았습니다. 생명, 건강, 의지도 하나님으로부터 받았습니다. 우리가 하나님으로부터 받지 않은 것은 아무것도 없습니다. 그러니까 나 자신을 내세우며 자랑할 것은 아무것도 없습니다. 자랑하려면 하나님만 자랑하고, 높이려면 주님만 높여야 합니다. 이 진리를 망각하면 교만해지고 교만하면 패망합니다.

안개 인생

야고보는 어디서 1년을 머물며 장사해서 돈을 벌겠다는 사람들을 향해 "실천적 무신론을 경계하라. 실천적 자기신론을 경계하라"라고 질책합니다. 그러면서 야고보는 인생에 대해 말합니다.

14 내일 일을 너희가 알지 못하는도다 너희 생명이 무엇이냐 너희는
잠깐 보이다가 없어지는 안개니라 약 4:14

'안개'는 헬라어로 '아트미스'입니다. 그런데 이 단어는 안개뿐만 아
니라 "증기, 연기, 입김"으로도 번역됩니다. 야고보는 어디에서 인생
이 안개라는 것을 알았을까요? 어떻게 이런 지혜를 얻었을까요? 물론
그가 하나님의 감동으로 깨달은 것이기도 합니다. 아울러서 그가 전
도서를 읽고 묵상하면서 깨달은 것이 아닐까 생각합니다.

야고보서는 신약성경의 지혜 문헌입니다. '지혜 문헌'이란 우리가
살아가는 데 필요한 모든 것들, 자녀, 가정, 돈, 인간관계, 교육, 성
(性), 성공 등을 구체적으로 다루는 문헌을 말합니다. 야고보서가 신
약성경의 지혜 문헌이라면, 구약성경에서는 욥기, 시편, 잠언, 전도서,
아가서가 지혜 문헌입니다.

"헛되고 헛되며 헛되고 헛되니 모든 것이 헛되도다"(전 1:2).

그런데 이 '헛되다'라는 단어는 히브리어로 '헤벨'입니다. 이 단어를
번역해보면 '공허'로 번역될 수 있지만 '안개, 증기' 등으로도 번역될
수 있습니다. 솔로몬은 가장 성공한 사람, 가장 지혜로운 사람, 가장
부유한 사람이었습니다. 그런 그가 일생을 보내며 인생이 안개라는
것을 깨닫게 된 것입니다.

안개, 증기는 어떻습니까? 잠깐 보이다가 곧 사라집니다. 겨울철에 입김을 불면 하얗게 연기가 나오다가 금방 사라지지 않습니까? 인생이 이와 같다는 것입니다. 야고보는 솔로몬의 지혜를 따라서 인생을 정확하게 보았습니다.

이 말씀이 과장처럼 느껴집니까? 모세를 보십시오. 120세까지 살았던 그는 이렇게 말했습니다.

"주의 목전에는 천 년이 지나간 어제 같으며 밤의 한 순간 같을 뿐임이니이다 주께서 그들을 홍수처럼 쓸어가시나이다 그들은 잠깐 자는 것 같으며 아침에 돋는 풀 같으니이다 풀은 아침에 꽃이 피어 자라다가 저녁에는 시들어 마르나이다… 우리의 연수가 칠십이요 강건하면 팔십이라도 그 연수의 자랑은 수고와 슬픔뿐이요 신속히 가니 우리가 날아가나이다"(시 90:4-6,10).

저 또한 그것을 느꼈습니다. 분명히 이번 주일에 악수를 나누며 인사를 하고 헤어졌는데, 그 교인이 돌아가셨다는 연락을 받고 장례식을 집례할 때면 '아, 인생이 보이다가 없어지는 안개구나'라는 생각이 듭니다. 인생이 정말 잠깐이라는 것이 실감나는 순간입니다.

명절 연휴 일가 친척이 모인 자리에서 저는 그것을 확연히 느낄 수 있었습니다. 저희는 오형제인데 그중에 셋째가 첫 손자를 보았는데 그 아기 때문에 온 집안이 웃음바다가 되었습니다. 갓 백일이 넘은 아기가 낯도 안 가리고 이 품 저 품에서 생글거리는데 어찌나 예뻤는지 모릅니다.

한편으로 저는 저희 할머니가 생각났습니다. 저는 어렸을 때 할머니와 함께 살았는데, 할머니가 손주인 저를 무척 사랑해주셨고 삶을 통해 많은 것을 가르쳐주셨습니다. 돌아가신 할머니를 생각하며 '아, 나도 언젠가 추모의 대상이 되겠구나. 머지않았구나' 하는 생각을 했습니다.

인생은 잠깐 보이다 없어지는 안개입니다. 인생은 짧습니다. 인생은 약합니다. 찾아오는 죽음을 막을 정도로 강한 사람은 한 사람도 없습니다. 인생은 예측 불가합니다. 내일 일을 알지 못합니다. 미래가 불확실하다고 합니다. 인생은 불확실하지만, 죽음은 확실합니다.

어리석은 부자처럼 되지 않는 방법

우리는 이런 생각을 하기 싫더라도 기억해야 합니다. 그래야만 '영원'이라는 관점에서 우리의 인생을 볼 수 있습니다. 하나님의 시각을 가지고 자신의 인생의 순간을 보아야 하기 때문입니다. 우리는 이 진리를 기억해야 합니다. 인생은 안개입니다. 이것을 알지 못하면 어리석은 부자가 되고 맙니다.

"또 내가 내 영혼에게 이르되 영혼아 여러 해 쓸 물건을 많이 쌓아 두었으니 평안히 쉬고 먹고 마시고 즐거워하자 하리라 하되 하나님은 이르시되 어리석은 자여 오늘 밤에 네 영혼을 도로 찾으리니 그러면 네 준비한 것이 누구의 것이 되겠느냐 하셨으니 자기를 위하여 재물을 쌓아 두고 하나님께 대하여 부요하지 못한 자가 이와 같으니라"(눅 12:19-21).

자신이 모아서 쌓아둔 재산이 당연히 자기 자녀들에게 돌아간다고 생각합니까? 물론 자녀에게 재산을 넘겨줄 수도 있지만 그렇지 않을 수도 있습니다. 부모와 자녀가 동시에 세상을 떠날 수도 있습니다. 자녀들이 부모를 인격적으로 생각하지 않고 부모의 재산만 생각할 수도 있습니다. 유산 때문에 자녀들끼리 싸울 수도 있습니다. 이처럼 인생이 안개라는 것을 인식하지 못하고 산다는 것은 참으로 어리석은 일입니다. 우리는 술로, 성공으로, 일에 묻혀서 이것을 잊어버리려고 하지만 인생이 안개라는 것은 변하지 않습니다.

버나드 쇼(Bernard Shaw)가 이런 말을 했습니다.

"죽음의 통계는 아주 인상적입니다. 한 사람 중에 한 사람이 죽습니다."

그러니까 모두 다 죽는다는 말입니다. 지금도 세계사망시계가 째깍거리며 흘러가고 있습니다. 1초에 1.8명이 죽고, 1분에 106명이 죽습니다. 1시간에 6,392명이 죽고, 하루에 15만 3,424명이 죽는다고 해도, 한 달에 467만 9,452명이 죽고, 1년에 5,600만 명이 죽는다고 해도 그것은 다른 사람의 이야기입니다. 자기 가족이나 친구가 죽으면 '아, 나도 언젠가 죽겠네'라고 생각하는데, 장례식을 치르고 어느 정도 시간이 지나면 어느새 또 다른 사람의 이야기가 되어 있습니다. 이것이 바로 어리석은 인간의 생각입니다. 마치 우리가 영원히 살 것처럼 착각하고 있습니다.

1963년 11월 22일 아침, 케네디 대통령은 댈러스 포트워스에서 조찬을 하던 중 멋진 카우보이 모자를 선물 받았습니다. 기자들은 그 모자를 쓴 대통령의 모습을 사진으로 찍고 싶다고 했습니다. 그때 케네디 대통령은 빙긋이 웃으면서 이렇게 말했습니다.

"월요일 아침에 백악관으로 오시면 그때 멋진 모자 쓴 제 모습을 찍게 해드리겠습니다."

그러나 그는 월요일에 백악관에 갈 수 없었습니다. 댈러스에서 암살당했기 때문입니다.

2001년 9월 11일 아침, 3천 여 명의 사람들이 세계무역센터, 펜타곤, 소방서, 경찰청 등으로 출근했습니다. 각자 업무 계획을 가지고, 미래의 계획을 가지고 출근했지만, 그들의 계획은 전부 수포로 돌아갔습니다. 911 사태가 일어났기 때문입니다.

우리는 내일 일을 알지 못합니다. 그러나 하나님은 과거 현재 미래의 모든 일을 다 아시고, 다 하실 수 있고, 모든 요소를 전부 통제하십니다. 하나님은 모든 것을 자신의 목적대로 다 이루어가십니다. 우리 인생도 하나님의 계획 속에 들어 있습니다. 이런 하나님을 무시하고 자신의 인생을 계획한다는 것은 너무나 어리석은 일입니다.

그래서 다윗과 솔로몬은 이렇게 권면합니다.

"여호와를 의뢰하고 선을 행하라 땅에 머무는 동안 그의 성실을 먹을 거리로 삼을지어다 또 여호와를 기뻐하라 그가 네 마음의 소원을 네게 이루어주시리로다"(시 37:3,4).

"너는 마음을 다하여 여호와를 신뢰하고 네 명철을 의지하지 말라 너는 범사에 그를 인정하라 그리하면 네 길을 지도하시리라"(잠 3:5,6).

이 말씀을 명심해야 합니다. 실천적 무신론에 빠지면 안 됩니다. 인생이 안개라는 것을 기억하십시오.

주의 뜻을 찾아서

또한 주권자이신 주님의 뜻을 기억해야 합니다.

> 15 너희가 도리어 말하기를 주의 뜻이면 우리가 살기도 하고 이것이 나 저것을 하리라 할 것이거늘 약 4:15

그러면 우리가 왜 "주의 뜻이면"이라고 말해야 할까요? 우리가 주권자가 아니기 때문입니다. 우리 인생이 안개와 같기 때문입니다. 우리는 하나님의 피조물이며 창조자이신 하나님이 모든 것을 통제하고 계십니다. 모든 것이 하나님의 손에 달려 있습니다. 하나님은 우리의 생사화복을 주관하는 절대 주권자이십니다. 주님이 교회의 주인이요, 사업의 주인이요, 예배당의 주인이요, 사무실의 주인이요, 침실의 주인이요, 공부방의 주인이십니다. 주님은 과거와 현재와 미래를 다 알고 계십니다.

그렇다고 해서 "주의 뜻이면"이라는 말을 상투적으로 쓰면 안 됩니다. 주의 뜻이면 학교에 갈 것이고, 주의 뜻이면 잠을 잘 것이고, 주의 뜻이면 직장에 다닐 것이라는 식이 되어서는 안 됩니다. "주의 뜻이면"이라는 말은 우리의 '확신'이 되어야 합니다. 교만한 자들을 겸손하게 하고 소심한 자들에게 확신을 주는 말이 되어야 합니다.

그러면 우리가 어떻게 주의 뜻을 압니까? '성경'을 통해서 알 수 있습니다. 성경에 절대 주권자이신 하나님의 뜻이 있습니다. 모든 일을 주님의 뜻대로 하고자 한다면 하나님의 뜻이 명백하게 기록되어 있는 성경을 먼저 보시기 바랍니다.

그런데 주님의 뜻을 생각할 때 예정론을 숙명론으로 오해해서는 안 됩니다. 예정론은 하나님께서 모든 것을 다 예정하셨지만, 우리는 성경의 규정과 원리에 따라 적극적으로 활동하는 것입니다. 숙명론은 하나님의 예정을 믿는다고 하면서 일체 움직이지 않는 것입니다. 모든 것이 하나님의 예정된 뜻대로 될 것이라고 생각하며 감나무 밑에 누워서 홍시가 떨어지도록 기다리는 것입니다.

혹시 하나님이 자신의 짝을 예비해두셨다고 믿고 '때가 되면 백마 탄 왕자가 내 앞에 나타나리라' 하고 계속 기도만 하고 있습니까? 그렇다면 결혼을 못할 수도 있습니다. 기다리고만 있을 것이 아니라 찾아 나서야 합니다. 주님은 "구하라, 찾으라, 두드리라" 말씀하셨습니다. 직장을 구하듯이 배우자를 구해야 합니다. 주의 뜻을 찾아야 합니다.

주의 뜻을 어떻게 생각하십니까? 저는 제가 설교할 때 "이것이 주의 뜻입니까?"라고 묻지 않습니다. 그것은 당연히 주의 뜻입니다. 물 마실 때 이것이 주의 뜻인지 아닌지 물어야 합니까? 갈증이 나면 물을 마시는 것이 주의 뜻입니다. 주의 뜻은 성경과 성령과 지혜로운 사람과 양심에 따라 분별해서 따라가는 것입니다.

예수님은 이렇게 말씀하셨습니다.

"나의 양식은 나를 보내신 이의 뜻을 행하며 그의 일을 온전히 이루는 이것이니라"(요 4:34).

주님의 뜻을 이루는 것을 '양식'이라고 하셨지요. 그런데 여기서 한 가지 짚고 넘어가야 할 것이 있습니다. 예수께서는 늘 하나님의 뜻을 행하셨지만 모든 것을 동시에 하지는 않으셨다는 것입니다. 오병이어의 기적을 이루실 때도 전 세계 사람들 모두에게 행하신 것이 아닙니다. 병을 고치실 때도 모두에게 행하신 것은 아닙니다. 예수님은 그 많은 환자들 중에 왜 특별히 몇 사람만 고치셨을까요?

이에 대해 예수님은 이렇게 말씀하십니다.

"내게는 요한의 증거보다 더 큰 증거가 있으니 아버지께서 내게 주사 이루게 하시는 역사 곧 내가 하는 그 역사가 아버지께서 나를 보내신 것을 나를 위하여 증언하는 것이요"(요 5:36).

예수님은 하나님이 하라고 하신 그 일을 행하신 것입니다. 우리도 바로 그 일을 하면 됩니다. 예수님은 성스러운 일과 속된 일을 구분하지 않으셨습니다. 예수님은 목수 일을 하실 때나 낮잠을 주무실 때도, 설교하실 때나 가르치실 때나 치유하실 때처럼 하나님의 뜻을 이루셨습니다. 예수님은 자신의 30년 인생도 그 후 3년 공생애 사역을 하실 때 못지않게 하나님의 뜻이라고 보시고 하나님의 뜻대로 행하시고 하나님께 영광을 돌리셨습니다.

안개 인생의 보람

지금 이 순간에도 우리를 향한 하나님의 뜻이 있습니다.

'나는 이 시간에 왜 여기서 일하고 있는가?'

이런 생각을 하지 마십시오. 우리는 지금 이 순간에 하나님이 허락하신 일을 하는 것입니다.

각자 자신에게 다음 세 가지 질문을 해보십시오.

"무엇을 하고 싶은가?"

"무엇을 잘할 수 있는가?"

"무엇을 하면 유익한가?"

그러면 지금 이 순간에 우리가 해야 할 일이 무엇인지 알 수 있습니다. 그리고 그것에 따라 주의 뜻을 행하면 됩니다. 주님이 우리에게 하라고 하시는 일을 자신이 깨닫는 대로 하는 것입니다.

저는 얼마 전 서울대 성악과 교수로 특채된 테너 이용훈 씨의 기사를 읽게 되었습니다. 그는 세계 오페라 무대의 중심에서 활동하며, 2019년까지 스케줄이 꽉 차 있을 정도로 활약하고 있는 인물입니다.

그런데 그의 기사를 보면서 제가 몹시 놀란 사실이 있었습니다.

그동안 그는 그를 교수로 채용하고 싶어 한 서울대학교의 요청을 여섯 차례나 고사했다고 하는데, 그 이유가 해외 공연과 선교 때문이었다는 것입니다. 그가 데뷔 초기에 세계적인 지휘자 로린 마젤의 오페라 무대 초청을 거절한 이유 역시 캐나다 한인교회에서 하기로 약속한 간증과 찬양 때문이었다고 합니다.

그는 하나님께 기준을 두고 있었습니다. 스스로를 성악가가 아니라 사역자로 생각합니다. 하나님이 맡겨주신 일과 예수 그리스도 안에서 살아가는 삶을 나누는 것을 중요하게 생각하는 것입니다. 그것이 바로 주의 뜻을 행하는 사람의 모습입니다. 분명한 기준이 있습니다. 주의 뜻대로, 하나님이 원하시는 대로 사는 것, 이것이 우리의 삶이 되어야 합니다. 이것이 안개 인생을 보람 있게 사는 비결입니다.

알면서 행하지 않으면 죄

17 그러므로 사람이 선을 행할 줄 알고도 행하지 아니하면 죄니라 약 4:17

주(主)의 뜻대로 사는 것이 '선'(善)입니다. 그것을 행할 줄 알고도 행하지 않으면 그것이 바로 '죄'(罪)입니다. 하나님의 법을 어긴 것만이 죄가 아니라, 하나님의 말씀대로 하지 않은 것도 죄라는 것입니다. 자신이 무엇을 잘하는지, 자신이 무엇을 하면 유익한지 알면서도 행하지 않으면 죄라는 것입니다. 이것을 '생략(omission)의 죄'라고 합니다.

세실 로즈(Cecil Rhodes)라는 영국의 유명한 정치가가 있었습니다. 그는 금강석광, 금광을 경영하며 엄청난 부(富)를 축적했습니다. 그가 죽음을 앞두고 이런 말을 했습니다.

"할 일은 많은데, 한 일이 별로 없네."

그렇게 그는 세상을 떠났습니다. 그는 갑부가 되었지만 선한 일을 하지 않았습니다. 생략의 죄를 범한 것입니다. 분명히 무엇이 선인 줄 알았고, 선을 행할 역량도 있으면서 행하지 않는 죄를 범한 것입니다.

대부분의 교회에서도 20대 80의 법칙이 적용된다고 합니다. 20퍼센트의 교인들이 80퍼센트의 교인들이 하지 않는 일을 모두 하는 것을 말합니다. 지금 당신은 어디에 속해 있습니까? 20퍼센트에 속해 있습니까, 아니면 80퍼센트에 속해 있습니까? 안개 인생을 살면서 생략의 죄까지 짓고 있지는 않습니까? 성경에서는 선을 행할 줄 알면서 하지 않는 것은 죄라고 분명히 말씀하고 있습니다.

에이브러햄 링컨(Abraham Lincoln)이 이런 말을 했습니다.

"결국 중요한 것은 살아온 날들의 수가 아니라 살아온 날들 속에서 어떤 삶을 살았느냐는 것이다."

중요한 것은 우리가 살아온 날들의 수가 아닙니다. 몇 년 살았는지는 중요하지 않습니다. 살아온 날들 속에서 얼마나 값진 인생을 살았느냐가 중요하다는 말입니다. 얼마나 유익한 인생이었는지, 얼마나 보람된 인생을 살았는지가 중요합니다. 주(主)의 뜻대로 사는 인생이 보람된 인생입니다. 남을 위해서 산 인생이 값진 인생입니다. 주님의 뜻을 이루면 주님이 우리의 소원을 이루어주십니다.

"여호와를 기뻐하라 그가 네 마음의 소원을 네게 이루어주시리로다"(시 37:4).

인생은 짧습니다. 마치 안개 같습니다. 그러나 이것을 보람 있게, 의미 있게, 하나님의 영광을 드러내며 사람들에게 유익을 끼치고, 행복하게 사는 것은 우리에게 달려 있습니다. 안개와 같은 인생을 그냥 낭비하겠습니까? 아니면 주의 뜻대로 살겠습니까? 우리의 짧은 인생을 고귀하고 달콤하고 보람된 인생으로 만드시기를 바랍니다.

1 들으라 부한 자들아 너희에게 임할 고생으로 말미암아 울고 통곡하라 2 너희 재물은 썩었고 너희 옷은 좀먹었으며 3 너희 금과 은은 녹이 슬었으니 이 녹이 너희에게 증거가 되며 불 같이 너희 살을 먹으리라 너희가 말세에 재물을 쌓았도다 4 보라 너희 밭에서 추수한 품꾼에게 주지 아니한 삯이 소리 지르며 그 추수한 자의 우는 소리가 만군의 주의 귀에 들렸느니라 5 너희가 땅에서 사치하고 방종하여 살륙의 날에 너희 마음을 살찌게 하였도다 6 너희는 의인을 정죄하고 죽였으나 그는 너희에게 대항하지 아니하였느니라

—

야고보서 5장 1-6절

chapter 13

청지기답게
살아라

성경적인 시각으로 볼 때 한국에서 가장 모범적인 기업인을 꼽으라면 유일한 박사님을 들겠습니다. 그는 당시 일본이 독점하고 있던 제약업에 뛰어들어 우리나라의 독립과 발전을 위해 기업을 창설했고, '정직, 성실, 신용'이라는 세 가지 원칙에 따라 기업을 운영하여 대성공을 거두었습니다. 또 전문 경영인 제도를 도입해 세습도 하지 않았고 수입 대부분은 사회와 교육 발전을 위해서 기부했습니다. 세상을 떠날 때 그가 가진 모든 재산과 주식을 사회에 환원하여 세간을 깜짝 놀라게 만들기도 했습니다.

유 박사님이 그렇게 살았던 이유는 바로 신앙 때문이었습니다. 하나님의 말씀을 늘 묵상하며 하나님과 기도로 동행하며 살았는데, 그것이 그대로 기업에 나타난 것입니다.

그는 임종을 앞두고 이렇게 말했습니다.

"세상에는 미련이 없다. 그렇지만 하나님께서 내게 주신 모든 것을 관리하는 데 있어서는 아직도 좀 모자란 것이 있는 것 같다."

유일한 박사님은 살아 있는 신앙인으로, 안개와 같은 짧지만 고귀한 인생을 주님의 뜻대로 살았습니다. 성경대로 물질을 사용하여 하나님의 말씀에 순종하여 살았습니다. 우리도 이렇게 살고자 한다면 지갑이 회개해야 합니다. 지갑이 회개하지 않은 신앙은 생생 신앙이 아닙니다.

부자는 죄인인가?

야고보는 부자들을 신랄하게 질책함으로써 우리가 어떻게 살아야 하는지 도전을 주고 있습니다.

> 1 들으라 부한 자들아 너희에게 임할 고생으로 말미암아 울고 통곡하라 약 5:1

그는 우선 회개하라고 권면합니다. 왜냐하면 앞으로 고생이 임할 것이기 때문입니다. '고생'이라 함은 예수님이 재림하시면 받을 심판을 뜻하기도 하지만, 세상에 사는 동안 받을 징계의 채찍을 의미하기도 합니다. 야고보는 부한 자들에게 무서운 재앙이 올 것을 알고 있기에 통곡의 회개를 하라고 합니다.

그런데 부자로 사는 것이 죄입니까? 그렇지 않습니다. 에덴동산의 삶을 보십시오. 아담과 하와가 죄를 짓기 전에 그들은 최상의 부자로 살았습니다. 하나님이 창조하신 우주 만물을 소유하고 있었습니다. 우리 또한 예수님의 재림 후에 구원이 완성되었을 때 완성된 천국에서 살 것인데, 그때에는 이 시대의 갑부라는 워렌 버핏(Warren Buffett)이나 빌 게이츠(Bill Gates)와는 비교할 수 없을 정도로 갑부로 살 것입니다. 우주 만물을 소유하신 우리 아버지의 소유물을 공유하면서 부족한 것 없이 살 테니 말입니다.

이렇게 부(富) 자체는 죄가 아닙니다. 부자도 죄인이 아닙니다. 그러면 야고보는 교인들에게 왜 그렇게 신랄하게 질책하고 권면하는 것일까요?

야고보는 다음 네 가지의 죄에 대해 경고했습니다.

첫째, 축재(Hoarding)의 죄입니다.

둘째, 착취(Exploitation)의 죄입니다.

셋째, 방종(Self-indulgence)의 죄입니다.

넷째, 부정(Fraud) 죄입니다.

축재의 죄

> 2 너희 재물은 썩었고 너희 옷은 좀먹었으며 3 너희 금과 은은 녹이 슬었으니 이 녹이 너희에게 증거가 되며 불같이 너희 살을 먹으리라 너희가 말세에 재물을 쌓았도다 약 5:2,3

첫 번째로 부자들은 축재(蓄財)의 죄를 지었습니다. 즉, 재물을 쌓는 죄를 지은 것입니다. 재물을 모으는 것이 죄입니까? 보험을 들면 죄입니까? 은행에 저축하는 것이 죄입니까? 만약 재물을 모으는 것이 죄라면, 은행이나 보험회사에 다니는 것도 죄가 되지 않겠습니까?

솔로몬은 다음과 같이 말합니다.

"먹을 것을 여름 동안에 예비하며 추수 때에 양식을 모으느니라"(잠 6:8).

그는 개미를 모델로 제시하며 미래를 대비하여 양식을 모아야 한다고 말했습니다. 성경은 저축하고 보험 드는 것을 문제 삼지 않습니다. 그러면 야고보는 왜 재물을 쌓는 것을 죄라고 했을까요?

축재의 죄는 착취, 방종, 부정부패의 죄와 연관되어 있습니다. 착취해서 재물을 쌓는 것이 죄입니다. 사치하고 방종하기 위해 재물을 쌓는 것이 죄입니다. 부정으로 죄를 쌓는 것이 죄입니다. 이런 죄를 지을 경우에 반드시 심판이 기다리고 있습니다. 1절에서 말하는 것처럼 "너희에게 임할 고생"이 바로 그것입니다.

야고보는 3절에 "너희가 말세에 재물을 쌓았도다"라며 부자들을 질책합니다. 여기서 말하는 말세는 예수님의 초림부터 재림까지입니다. 그런데 우리는 지금 그 말세를 살고 있습니다. 우리는 말세에 재물을 쌓아두는 네 가지 죄로 인한 심판을 받습니다. 물론 예수 믿는 사람들은 천국에서 지복(至福)을 누리게 될 것입니다. 그러나 믿는 사람에게도 상급 심판이 있다는 사실을 알아야 합니다. 상급 심판을 앞두고 축재, 착취, 방종, 부정을 한다는 것은 있을 수 없는 일입니다.

우리 하나님 아버지는 나누시는 분입니다. 그분은 햇빛을 나누시고, 비를 나누시고, 공기를 나누시는 분으로 우주 만물을 나누어주셨습니다. 심지어 우리를 위해서 자신의 외아들까지 십자가에 내어주심으로 우리를 죄로부터 구원하시고 우리를 위한 완벽한 의(義)를 제공하셨습니다. 그러니까 우리는 하나님의 자녀이니 당연히 그분을 닮아 나누어야 합니다. 그런데 나누지 않고 재물을 계속 쌓아두니 이것이 죄가 되는 것입니다.

하나님께서 광야에서 만나를 내려주실 때 일용할 양식이니 내일까지 남겨두지 말라고 하셨습니다. 그런데 이 하나님의 말씀을 무시한 사람들이 있었습니다.

"그들이 모세에게 순종하지 아니하고 더러는 아침까지 두었더니 벌레가 생기고 냄새가 난지라 모세가 그들에게 노하니라"(출 16:20).

그들이 남겨둔 만나에 벌레가 생기고 냄새가 나는 것입니다. 하나님의 뜻대로 물질을 사용하지 않고 쌓아두면 이렇게 벌레가 생기고 냄새가 나기 마련입니다.

야고보는 그 당시 부자들에게 "너희 재물은 썩었고 너희 옷은 좀먹었으며 너희 금과 은은 녹이 슬었다"고 했습니다. 당시 재물은 곡식, 옷, 은금 동전이었습니다. 그런데 곡식이 너무 많아 쌓아둔 것이 썩었고, 옷이 너무 많아 좀먹었으며, 당시의 은금 동전은 순은이나 순금이 아니었기 때문에 세월이 지나 녹이 슬었습니다.

벌레가 나고 냄새가 나는 모습입니다. 필요 이상 쌓아두면 아무 유익을 주지 못합니다. 그래서 야고보도 이렇게 재물을 쌓아둘 경우에 오히려 "이 녹이 너희에게 증거가 되며 불같이 너희 살을 먹으리라"라고 한 것입니다.

'녹'이 증거가 됩니다. 우리가 재물을 잘 활용하느냐, 오용하느냐가 신앙의 척도가 됩니다. 즉, 재물을 잘 활용할 경우에 그 재물이 "주인은 경건한 사람입니다"라고 증언하고, 재물을 오용할 경우에 쌓아둔 재물이 "주인은 말만 신자이지 실제로는 불신자입니다"라고 증언하며, 쌓아둔 재물에 슨 녹이 "주인은 불경건한 사람입니다"라고 증명한다는 것입니다. 또한 녹은 증인의 역할 뿐만 아니라 불같이 먹어버리는 '처형자'도 됩니다. 좀이 갉아 먹고 녹이 슬어 먹어버리는 정말 무서운 심판입니다.

착취의 죄

둘째, 착취의 죄입니다.

> 4 보라 너희 밭에서 추수한 품꾼에게 주지 아니한 삯이 소리 지르며
> 그 추수한 자의 우는 소리가 만군의 주의 귀에 들렸느니라 약 5:4

야고보는 본문에서 두 부류의 사람들을 다루고 있습니다. 하나는 지주들이고, 다른 하나는 품꾼들입니다. 지주들은 부자이고, 품꾼들은 빈자입니다. 그런데 품꾼들이 품삯을 제때 받지 못해 만군의 주 하나님께 울며 부르짖었습니다. 그 소리가 주님께 들렸습니다.

"만군의 주", 곧 하늘의 천군 천사들로 구성된 군대가 얼마나 강력한지 알고 있습니까? 여호와의 사자가 하룻밤에 앗수르의 군대 18만 5천 명을 죽게 만들기도 했습니다(사 37:36). 품삯을 주지 않는 것은 만군의 주 하나님이 개입하셔서 징벌하시는 무서운 죄입니다.

품꾼들은 하루 종일 뼈가 부서지도록 일하고 해질 때쯤에는 품삯을 받아서 집으로 돌아갑니다. 기다리는 가족들이 먹을 양식을 제공해주어야 하기 때문입니다. 마치 먹을 것을 달라고 입을 벌리는 아기새들처럼, 품꾼의 아이들이 아빠가 돌아오기만을 기다렸는데 아빠의 손에 아무것도 들려 있지 않을 때 아이들은 실망한 얼굴로 묻습니다.

"아빠, 오늘은 아무것도 없어요?"

"미안하다. 종일 일했지만 품삯을 받지 못했어."

아빠만 바라보고 기다리던 아이들이 통곡합니다. 그리고 그 소리를 들으며 아빠도 한쪽에서 통곡합니다. 바로 그 통곡 소리가 만군의 주의 귀에까지 들린다는 것입니다. 품삯을 체불하는 것은 이렇게 무서운 죄입니다.

"너는 네 이웃을 억압하지 말며 착취하지 말며 품꾼의 삯을 아침까지 밤새도록 네게 두지 말며"(레 19:13).

유명한 소설가 존 스타인벡(John Steinbeck)이 쓴 《진주》라는 소설이 있습니다. 이 소설에는 바다 속을 헤매며 완벽한 진주를 찾아내려는 가난한 잠수부가 나옵니다. 그가 어느 날 완벽한 진주를 발견합니다.

'아, 이제 아이들 고생 안 시키고 살 수 있겠네!'

하지만 이런 생각도 잠시뿐, 그가 완벽한 진주를 발견했다는 소문이 퍼진 뒤로 그의 삶은 악몽처럼 바뀝니다. 그 완벽한 진주를 빼앗으려는 사람들 때문에 그가 언제 죽을지도 모르는 상황에 처한 것입니다. 저자는 이 소설을 통해 남의 것을 빼앗아서라도 잘 살겠다고 하는 세태, 자기와 자기 가족만 잘 살려고 하는 이기주의적인 세태를 지적합니다.

저는 대학생 때 장학금을 받으면서 학교에 다녔지만 소정의 장학금만으로는 등록금을 전부 감당할 수 없어서 결국 3학년 때 휴학을 했습니다. 휴학 후에 저는 작은 직장에 들어가 번역 일을 하며 생계를 꾸려나갔습니다. 그때 저는 산동네 판자촌에서 할머니와 형과 함께 작은 방에서 살았습니다. 매달 제가 받는 월급으로 생계를 이어가고 있었기 때문에 하루만 월급이 늦게 나와도 정말 힘들어지는 상황이었습니다.

그런데 어느 날 사장님이 월급을 제 날짜에 주지 않았습니다. 정당하게 제가 받을 돈이었지만 차마 입이 떨어지지 않아 참고 참으며 며칠을 기다렸습니다. 하지만 쌀이 떨어져서 먹을 것이 없게 되자 하는 수 없이 "월급을 제때 주시기를 부탁드립니다"라며 정중하게 편지를 썼습니다. 그런데도 어떤 때에는 깜빡 잊고 제 날짜에 안 주는 경우가 더러 있었습니다.

왜 이런 일이 있었겠습니까? 그 분이 가난한 자의 심정을 이해하지 못했기 때문입니다. 자신은 가난하지 않기 때문에 돈이 없어서 끼니를 거르는 일도 없고, 먹을 것이 없다고 죽지 않으니까 그렇습니다. 그러나 우리가 신자라면 자신이 굶는 한이 있더라도 근로자의 임금을 체불해서는 안 됩니다. 어떤 상황에서도 품삯을 제때 지불하지 않는 착취의 죄를 범하면 안 됩니다.

방종의 죄

셋째, 방종의 죄입니다.

5 너희가 땅에서 사치하고 방종하여 살육의 날에 너희 마음을 살찌게

하였도다 약 5:5

당시 하나님의 백성들은 '사치'와 '방종'의 죄를 지었습니다. 하나님 나라의 확장을 위해서 재물을 쓰지 않고 가난한 사람들을 돕는 일에도 사용하지 않았습니다. 오로지 자기와 자기 가족을 위하여 쾌락을 즐겼습니다.

야고보는 부자들이 축재와 착취에 더하여 사치와 방종까지, 죄악에 죄악을 쌓아올리는 것을 보고 "살육의 날에 너희 마음을 살찌게 하였도다"라고 질책합니다. 잠시 후에 도륙될지 모르는 돼지들이 꿀꿀거리며 배를 채우는 것처럼, 살육의 날에 마음을 살찌우는 어리석은 부자들의 무서운 죄, 자기 마음의 만족만을 위해 살고 마음의 모든 욕망을 채우는 죄를 지적합니다.

전도서 2장을 보면 솔로몬도 이런 죄를 지었습니다. 필리핀의 마르코스 전 대통령의 부인 이멜다 또한 하루에 120억 원 어치의 보석을 사고 수천 켤레의 구두를 소유할 정도로 사치의 여왕, 부패의 상징으로 유명했습니다.

존 웨슬리(John Wesley)는 사치한 음식, 사치한 의복, 사치한 가구를 사용하지 말도록 경고했습니다. 우리가 꼭 필요한 것으로 만족해야 할 이유를 두 가지로 들었습니다. 첫째는 돈을 낭비하지 않기 위해서입니다. 둘째는 욕망을 키우지 않기 위해서입니다. 꼭 필요하지 않는 것에 돈을 쓰기 시작하면 꼭 필요하지 않은 것을 점점 더 갈구하게 된다고 합니다. 꼭 필요하지 않는 것에 돈을 쓰면서 사치하고 방종하면, 욕망을 충족시키는 것이 아니라 욕망을 점점 더 키우게 되고, 아무리 사치하고 방종해도 만족이 없는 상태로 떨어진다는 것입니다. 우리는 사치와 방종에 빠지지 말아야 합니다. 꼭 필요한 것만으로 만족할 줄 알아야 합니다. 검소하게 살면서 하나님나라를 확장하고, 이웃을 사랑하는 일에 돈을 써야 합니다.

부정의 죄

넷째, 부정의 죄입니다.

> 6 너희는 의인을 정죄하고 죽였으나 그는 너희에게 대항하지 아니하였느니라 약 5:6

당시 지주들은 교육을 받은 똑똑한 사람들이었지만, 품꾼들은 그렇지 못해 상대적으로 둔했습니다. 생각해보십시오. 지주들은 법망을 잘 피하면서 품꾼들을 착취할 수 있습니다. 도리어 법을 이용해서 재물을 쌓을 수 있고 부정부패를 저지르며 부를 축적할 수도 있습니다.

그런 지주들을 상대로 품꾼들이 법에 호소한들 싸우면 누가 이기겠습니까? 결과는 뻔한 것이었습니다. 유전무죄 무전유죄(有錢無罪 無錢有罪), 돈이 있으면 죄가 없고 돈이 없으면 죄가 있다는 식으로 바르게 사는 품꾼만 당하는 것입니다. 그래서 야고보는 "너희는 의인을 정죄하고 죽였으나 그는 너희에게 대항하지 아니하였느니라"라고 말한 것입니다.

"너희의 허물이 많고 죄악이 무거움을 내가 아노라 너희는 의인을 학대하며 뇌물을 받고 성문에서 가난한 자를 억울하게 하는 자로다"(암 5:12).

하나님의 뜻대로 재물 사용하기

토니 에반스(Tony Evans)의 《하나님나라 비전을 품고 사는 길》이라는 책에 이런 이야기가 나옵니다. 할아버지가 손녀에게 인형을 사주었습니다. 그런데 그 인형이 며칠 안 가서 망가지고 말았습니다. 손녀가 인형을 가지고 놀 때 인형 머리를 바닥에 내동댕이치면서 놀았기 때문입니다. 할아버지는 손녀가 그럴 때마다 안타까운 마음으로 이렇게 말했습니다.

"애야, 그렇게 하면 안 된단다. 인형이 다 망가져."

"할아버지, 이건 제 인형이에요!"

손녀는 자기 인형을 자기 마음대로 하는데 할아버지가 왜 간섭하느냐고 하는 것입니다. 그 말을 들은 할아버지가 손녀에게 중요한 교훈 한 가지를 알려주었습니다.

"할아버지가 인형을 선물할 때는 네가 그것을 잘 사용하기를 바라기 때문이란다."

할아버지가 주신 인형 속에는 할아버지의 선한 의도가 들어 있습니다. 할아버지가 가진 선한 의도대로 인형을 사용해야 합니다. 할아버지가 주신 인형이 내 인형이라고 해서 내가 마음대로 내동댕이치면서 사용하면 안 됩니다.

재물은 하나님이 우리에게 주신 선물입니다. 따라서 우리는 하나님이 원하시는 뜻대로 재물을 사용해야 합니다. 필요 이상으로 재물을 쌓고, 남의 것을 내 것으로 빼앗고, 하나님이 주신 것을 자기 마음을 살찌우는 데만 쓰고, 남들을 억울하게 하는 것은 모두 다 인형을 땅바닥에 내동댕이치는 죄악입니다.

하나님께서 우리에게 물질을 주셨습니다. 재능을 주셨습니다. 재물 얻을 능력도 주셨습니다. 그런데 우리가 이것을 땅바닥에 내동댕이치고 망가뜨리면서 살아서야 되겠습니까? 야고보가 얼마나 안타까웠으면 이렇게 신랄하게 비판했을까요? 부자들이 미워서 그랬겠습니까? 하나님의 아들이 이 땅 위에 오셔서 목수로 사시다가 자신의 생명까지 내어주셨는데, 어째서 예수님을 따른다는 사람들이 저렇게 살까 하는 안타까움 때문에 질책한 것입니다.

존 웨슬리의 청지기 인생

축재, 착취, 사치와 방종, 부정은 재물을 썩게 합니다. 그렇기 때문에 재물이 썩지 않게 하려면 우리는 하나님이 주신 재물을 하나님의 뜻대로 관리해야 합니다. 그것이 청지기직입니다. 그러면 어떻게 썩지 않게 합니까?

청지기직은 인생의 세 가지 주제와 연결되어 있습니다. 바로 죄(sin), 고통(suffering), 청지기직(stewardship)입니다. 죄에는 원죄(原罪)와 자범죄(自犯罪)가 있습니다. 우리 모두에게는 죄가 있습니다. 그리고 그 죄로 인해 고통이 찾아왔습니다. 그런데 하나님께서는 이 고통의 세상에서 살 수 있도록 우리에게 생명과 재능과 물질을 주셨습니다. 우리는 주님이 맡겨주신 이 선물들을 하나님의 뜻대로 관리(stewardship)해야 합니다. 곧 청지기로 사는 것입니다. 우리는 주인이 아닙니다. 주인은 하나님이시며, 우리는 하나님이 맡겨주신 재산을 관리하는 청지기일 뿐입니다.

이 죄, 고통, 청지기의 원리를 잘 지킨 사람이 있습니다. 바로 존 웨슬리입니다. 존 웨슬리는 아주 가난한 집안의 목사의 아들로 태어났습니다. 그의 아버지는 성공회 사제였는데, 아이들이 9명이라 늘 빚에 시달렸고 심지어 빚 때문에 감옥까지 가기도 했습니다. 이런 이유로 존 웨슬리는 처음에 교수의 삶을 선택합니다. 그가 옥스퍼드 대학의 교수가 된 첫 해 겨울, 한겨울인데도 얇은 옷 하나만 걸치고 있던 여인에게 외투를 사 입도록 돈을 주었습니다. 그 후 웨슬리는 생활비를 제외한 모든 것을 구제에 사용하기로 다짐합니다.

첫 해 수입이 30파운드였는데, 그는 28파운드를 생활비로 쓰고 2파운드를 나누었고, 이듬해에 소득이 두 배로 올라 60파운드를 받게 되었는데 28파운드를 생활비로 쓰고 32파운드를 나누었습니다. 세 번째 해에는 90파운드, 네 번째 해에는 120파운드로 수입은 점점 많아졌지만, 그는 28파운드의 생활비만 사용하고 나머지는 모두 이웃을 위해 사용했습니다. 웨슬리는 자기 생활에 필요한 것만 쓰고 나머지는 다 주(主)를 위해서, 타인을 위해서 썼습니다. 그러면서 세 가지 원리를 제시했습니다.

"최대한 많이 벌어라. 최대한 많이 저축해라. 최대한 많이 줘라."

웨슬리는 신자가 돈을 쓸 때 어떤 원리로 써야 하는지도 가르쳤습니다.

"첫째, 자신과 가족에게 필요한 돈을 쓰십시오(딤전 5:8). 둘째, 먹을 것과 입을 것과 머리 둘 곳이 있으면 자족하십시오(딤전 6:8). 셋째, 아무에게도 빚을 저서는 안 됩니다(롬 13:8). 사업을 하는 사람들은 사업하기에 적합한 도구와 자본이 있어야 합니다. 넷째, 기회 있는 대로 모든 사람에게 선행을 베푸십시오(갈 6:10)."

웨슬리는 "내가 죽을 때 10파운드를 남긴다면 내가 강도요 도적으로 살다가 죽었다고 증언하십시오"라고 말했습니다. 실제로 그가 세상을 떠나고 난 후에 남긴 것은 그의 주머니에 남은 몇 개의 동전뿐이었습니다. 저는 존 웨슬리에 대한 소논문을 읽으면서 너무 부끄러웠습니다. 그러면서 '지금 누가 이렇게 살 수 있을까?'라는 생각을 해보게 되었습니다. 웨슬리는 정말 모범적인 청지기였습니다. 우리는 웨슬리를 거울로 삼아야 합니다. 그의 거울을 우리 앞에 두고 내가 얼마나 부끄럽게 살고 있는지 살펴야 할 것입니다.

재물의 청지기직

청지기직을 감당할 때, 우리는 세 가지 원리를 따라가야 합니다.

첫째, 인생의 소속을 분명히 해야 합니다. 우리 인생이 누구의 것입니까? 우리 인생은 내 것이 아니라 주님의 것입니다. 주님이 부르시면 언제든지 가야 합니다.

둘째, 재물의 소속을 분명히 해야 합니다. 재능, 언어, 재물 등 우리가 가지고 있는 것이 우리의 것입니까? 아닙니다. 하나님의 것입니다.

셋째, 책임의 소속을 분명히 해야 합니다. 우리는 주님 앞에 설 때 우리가 하나님의 것을 어떻게 사용했는지에 대해 책임져야 합니다. 우리가 가진 재물을 어떻게 사용했는가에 대해 반드시 책임을 져야 합니다. 그러므로 우리 인생을 하나님 앞에 전부 내어놓아야 합니다.

"은도 내 것이요 금도 내 것이니라 만군의 여호와의 말이니라"(학 2:8).

우리의 것이 하나도 없습니다. 우리 인생과 재물의 주인은 하나님이십니다. 모두 아버지의 것입니다. 그러니 우리가 청지기로 살면서 하나님의 것을 주인이신 하나님의 뜻대로 잘 관리해야 하지 않겠습니까? 그럴 때 하나님께 올라가는 통로가 뚫리고 하나님이 내려주시는 축복과 생명과 능력, 행복의 통로가 확 뚫리는 인생을 살게 됩니다.

청지기직의 원리를 십일조에 적용해보겠습니다.

"사람이 어찌 하나님의 것을 도둑질하겠느냐 그러나 너희는 나의 것을 도둑질하고도 말하기를 우리가 어떻게 주의 것을 도둑질하였나이까 하는도다"(말 3:8).

말라기 3장은 대표적인 십일조 규정으로 구약성경에 명시적으로 나와 있습니다. 말라기 선지자는 "도둑질했다"라는 표현을 썼습니다. 그런데 하나님의 백성들이 "언제 주님의 것을 도둑질했습니까?"라고 말합니다. 그러나 성경은 분명히 말씀하고 있습니다.

"이는 곧 십일조와 봉헌물이라 너희 곧 온 나라가 나의 것을 도둑질하였으므로 너희가 저주를 받았느니라"(말 3:8,9).

곧 십일조와 봉헌물입니다. 지금도 많은 그리스도인들이 도둑질하고 있습니다. 미국에서 십일조를 제대로 바치는 사람이 얼마나 되는지 통계를 냈는데, 제대로 믿는 복음적 그리스도인들(Evangelical Christians)에 한해서 조사했을 때 십일조를 하는 사람들이 4퍼센트에 불과했다고 합니다. 96퍼센트가 습관적으로 아무런 가책 없이 하나님의 것을 도둑질하고 있는 것입니다.

그러면 한국의 그리스도인들은 어떨까요? 제가 보기에 한국 교회 교인들 중에 십일조를 하는 사람들이 4분의 1 정도 되는 것 같습니다. 평신도뿐 아니라 중직자들도 예외가 아닙니다. 아직도 많은 사람들이 하나님의 것을 도둑질하고 있습니다.

덜 가지고 더 드리기

성도들이 십일조를 하지 않을 때 흔히 하는 핑계가 있습니다. 첫째로는 십일조가 구약 율법이며 구약 율법이 폐지된 오늘의 신약시대에는 십일조를 하지 않아도 된다고 하는 것입니다. 그러나 초대교회의 중요 문헌인 〈디다케〉를 보면, 십일조는 성도의 가장 기본적인 의무라고 규정하고 있습니다.

신약시대를 사신 예수님도 이렇게 말씀하셨습니다.

"화 있을진저 외식하는 서기관들과 바리새인들이여 너희가 박하와 회향과 근채의 십일조는 드리되 율법의 더 중한 바 정의와 긍휼과 믿음은 버렸도다 그러나 이것도 행하고 저것도 버리지 말아야 할지니라"(마 23:23).

예수님은 십일조도 행하고 십일조의 정신인 정의와 긍휼과 믿음도 저버리지 말라고 말씀하셨습니다.

둘째로는 십일조를 할 여유가 없다고 핑계를 댑니다. 먹고살기 바쁘다며 십일조를 맨 마지막에 챙기는 것이 문제입니다. 그러나 십일조는 수입이 들어오면 제일 먼저 떼어야 하는 것입니다.

우리 자녀들이 평생 하나님의 영육간의 복을 받아서 살기를 원하십니까? 그렇다면 먼저 자녀들이 받는 용돈, 세뱃돈부터 십일조 훈련을 시키십시오. 그래야 하나님과의 관계가 뚫립니다. 하나님이 십일조를 달라고 하시는 것이 돈이 없어서 그러시겠습니까? 아닙니다. 하나님께서는 그것으로 하나님과 물질의 관계를 만드십니다. 아무리 믿음이 좋다고 해도 십일조를 드리지 않으면 물질에서 하나님과의 관계가 끊어지는 것입니다.

우리가 십일조를 하지 않는 것은 하나님의 것을 도둑질하는 것뿐만이 아니라, 십일조를 할 때 하나님이 주시겠다고 약속하신 축복과 기쁨을 스스로 도둑질하는 것이 됩니다. 하나님은 우리에게 이렇게 약속하셨습니다.

"만군의 여호와가 이르노라 너희의 온전한 십일조를 창고에 들여 나의 집에 양식이 있게 하고 그것으로 나를 시험하여 내가 하늘 문을 열고 너희에게 복을 쌓을 곳이 없도록 붓지 아니하나 보라"(말 3:10).

하나님께서 다른 것은 시험하지 말라고 하시면서 십일조에 관한 한 시험해보라고 하셨습니다. 하나님은 우리의 마음을 보십니다. 하나하나 체크하십니다.

"주께서 생명의 길을 내게 보이시리니 주의 앞에는 충만한 기쁨이 있고 주의 오른쪽에는 영원한 즐거움이 있나이다"(시 16:11).

우리가 아무리 하나님께 드린다고 해도 하나님이 우리에게 주시는 것을 능가할 수는 없습니다. 우리가 하나님께 십일조를 드리면 하나님은 우리에게 점점 더 많은 십일조를 드릴 축복과 기쁨을 주십니다. 우리가 십일조를 제대로 드리면 우리에게 재물 얻을 능력과 지혜를 점점 더 주십니다.

"네 하나님 여호와를 기억하라 그가 네게 재물 얻을 능력을 주셨음이라"(신 8:18).

영적 가난뱅이가 되지 않도록

우리가 십일조를 제대로 드리지 않고도 잘 살고 있다면, 그것은 잘 사는 것이 아닙니다.

제리 브릿지즈(Jerry Bridges)는 이렇게 말했습니다.

"만일 우리의 삶에서 돈이 이기면, 지는 것은 하나님이 아니라 우리입니다. 궁극적으로 하나님은 우리의 돈이 필요하지 않습니다. 우리가 돈을 우리에게만 쓰면, 영적인 가난뱅이가 되는 것은 우리입니다."

우리가 십일조를 제대로 하지 않고 하나님이 주신 돈을 우리에게만 쓰면, 영적으로 가난뱅이가 됩니다. 경제적으로는 예전보다 좀 더 여유로워졌는지 몰라도 마음의 평화가 사라지고, 가정의 화목이 사라지고, 삶의 행복과 보람이 사라집니다. 하나님과의 생명적인 관계의 통로가 막히고, 하나님의 축복이 내려오지 않습니다.

어떤 아버지가 유언을 남기지 못하고 세상을 떠났습니다. 그런데 아들이 아버지의 유품을 정리하다가 구두 상자에 들어 있는 편지 하나를 발견했습니다. 그 편지에는 다음과 같이 적혀 있었습니다.

"조금 적게 가지고 사는 법을 배워라."

십일조를 드리면 10 중에서 하나 적게 가지고 살지만, 9를 가지고 산다고 망하지 않습니다. 다른 사람을 돕고 나면 돕는 만큼 적어지지만, 그것을 가지고 사는 법을 배우십시오. 바르게 살다보면 돈은 조금 적게 벌 수 있지만, 하나님께서 약속하신 대로 우리의 신앙 인격이 연단되고 나면 넘치는 복으로 채워주실 것입니다.

충만한 기쁨, 영원한 즐거움이 우리의 물질생활에서도 나타나야 합니다. 더 이상 물질을 썩게 하지 마시고 재물로 하나님의 영광을 드러내는 행복한 삶을 사시기 바랍니다. 우리가 하나님이 우리에게 주신 재물을 가지고 청지기답게 하나님의 나라를 확장하고 주님과 교회를 섬기고 이웃을 사랑하는 데 사용하면, 우리의 재물이 썩지 않습니다.

우리가 물질 관계에서 최소한 드리는 십일조를 하나님께 올바로 드리면, 하나님께서는 우리가 생명의 길로 가게 하시며, 충만한 기쁨과 영원한 즐거움을 누리게 하실 뿐만 아니라 하나님께서 약속하신 생명과 축복이 흐르는 통로가 되게 해주십니다.

끝까지
믿고
승리하라

7 그러므로 형제들아 주께서 강림하시기까지 길이 참으라 보라 농부가 땅에서 나는 귀한 열매를 바라고 길이 참아 이른 비와 늦은 비를 기다리나니 8 너희도 길이 참고 마음을 굳건하게 하라 주의 강림이 가까우니라 9 형제들아 서로 원망하지 말라 그리하여야 심판을 면하리라 보라 심판주가 문 밖에 서 계시니라 10 형제들아 주의 이름으로 말한 선지자들을 고난과 오래 참음의 본으로 삼으라 11 보라 인내하는 자를 우리가 복되다 하나니 너희가 욥의 인내를 들었고 주께서 주신 결말을 보았거니와 주는 가장 자비하시고 긍휼히 여기시는 이시니라 12 내 형제들아 무엇보다도 맹세하지 말지니 하늘로나 땅으로나 아무 다른 것으로도 맹세하지 말고 오직 너희가 그렇다고 생각하는 것은 그렇다 하고 아니라고 생각하는 것은 아니라 하여 정죄 받음을 면하라

━

야고보서 5장 7-12절

chapter 14

주님을 생각하고
인내하라

보통 '스태미나'(stamina)라고 하면 '정력'이라는 단어를 떠올립니다. 그러나 이 말의 본래 의미는 "버티는 힘", 즉 "견뎌내는 에너지"를 말합니다.

우리가 가정이나 직장, 회사나 학교 등 그 어디에 가든지 버티는 힘이 없으면 일을 제대로 감당할 수 없습니다. 일이 어렵다고 쉽게 포기하면 자신의 사명을 감당하지 못할 뿐만 아니라 중요한 자리에도 오를 수 없습니다. 사명을 감당하는 데는 버티는 힘인 인내가 필요합니다.

우리의 인내, 우리의 스태미나는 어느 정도입니까? 얼마나 참고, 얼마나 오래 견딥니까?

인내의 모델

야고보는 우리에게 "길이 참으라"라고 합니다. 그리고 인내하는 세 모델을 제시합니다.

> 7 그러므로 형제들아 주께서 강림하시기까지 길이 참으라 보라 농부가 땅에서 나는 귀한 열매를 바라고 길이 참아 이른 비와 늦은 비를 기다리나니 약 5:7

첫째는 농부입니다.

팔레스타인의 농부는 가을에 씨를 뿌릴 때는 이른 비를 기다리고 봄에 추수할 때는 늦은 비를 기다립니다. 이렇게 이른 비와 늦은 비를 기다리면서 오래 참아야 열매를 거둘 수가 있습니다. 그것이 농부의 사명입니다. 암탉이 얼른 병아리를 보고 싶다고 달걀을 쪼아대지는 않습니다. 병아리를 얻기 위해 20여 일 동안 달걀을 품고 있습니다. 오래 참아야 병아리가 나오는 것입니다.

우리가 어떠한 시련과 역경과 고통과 고뇌와 환난 속에서도 오래 참아야 열매를 거둘 수 있습니다. 단, 열심히 일하면서 오래 참아야 열매를 거둘 수 있습니다.

> 10 형제들아 주의 이름으로 말한 선지자들을 고난과 오래 참음의 본으로 삼으라 약 5:10

둘째는 선지자입니다.

선지자들은 환경보다는 사람들을 참기가 힘들었습니다. 역경을 견디는 것도 어려운데 자신을 괴롭히는 사람들을 견디는 것은 보통 어려운 일이 아닙니다.

하나님의 종 선지자들은 요즘 같으면 영웅이겠지만, 그 당시에는 그렇지 않았습니다. 선지자들이 "회개하세요. 죄악에서 돌아서세요"라고 집요하게 촉구했기 때문에, 당시 왕과 백성들은 선지자들을 보기 싫어했습니다. 그러나 선지자들은 그들의 따가운 눈총과 따돌림과 박해와 살해 위협에도 불구하고 하나님이 맡기신 사명을 지키기 위해서, 하나님의 진리를 가지고 진리대로 살면서 그것을 선포하기 위해서 박해를 끝까지 잘 참아냈습니다. 오래 참음으로써 상을 받게 되었습니다.

우리는 이것을 본받아서 오래 참아야 합니다. 진리를 붙들고 타협하지 말고, 고난을 당하면서도 오래 참으면 반드시 상을 받습니다. 선지자들은 고난의 깊은 바다 속에서 인내의 값진 진주를 만들어낸 사람들입니다. 우리도 이 선지자들처럼 진리를 위해 오래 참아야 합니다.

셋째는 욥입니다.

11 보라 인내하는 자를 우리가 복되다 하나니 너희가 욥의 인내를 들었고 주께서 주신 결말을 보았거니와 주는 가장 자비하시고 긍휼히

여기시는 이시니라 약 5:11

욥이 끝까지 인내했을 때, 하나님께서는 더 귀한 축복의 결말을 그에게 주셨습니다. 이것을 통해서 우리는 하나님께서 시련을 허용하실 때에는 반드시 목적이 있다는 것을 알 수 있습니다.

고난의 목적

하나님은 아무런 목적 없이 우리에게 시련을 허용하시지는 않습니다. 하나님은 욥의 고난에도 네 가지 목적을 가지고 계셨습니다.

첫째, 하나님은 욥의 신앙 인격을 테스트하셨습니다. 욥이 어느 정도로 하나님을 신뢰하는지 시험하신 것입니다. 욥이 순전하고 불의도 없으며 여호와를 경외한다는 것을 하나님이 모르신 것이 아닙니다. 욥이 알게 하기 위해 그렇게 하신 것입니다.

둘째, 하나님께서 욥을 성숙하게 하셨습니다. 귀로 듣는 신앙에서 눈으로 보는 신앙으로 성숙하게 된 것입니다. 시련을 제대로 통과하면 성숙하게 되어서 하나님을 선명하게 체험하게 됩니다.

"내가 주께 대하여 귀로 듣기만 하였사오나 이제는 눈으로 주를 뵈옵나이다"(욥 42:5).

셋째, 하나님께서 사탄에게 욥을 자랑하시기 위함이었습니다. 하나님께서는 최악의 상황 속에서도 끝까지 하나님을 신뢰하며 견디는 신실한 한 사람을 사탄에게 보여주려고 하신 것입니다. 또한 사탄뿐만 아니라 불신자들에게 욥이 얼마나 신실한가를 시련을 통해서 보여주기를 원하시는 것입니다.

넷째, 하나님께서 욥에게 더 큰 복을 주시기 위해서였습니다. 하나님은 욥을 낮추시고 시험하셨습니다. 그런 다음 욥에게 이전보다 두 배의 복을 주셨습니다.

유명한 화가 미켈란젤로(Michelangelo)가 로마의 성당에서 천장화를 그릴 때 얼마나 오래 참았는지 알고 있습니까? 아파트 7층 높이의 천장에 그림을 그리기 위해서 건물을 지을 때처럼 비계(飛階)를 설치하고, 천장에 구멍을 뚫고, 천장 밑에 또 하나의 천장을 만들어서 밑에서 자신을 보지 못하게 했습니다.

우리는 천장에 있는 전등을 잠깐 다는 것도 힘든데, 그는 무려 4년 2개월 동안 밤낮 없이 하루 평균 20시간을 열중해서 그림을 그렸습니다. 미켈란젤로는 "천재는 영원한 인내다"라는 유명한 말을 남기기도 했습니다. 그가 인내로 작업했기에 걸작을 남길 수 있었고, 그렇기에 지금도 1년에 500만 명이 그 천장화를 보고 감탄하며 하나님을 찬양하게 된 것입니다.

시련을 당할 때 우리도 하나님의 목적을 기억해야 합니다. 우리는 주께서 주시는 결말을 기다릴 때 오래 인내할 수 있습니다. 농부처럼 열매를 기다리면서 계속해서 인내해야 합니다. 선지자처럼 진리를 위해서 상(賞)을 바라보고 끝까지 인내해야 합니다. 욥처럼 자신에게 시런이 다가온다 할지라도 하나님이 주신 결말을 보기 위해서 끝까지 신앙을 지키며 인내해야 합니다.

우리가 인내한다고 하는데, 그러면 도대체 어떻게 인내해야 할까요?

마음을 굳건하게 하라

> 8 너희도 길이 참고 마음을 굳건하게 하라 주의 강림이 가까우니라
> 약 5:8

성경은 첫째로 "마음을 굳건하게 하라"고 말합니다. 우리는 조금만 어려우면 포기하고, 조금만 어려우면 인격이 망가져버립니다.

"모든 지킬 만한 것 중에 더욱 네 마음을 지키라 생명의 근원이 이에서 남이니라"(잠 4:23).

마음에는 생각의 덩어리가 있습니다. 생각의 덩어리는 신념, 전제, 가치관 등으로 이해될 수 있습니다. 우리가 말씀을 들을 때에 깊이 들으면 우리 생각의 시스템 속에 말씀이 각인됩니다. 그러면 말씀이 그곳에 남아 있으면서 생각의 덩어리를 변화시킵니다. 이 생각의 덩어리에서 생각이 나오고, 생각에서 감정이 나오고, 감정에서 행동이 나오고, 행동에서 습관이 나오고, 습관에서 인격이 나오고, 인격에서 우리의 인생이 나옵니다.

그렇다면 우리의 인생을 바로잡기 위해서 우리는 우리의 마음을 바로잡아야 합니다. 하나님의 말씀에 따라서 하나님을 신뢰하며 마음을 바로잡으십시오. 그때 우리는 마음을 굳게 먹을 수 있고, 어떤 상황이 생기더라도 인내할 수 있습니다.

사실 우리가 억울한 일을 당하거나 시련, 환난, 핍박, 고난 등을 당하면 다음 세 가지 중 하나의 반응을 보일 수 있습니다.

첫째, 싸움(fight)의 반응입니다. 어려울 때 맞붙어서 싸우는 사람이 있습니다. 둘째, 두려움(fright)의 반응입니다. 시련만 다가오면 당장 겁을 먹고 기가 꺾이는 사람이 있습니다. 셋째, 피함(flight)의 반응입니다. 그 자리를 모면하기만 하면 되는 것처럼 일체 책임을 지지 않고 포기하는 반응입니다.

그러나 우리가 시련을 당할 때 이 세 가지 반응만 있는 것은 아닙니다. 무엇보다 우리는 '믿음'(faith)의 반응을 하는 것이 중요합니다. 주님을 믿어야 합니다. 어려운 상황 속에서 주님이 함께 계시고 나를 낮추시고 시험하사 마침내 복을 주실 것을 믿고 마음을 굳게 먹는 것입니다(신 8:16). 이렇게 마음을 굳건하게 하면 어떤 것도 견딜 수 있습니다.

동생 야고보는 예수 형님을 보며 어떤 경우에도 마음을 굳게 먹었습니다. 야고보는 분노에 사로잡힌 군중이 예수 형을 포위해서 치는 것을 보았고, 예수 형님이 십자가를 지고 죽으시는 것을 보았습니다. 동생 야고보가 볼 때 예수 형님은 세계 역사상 가장 무거운 짐을 지고 끝까지 견디셨습니다. 그는 예수 형님을 보면서 어떤 경우에도 하나님의 뜻을 이루기 위해서 마음을 굳게 먹어야 한다는 것을 배웠고, 오늘 우리에게 그 교훈을 주고 있습니다.

"수고하고 무거운 짐 진 자들아, 다 내게로 오라 내가 너희를 쉬게 하리라 나는 마음이 온유하고 겸손하니 나의 멍에를 메고 내게 배우라 그리하면 너희 마음이 쉼을 얻으리니 이는 내 멍에는 쉽고 내 짐은 가벼움이라"(마 11:28-30).

사실 이 말씀은 예수님이 이렇게 말씀하신 셈입니다.

"네 짐을 내게 가지고 오라. 너의 피곤, 너의 좌절, 너의 절망을 내게 가져 오라. 나랑 같이 지자. 내가 나의 어깨를 빌려줄 테니 나와 같이 지자. 그러면 짐이 가벼워질 거야. 내가 너와 함께 네 짐을 져줄게."

예수께서 우리의 짐을 맡으시고 함께 져주신다는 것을 믿고 마음을 굳게 하는 것이 믿음의 길입니다.

"마음을 굳게 하라. 용기를 내라. 각오를 해라. 주님을 믿고 담대하게 나가라. 성령께서 능력을 주실 것을 믿고 담대해야 한다. 걱정, 근심, 좌절, 실망, 우울, 슬픔 대신 기쁨, 기대, 희망, 결심, 각오의 마음을 가져라. 늘 장례식에 가는 사람처럼 우울해하지 말라. 천국 잔치에 참여하는 사람처럼 기뻐하라."

원망하지 말라

우리가 시련을 당할 때 끝까지 잘 참기 위해서는 무엇보다 먼저 마음을 굳게 한 후에 형제끼리 서로 원망하지 말아야 합니다. 형제끼리 원망하지 말라는 것은 인간관계를 바로 하라는 것입니다. 우리가 시련을 당하면 부담을 느끼게 되고, 압박을 받고, 마음이 눌리기 시작합니다. 그러면 하나님과 다른 사람들을 섬길 여유가 사라지고, 그럴 때 마음에 짜증이 생기고, 결국 그것이 원망과 불평이 됩니다.

이스라엘 백성들이 애굽에서 나올 때 어떠했습니까? 광야생활이 어려우니까 마음에 부담을 느끼고 그 부담이 늘어나면서 인내심은 점점 더 사라지고 원망과 불평이 나오지 않았습니까? 이스라엘 백성들이 애굽에서 나온 후에 바로가 그 군대를 거느리고 추격해 오는 것이 눈에 들어오자, 그들이 바로 원망하지 않았습니까?

"애굽에 매장지가 없어서 당신이 우리를 이끌어 내어 이 광야에서 죽게 하느냐 어찌하여 당신이 우리를 애굽에서 이끌어 내어 우리에게 이같이 하느냐"(출 14:11).

먹을 것이 없을 때에도 그들은 원망하고 불평했습니다.

"우리가 애굽 땅에서 고기 가마 곁에 앉아 있던 때와 떡을 배불리 먹던 때에 여호와의 손에 죽었더라면 좋았을 것을 너희가 이 광야로 우리를 인도해 내어 이 온 회중이 주려 죽게 하는도다"(출 16:3).

우리도 이스라엘 백성처럼 어려울 때 바로 원망하지 않습니까?

"내가 왜 이런 일을 당하게 하십니까? 왜 내 몸이 이렇게 아픕니까?

왜 기도해도 고쳐주시지 않습니까? 왜 가난한 집에서 태어나게 하셨습니까? 왜 저런 사람을 내 배우자로 주셨습니까? 잘 믿으려고 애를 쓰는데 왜 일이 이리도 잘 풀리지 않습니까? 주님, 왜 그렇습니까?"

지금 우리의 모습은 어떻습니까?

> 9 형제들아 서로 원망하지 말라 그리하여야 심판을 면하리라 보라 심판주가 문 밖에 서 계시니라 약 5:9

그러나 우리가 시련을 당해서 가뜩이나 어려운데 원망 불평까지 하면 관계마저 깨어지기 때문에 엎친 데 덮친 격이 됩니다. 따라서 어려울 때일수록 우리의 원망과 불평을 즉각 중지해야 합니다. 원망과 불평을 중지하면 일단 관계가 개선됩니다. 하나님께 원망하던 것을 중지하면 하나님과의 관계가 좋아집니다.

'하나님께서 뭔가 더 좋은 뜻이 있어서 이렇게 하시는 거야. 나는 몰라도 하나님은 나를 위해 더 좋은 것을 준비하고 계실 거야.'

이렇게 우리가 원망하는 것을 중지하기만 해도 우리는 어려움을 오래 참을 수 있습니다.

우리가 하나님을 원망하면 하나님과의 관계가 실존적으로 깨집니다. 우리가 가족을 원망하면 가족과의 관계가 깨집니다. 관계가 깨어질 때 우리 인생이 망가진다는 것을 기억하십시오. 사랑이 망가지고 신뢰가 망가지고 우정이 망가집니다. 그래서 어떤 경우에도 원망하지 말아야 합니다.

맹세하지 말라

야고보는 시련이 찾아올 때 마음을 굳건히 하고 원망하지 말라는 권면과 함께 셋째로 "맹세하지 말라"고 했습니다. 그런데 언뜻 보면 12절은 본문과 너무 동떨어지게 느껴집니다. 도대체 시련과 맹세가 무슨 관계가 있다는 말입니까?

> 12 내 형제들아 무엇보다도 맹세하지 말지니 하늘로나 땅으로나 아무 다른 것으로도 맹세하지 말고 오직 너희가 그렇다고 생각하는 것은 그렇다 하고 아니라고 생각하는 것은 아니라 하여 정죄 받음을 면하라 약 5:12

그러나 좀 더 깊이 생각해보면 시련에 부딪칠 때 우리가 상대에게 내 말을 믿게 만들기 위해 맹세하는 일이 있다는 것을 알 수 있습니다. 야고보가 맹세하지 말라고 한 것은 바로 이런 헛맹세를 하지 말라는 것입니다. 자신이 지킬 것도 아니면서, 지킬 능력도 안 되면서 당장 어려운 상황을 모면하기 위해 하는 맹세를 하지 말라는 것입니다. 아무리 곤란하다 하더라도, 맹세하지 않으면 상대가 나를 믿어주지 않을 정도로 그렇게 살지 말라는 것입니다.

우리가 아무렇지도 않게 하는 말 중에 "내 손에 장을 지지겠다"라는 말이 있는데 정말 지지겠습니까? 우리는 절대로 할 수 없고, 하지도 않을 것을 입에 담지 말아야 합니다. 우리는 "예"라고 하면 상대가 그대로 믿고, "아니요"라고 하면 상대가 그대로 믿을 정도로 정직한 사람이 되어야 합니다. 정직한 마음으로 정직한 말을 하는 사람이 되어야 합니다. 다급하면 맹세해버리는 습관을 버려야 합니다. 지키지 못할 말로 위기를 모면해보고자 하는 거짓 맹세를 해서는 안 됩니다. 정직해야 합니다. 당장의 시련을 넘기기 위해 큰소리치며 맹세하지 말고 정직한 인격자가 되십시오.

우리의 피뢰침이 되어주시는 주님

우리가 이렇게 인내하기 위해서는 오직 '예수 그리스도'에 그 초점을 맞추어야 합니다.

7절에 "주께서 강림하시기까지", 8절에는 "주의 강림이 가까우니라"라는 구절이 나오고, 이어서 9절에는 "심판주가 문 밖에 서 계시니라", 10절에는 "주의 이름으로 말한 선지자들을", 11절에는 "주께서 주신 결말"이라는 말씀이 나옵니다. 이 구절들의 초점은 하나입니다. 바로 예수 그리스도입니다. 우리가 마음을 다잡고 원망하지 않고 맹세하지 않으면서 끝까지 참으려면 예수님을 바라보아야 합니다. 그분 한 분만을 끊임없이 바라볼 때 인내의 초점이 바로 되고, 그래서 우리가 끝까지 인내할 수 있습니다.

천둥, 번개를 동반한 폭우가 쏟아진다고 생각해보십시오. 하늘이 우르르 쾅쾅 소리를 내며 번쩍번쩍하고 언제 전선을 타고 우리 집에 벼락이 떨어질지 모르는 상황이라면 어떻겠습니까? 매우 두렵고 떨릴 것입니다. 그러나 이런 상황이라도 피뢰침만 있으면 우리 집은 안전합니다.

예수 그리스도, 우리를 위해서 죽으시고 우리를 위해서 부활하신 예수 그리스도가 우리의 피뢰침입니다. 예수님이 우리의 피뢰침이기 때문에 우리가 예수 그리스도를 믿고 따르면 어떤 시련과 고통도 이기고 오래 참을 수 있습니다.

심판주 예수님의 재림을 고대하라

그러면 도대체 우리가 언제까지 참아야 하는 것일까요? 야고보는 "주께서 강림하시기까지" 참으라고 합니다. 그리고 "주의 강림이 가깝다"라고 말합니다. 2천 년이 지난 지금도 아직 오시지 않았는데, 과연 이 말씀이 정당하다고 할 수 있는지 의문이 들 수 있습니다. 그러나 우리 주님은 밀레니엄 사고방식을 가지고 계신 대단히 크신 분입니다. 주님은 천 년을 하루 단위로 생각하십니다. 그러니까 하나님 편에서 2천 년은 고작 이틀밖에 지나지 않은 것입니다.

성경에서는 예수님의 재림이 임박했다는 표현을 쓰고 있습니다. 왜

냐하면 예수님은 언제든지 오실 수 있기 때문입니다. 2천 년 전 이 말씀이 주어졌고, 2천 년이 흐른 지금 요한계시록의 예언들이 성취되고 있습니다. 마지막 때가 이르렀고 주님의 재림이 가까워졌습니다. 따라서 우리는 아무리 억울하고, 아무리 답답하고, 아무리 고통스러워도 참을 수 있어야 합니다. 주님의 재림을 고대하는 것이 중요합니다.

미국의 한 도시에서 목회하던 목사님이 예배를 드릴 때마다 "주 예수여 어서 오시옵소서"라고 기도하곤 했습니다. 그러나 교인들은 그 기도 소리를 듣기 싫어했고 마침내 목사님께 부탁했습니다.

"목사님, 그런 기도는 안 하시면 안 되나요? 지금 우리는 잘살고 있습니다. 이 세상에서 이렇게 재미있게 잘살고 있는데, 주님이 속히 오시면 어떻게 해요?"

우리가 잘살 때 우리는 주님의 재림을 기다리지 않습니다. 고통이 심할수록, 어렵게 살수록 재림을 고대하게 됩니다. 주님이 오시면 우리의 눈물도 닦아주시고, 우리의 한숨도 제거해주시고, 우리의 질병도 치료해주시고, 우리의 죄악도 처리해주시고, 억울한 모든 것을 풀어주십니다. 그렇게 모든 문제가 해결될 것이기 때문에 우리는 인내하며 주님의 재림을 고대하는 것입니다.

우리가 아무리 힘들어도 주님이 재림하시면 다 해결됩니다. 우리가 아무리 억울해도 주님이 재림하시면 다 해결됩니다. 주님이 재림하시면 눈물도 한숨도 갈등도 반목도 고민도 고통도 환난도 핍박도 질병도 약함도 죽음도 없는 새로운 세상이 오기 때문입니다(계 21-22장).

주님이 재림하시면 인류의 선조 아담과 하와가 쫓겨났던 최초의 낙원 에덴동산보다 더 좋은 천국 낙원이 이루어지기 때문입니다.

주께서 이 땅에 오실 때는 심판주로 오십니다. 9절 말씀에 "심판주가 문 밖에 서 계신다"라고 합니다. 우주의 대법원 원장이신 주께서 서류를 들고 문 밖에 서 계십니다. 문만 열면 바로 들어오셔서 모든 억울한 일을 다 풀어주시는 것입니다. 그러니 억울해도, 힘들어도, 답답해도 참으라고 말합니다. 자신의 방식대로 처리하지 말고 주님의 방식대로 견디라고 합니다.

세월호 참사가 일어난 이후로 그 사건과 관련해서 수사하고 기소하는 일이 계속되었습니다. 세월호 특별법과 관련하여 의견도 분분하였습니다. 왜 이런 문제가 계속되는 것일까요? 정의가 하수처럼 흐르지 않기 때문입니다.

"오직 정의를 물같이, 공의를 마르지 않는 강같이 흐르게 할지어다"(암 5:24).

하지만 이런 문제도 예수 그리스도께서 오시면 완벽하게 해결됩니다. 특별법이 필요 없습니다.

주님은 우리 마음속에 있는 생각과 신음까지 다 아시는 분입니다. 그분이 최후 심판의 법정에 들어오시기 위해서 지금 문 밖에 서 계십니다. 그러므로 우리는 심판주가 가까이 계신다는 것을 믿고 원망하지 말고, 맹세하지 말고, 마음을 다잡고 끝까지 인내해야 합니다.

반드시 결말은 있다

주님은 재림하셔서 우리의 억울한 일을 반드시 풀어주시고, 우리에게 반드시 좋은 결말을 주십니다. 11절에 "주께서 주신 결말"이라는 말씀이 있습니다. 주님은 왜 오래 참는 자에게 좋은 결말을 주십니까? "주는 가장 자비하시고 긍휼히 여기시는" 분이기 때문입니다.

자녀가 엄마 말을 듣지 않고 대들 때 엄마는 분노가 일어날 수 있습니다. 그런데 이때 엄마에게 분노 조절 능력이 없으면 자녀가 망가집니다. 엄마의 분노 폭발은 자녀에게 독약을 먹이는 것과 같습니다. 자녀에게 미움의 독가스가 생기게 되는 것입니다. 미움의 독가스를 마시면 결국 영혼이 죽게 됩니다.

시련이 오고 답답해지면 우리 마음속에 분노의 독가스가 자꾸 생깁니다. 따라서 이 분노가 방출될 수 있는 출구를 만들어야 합니다. 그것은 다른 것이 아닙니다. 주님을 생각하는 것입니다. 재림하신 주님이 심판하시고 마침내 우리에게 복을 주신다는 것을 생각하십시오. 이것을 생각하면 분노는 사라집니다. 우리를 낮추시고 시험하사 마침내 복 주시는 주님이심을 믿으십시오.

반드시 결말은 있습니다. 억울함도 계속되지 않습니다. 답답함도 계속되지 않습니다. 불의도 계속되지 않습니다. 부정도 계속되지 않습니다. 속이 뒤집힐 것 같은 상황도 계속되지 않습니다. 반드시 주님이 재림하셔서 모든 것을 처리해주시고 귀한 결말을 주십니다.

인내는 낙원의 문을 여는 열쇠입니다. 인내하면 마침내 주님이 주시는 열매를 체험합니다. 인내하면 마침내 주님이 주시는 상(賞), 주님이 주신 복을 체험합니다. 현세뿐만 아니라 내세에서도 마찬가지입니다.

인내는 희망을 갖기 위한 기술입니다. 주님을 생각하십시오. 어떤 어려운 상황 속에서도 주님을 생각하고 끝까지 잘 견디어서 주님이 주신 귀한 결말, 열매, 복, 상을 모두 체험하시기 바랍니다.

13 너희 중에 고난당하는 자가 있느냐 그는 기도할 것이요 즐거워하는 자가 있느냐 그는 찬송할지니라 14 너희 중에 병든 자가 있느냐 그는 교회의 장로들을 청할 것이요 그들은 주의 이름으로 기름을 바르며 그를 위하여 기도할지니라 15 믿음의 기도는 병든 자를 구원하리니 주께서 그를 일으키시리라 혹시 죄를 범하였을지라도 사하심을 받으리라 16 그러므로 너희 죄를 서로 고백하며 병이 낫기를 위하여 서로 기도하라 의인의 간구는 역사하는 힘이 큼이니라 17 엘리야는 우리와 성정이 같은 사람이로되 그가 비가 오지 않기를 간절히 기도한즉 삼 년 육 개월 동안 땅에 비가 오지 아니하고 18 다시 기도하니 하늘이 비를 주고 땅이 열매를 맺었느니라

▬

야고보서 5장 13-18절

chapter 15

능력 있는
기도를 하라

인생은 살기 힘들 때도 있고 편할 때도 있습니다. 슬플 때도 있고 기쁠 때도 있습니다. 마치 씨줄과 날줄이 엮여 옷감을 만들어내듯 우리의 인생에는 즐거움과 괴로움이 섞여 있습니다. 그런데 이때 우리의 반응이 중요합니다. 괴로움이 찾아올 때 우리는 어떻게 합니까? 걱정합니까, 기도합니까? 즐거울 때 우리는 어떻게 합니까? 자랑합니까, 찬양합니까?

야고보는 우리에게 실제적인 메시지를 던집니다.

13 너희 중에 고난당하는 자가 있느냐 그는 기도할 것이요 즐거워하는 자가 있느냐 그는 찬송할지니라 약 5:13

고난당할 때 기도하고 즐거울 때 찬송하라고 합니다. 씨줄과 날줄처럼 기도와 찬양이 연결된 삶을 살라고 합니다. 그런데 우리는 어떻습니까? 고난당할 때는 걱정하고 고민하고 신세타령하고 불평하고 짜증을 부리지 않습니까? 하나님의 사랑을 의심하고 하나님을 원망하고 하나님으로부터 멀어지지 않습니까? 즐거울 때는 우쭐해지고 자랑하고 싶고 마냥 놀고 싶지 않습니까? 이런 모습은 올바른 반응이 아닙니다. 우리는 고난당할 때 기도해야 합니다. 즐거울 때 찬양해야 합니다. 이것이 올바른 반응입니다.

그런데 우리가 기도할 때 기도의 응답이 있어야 하지 않겠습니까? 그렇다면 우리는 응답이 있는 기도를 드려야 합니다. 약도 효능이 강해야 병이 빨리 낫듯이 기도도 효능이 강한 기도를 해야 하는 것입니다. 그러면 도대체 어떻게 하면 효능이 강한 기도를 드릴 수 있을까요?

성숙한 자의 기도

14 너희 중에 병든 자가 있느냐 그는 교회의 장로들을 청할 것이요 그들은 주의 이름으로 기름을 바르며 그를 위하여 기도할지니라 약 5:14

야고보는 병든 자들에게 교회의 장로들에게 기도 요청을 하라고 말합니다. 물론 그가 교회의 장로에게 기도 도움을 받으라고 한 이유가 있습니다. 교회의 장로들은 신앙이 성숙한 자들이기 때문입니다. 디모데전서 3장 1절부터 7절을 보면 장로의 자격이 나옵니다. 한 아내의 남편이고 절제하고 신중하고 단정하고 나그네를 대접하고 가르치기를 잘하고 술을 즐기지 아니하고 구타하지 아니하고 오직 관용하고 다투지 아니하고 돈을 사랑하지 아니하고 자기 집을 잘 다스리는 자, 곧 성숙한 자들입니다. 이런 성숙한 자들이 장로가 되어야 하는데, 여기에는 목회자도 포함됩니다.

영성과 인격과 생활이 성숙해야 환우를 동정하고 사랑하고 배려하고 그들을 위해서 기도해줄 수 있습니다. 그래서 성숙한 사람들에게 청해서 기도의 도움을 받으라고 한 것입니다. 이것이 효능이 강한 기도의 첫 번째 방법입니다. 우리의 삶을 구체적으로 점검해보십시오. 괴롭거나 아플 때 목회자들에게 기도 요청을 했습니까? 장로님, 안수집사님, 권사님께 기도 요청을 했습니까? 특별히 몸이 아프다면 기도 요청을 하십시오. 단, 성숙한 자들에게 기도 요청을 하는 것이 중요합니다.

그런데 야고보는 장로들에게 부탁하기를, "주의 이름으로 기름을 바르며 그를 위하여 기도하라"고 했습니다. 왜 기름을 바르라고 했을까요? 그 이유에 대해서 확실히 명기되지 않았지만, 당시 기름은 화장품처럼 사용했기 때문에 기름을 바르는 것은 화장을 하는 것이다, 마리아가 예수님께 기름을 붓고 발을 닦아드린 것처럼 기름을 바르는 것은 친절을 베푸는 행위라는 해석이 있습니다. 또 헤롯 왕이 병을 고치기 위해 기름 목욕을 했듯이 약품이 많지 않았던 당시에는 기름을 약품처럼 사용했다는 해석도 있으며, 기름을 바르는 것이 성령의 치유 은사를 받아서 신유를 행사하고 있다는 것을 상징적으로 보여준다는 해석도 있습니다.

이 중에 기름이 약품처럼 사용되었다거나 성령 치유의 상징이라는 해석이 상당히 설득력이 있습니다. 그러나 교회 역사를 보면 기름을 바르면서 기도하는 일이 계속 행해지지는 않았습니다. 왜 그럴까요? 그것은 핵심이 아니기 때문입니다. 중요한 것은 기름을 바르는 것이 아니라 환우를 위해서 기도하는 것입니다.

병든 자는 특별히 성숙한 사람들에게 청해서 기도 도움을 받아야 합니다. 저도 가끔씩 기도 부탁을 받고 기도해드리기도 합니다. 어떤 성도는 암 수술을 앞두고 기도 부탁을 하시기에 제가 기도해드렸는데, 기도 후에 암이 사라진 적도 있습니다.

물론 이렇게 하나님의 은혜가 임하는 경우도 있지만 그렇지 않은 경우도 있습니다. 이는 오직 하나님께서 주권적으로 하시는 일이니 우리는 알 수 없습니다. 따라서 우리는 그저 예수 그리스도의 이름으로 기도할 뿐입니다. 그때 하나님께서 일하십니다.

믿음의 기도를 하라

> 15 믿음의 기도는 병든 자를 구원하리니 주께서 그를 일으키시리라
> 혹시 죄를 범하였을지라도 사하심을 받으리라 약 5:15

그런데 15절에서 "믿음의 기도는 병든 자를 구원하리니"라고 하는데, 장로에게 기도 요청을 하는 것과 믿음의 기도가 무슨 관련이 있을까요? 성숙한 자들은 믿음이 강합니다. 그러니 상대적으로 다른 성도에 비해 기도 효과가 탁월하다는 것입니다. 믿음의 기도를 하는 것, 이것이 효능이 강한 기도의 두 번째 방법입니다.

그러면 믿음의 기도를 드리면 모든 병이 낫는 것일까요? 사도 바울은 자기 몸에 있는 병을 제거해달라고 세 번이나 기도했지만 낫지 않고 그대로 있었습니다. 그러나 하나님께서는 사도 바울의 병을 통해서 일하신 것입니다. 그가 교만하지 않도록 하시려고 병이라는 제어 장치를 두어 더 큰 그릇을 만드셔서 하나님의 역사가 일어나게 하셨습니다.

우리가 믿음의 기도를 할 때에는 하나님의 뜻대로 구할 때 응답을 받습니다.

"그를 향하여 우리가 가진 바 담대함이 이것이니 그의 뜻대로 무엇을 구하면 들으심이라"(요일 5:14).

그렇다면 하나님의 뜻대로 구하는 기도가 무엇입니까?

"여호와의 말씀이니라 너희를 향한 나의 생각을 내가 아나니 평안이요 재앙이 아니니라 너희에게 미래와 희망을 주는 것이니라"(렘 29:11).

하나님은 우리에게 재앙이 아니라 평안을 주기 원하십니다. 미래와 희망을 주기 원하십니다. 이것이 하나님의 뜻입니다. 우리는 이 말씀을 붙잡고 살아야 합니다. 성경에 있는 대로 하나님의 뜻에 따라 기도할 때 하나님은 우리의 기도를 들으십니다. 성경에 명시되어 있지 않으면 성경에 있는 원리대로 기도하는 것이 하나님의 뜻을 따라서 하는 기도입니다.

하나님께서는 우리가 기도할 때 들으신다는 약속을 많이 하셨습니다. 우리는 그 약속을 믿고 기도해야 합니다. 하나님의 존재를 믿고, 하나님의 능력을 믿고, 하나님의 약속을 믿고, 하나님의 선한 성품을 믿어야 합니다. 하나님은 우리의 기도를 듣기 원하시는 우리의 아버지이십니다. 아버지가 자녀에게 좋은 것을 주고 싶어 하지 않겠습니까?

한번은 제가 부천으로 집회에 갔을 때였습니다. 그때 제가 머물던 숙소에 과일과 과자와 빵 등 종류별로 음식을 가져다주셨습니다. 저는 원래 주전부리를 안 하기 때문에 약간 고민에 빠졌습니다. 그러던 중 제 딸이 생각났습니다. 저는 딸에게 "전화하면 내려와" 하고 미리 연락을 한 후에 부천에서 홍대까지 택시를 타고 갔습니다. 간식을 싸 가지고 가는 내내 기분이 참 좋았습니다. 로비에서 딸을 만나 간식을 주자 딸은 저를 꼭 껴안아주었습니다. 5분 정도의 짧은 만남이었지만 기분이 참 좋았습니다.

이것이 아비의 마음입니다. 우리가 악한 존재이지만 좋은 것으로 자식에게 줄 줄 아는데, 하물며 하나님은 어떻겠습니까? 우리는 완벽하게 선하신 하나님의 성품을 믿고 기도해야 합니다.

믿은 대로 된다

주님은 우리가 감히 상상하지도 못할 믿음을 요구하십니다.

"내가 진실로 너희에게 이르노니 누구든지 이 산더러 들리어 바다에 던져지라 하며 그 말하는 것이 이루어질 줄 믿고 마음에 의심하지 아니하면 그대로 되리라 그러므로 내가 너희에게 말하노니 무엇이든지 기도하고 구하는 것은 받은 줄로 믿으라 그리하면 너희에게 그대로 되리라"(막 11:23,24).

산이 뽑혀서 바다에 던져지라 해도 된다는 것을 믿고 기도하라고 하십니다. 물론 "주여, 팔공산을 뽑아서 동해로 던져주세요" 하고 기도하는 사람은 없습니다. 미친 사람이 아니고서야 그렇게 기도하겠습니까? 그러면 왜 주님은 산이 뽑혀서 바다에 던져지라 말하고 믿으면 그렇게 된다고 하셨을까요?

그 기도가 하나님의 뜻이면 하실 수 있다는 것입니다. 하나님이 원하시면 지진을 통해서도, 화산 폭발을 통해서도 얼마든지 하실 수 있습니다. 산까지 뽑혀서 바다에 던져지라 해도 하실 수 있는 하나님이

시니까, 우리에게 그 정도의 믿음을 가지고 기도하라고 하시는 것입니다.

하나님의 뜻대로 일하고 기도하는 스가랴를 통해서 주신 하나님의 말씀을 보십시오.

"이는 힘으로 되지 아니하며 능력으로 되지 아니하고 오직 나의 영으로 되느니라 큰 산아 네가 무엇이냐 네가 스룹바벨 앞에서 평지가 되리라 그가 머릿돌을 내놓을 때에 무리가 외치기를 은총, 은총이 그에게 있을지어다 하리라 하셨고"(슥 4:6,7).

큰 산도 평지로 만드시는 하나님이십니다. 하나님은 우리에게 큰 산과 같은 난관이 있다 하더라도 우리가 기도하면 평지로 변화시켜 주실 것입니다. 하나님은 아무것도 없는 상황에서 "빛이 있으라"라고 말씀하심으로 빛을 창조하셨습니다. 하나님은 아무것도 없는 데서 우주 만물을 말씀으로 창조하셨습니다. 하나님은 없는 것을 있는 것으로 부르시는 창조의 하나님이시며 죽은 자를 살리시는 부활의 하나님이십니다. 그것을 믿으십시오. 하나님의 능력과 하나님의 선하심을 제한하지 말고 믿음의 기도를 드리십시오.

하나님의 약속의 말씀

우리가 기도할 때 하나님은 들으신다고 약속하셨습니다.

"일을 행하시는 여호와, 그것을 만들며 성취하시는 여호와, 그의 이름을 여호와라 하는 이가 이와 같이 이르시도다 너는 내게 부르짖으라 내가 네게 응답하겠고 네가 알지 못하는 크고 은밀한 일을 네게 보이리라"(렘 33:2,3).

"구하라 그리하면 너희에게 주실 것이요 찾으라 그리하면 찾아낼 것이요 문을 두드리라 그리하면 너희에게 열릴 것이니 구하는 이마다 받을 것이요 찾는 이는 찾아낼 것이요 두드리는 이에게는 열릴 것이니라"(마 7:7,8).

예수님은 분명히 우리에게 약속하셨습니다. 구하면 주실 것이요, 찾으면 찾아낼 것이요, 문을 두드리면 열릴 것이라고 하셨습니다. 이 약속을 믿고 기도하십시오.

"나의 하나님이 그리스도 예수 안에서 영광 가운데 그 풍성한 대로 너희 모든 쓸 것을 채우시리라"(빌 4:19).

하나님은 우리에게 약속하신 대로 하나님이 보시기에 우리 삶의 모든 쓸 것을 채우실 것입니다. 그러므로 우리는 모든 쓸 것을 위해서 기도하면 됩니다. 단, 기도할 때 염려하지 말고 하나님께 구하라고 하십니다.

"아무것도 염려하지 말고 다만 모든 일에 기도와 간구로, 너희 구할 것을 감사함으로 하나님께 아뢰라 그리하면 모든 지각에 뛰어난 하나님의 평강이 그리스도 예수 안에서 너희 마음과 생각을 지키시리라"(빌 4:6,7).

여기서 "지킨다"는 말은 "보초를 선다"는 의미입니다. 우리가 기도

하면 우리의 마음에 염려와 두려움이 들어오지 못하도록 하나님의 평안이 우리의 마음 앞에서 보초를 서 계신다는 것입니다. 염려가 있습니까? 그렇다면 주께 맡기십시오. 이 또한 주님이 해결해주시겠다고 약속하셨습니다.

"너희 염려를 다 주께 맡기라 이는 그가 너희를 돌보심이라"(벧전 5:7).

불신 가족, 친척, 친구, 이웃, 태신자를 위해서 기도하고 있습니까? 그렇다면 이 약속의 말씀을 붙잡고 기도하십시오.

"오직 주께서는 너희를 대하여 오래 참으사 아무도 멸망하지 아니하고 다 회개하기에 이르기를 원하시느니라"(벧후 3:9).

이것이 하나님의 뜻입니다. 이제 하나님의 뜻에 따라서 믿음으로 기도하십시오. 당장 기도가 이루어지지 않는다고 해서 의심하거나 포기하지 말고 계속 기도하십시오. 하나님의 말씀을 붙잡고 기도하는 동안에 우리의 믿음 또한 점점 커집니다. 그렇게 믿음의 틀이 커지면 하나님이 더 큰 복을 채워주실 것입니다.

큰 기도를 하라

노예선의 선장으로 있다가 훗날 회개하고 목회자가 된 존 뉴턴(John Newton)은 기도에 대해 많이 강조했는데, 그때마다 알렉산더 대왕의 이야기를 자주 했습니다.

알렉산더 대왕이 어떤 사람의 딸을 아내로 맞아들일 때였습니다.

당시 결혼을 하기 위해서는 결혼 지참금을 주어야 했는데, 알렉산더는 신하에게 딸의 아버지가 원하는 만큼 돈을 주라고 했습니다. 그런데 그 딸의 아버지가 어마어마한 금액을 요구했습니다.

신하는 왕에게 말했습니다.

"폐하, 그 많은 돈을 주었다가는 큰일 납니다. 이는 국고의 손실입니다."

그러자 알렉산더가 신하에게 명령했습니다.

"아니다, 다 주거라. 그 사람은 내가 부자라는 것을 인정해주었다. 그 사람은 내가 후하다는 것을 인정해주었다. 그 사람은 나를 왕으로 대접해주었다. 그러니까 나는 그 사람의 요청을 통해 충분히 명예롭게 된 것이다. 그러니 그 사람이 원하는 대로 다 주거라."

존 뉴턴 목사님이 왜 이 이야기를 했을까요? 하나님은 크신 하나님이니 하나님이 하실 수 있음을 믿고 큰 것을 구하라는 것입니다. 우리가 하나님의 능력을 제한하고 살고 있는 것을 안타까워하면서 말씀하신 것입니다.

필립스 브룩스(Phillips Brooks)도 이런 말을 했습니다.

"가장 큰 기도를 하십시오. 우리가 아무리 큰 기도를 하더라도 하나님께서는 '너무 큰 것을 구하네?'라고 생각하지 않으십니다. 목발을 달라고 기도하지 말고 날개를 달라고 기도하십시오."

간신히 걸어가게 해달라고 기도하지 말고 날아갈 정도의 능력을 달라고 기도하십시오. 크신 하나님이시니, 그 하나님께 믿음으로 큰 것을 구하라는 것입니다.

오스왈드 챔버스(Oswald Chambers)는 "우리는 문제를 보고 기도하지 말고 하나님을 보고 기도해야 합니다"라고 했습니다. 문제를 보고 기도하면 문제에 휘말린다는 뜻입니다. 우리는 어떤 문제를 놓고 기도하는데, 문제가 아닌 하나님을 보고 기도해야 합니다. 문제보다 크신 하나님께서 이 문제를 해결해주실 것을 믿고 하나님을 보고 기도하라는 것입니다.

문제를 계속 보게 되면 믿음이 약해지고, 좌절하게 되고, 염려에 빠져버립니다. 그러나 문제가 아무리 커도 하나님을 바라보고, 하나님을 신뢰하고, 하나님을 의뢰하고, 하나님을 의지하면, 믿음이 생깁니다. 그래서 하나님을 바라보면서 믿음으로 기도하는 기도의 효능이 강한 것입니다.

상대적 의인의 간구

야고보는 믿음의 기도에 이어서 의인의 간구도 드려야 한다고 말합니다.

> 15 혹시 죄를 범하였을지라도 사하심을 받으리라 16 그러므로 너희 죄를 서로 고백하며 병이 낫기를 위하여 서로 기도하라 의인의 간구는 역사하는 힘이 큼이니라 약 5:15,16

"의인의 간구"는 매우 중요합니다. 그런데 우리가 이 '의인'을 착각하는 경향이 있습니다. 예수께서 우리의 죄 때문에 십자가에서 죽으신 것을 믿습니까? 예수께서 우리에게 하나님의 절대적인 의와 구원받기에 조금도 부족함이 없는 완벽한 의를 넘겨주시기 위해서 부활하신 것을 믿습니까? 우리는 이미 하나님의 절대적인 의를 소유하고 있습니다. 그래서 하나님의 자녀가 된 것입니다.

하나님께서 우리를 의롭다고 선언하셨습니다. 그 순간 사망의 왕국에서 생명의 왕국으로, 사탄의 왕국에서 그리스도의 왕국으로 위치적인 전환이 일어났습니다. 우리가 하나님의 백성이 된 것입니다. 이것은 우리의 의가 아니라 하나님의 절대적인 의(롬 1:17)에 근거한 것입니다.

본문에서 말하는 의인은 절대적인 의인이 아니라 상대적인 의인을 말합니다. 이미 하나님의 의로 구원을 받은 사람이 바르게 살 때에 붙여지는 상대적인 의인입니다. 예수를 믿는 사람들 중에 바르게 사는 사람이 그렇지 않은 사람보다 상대적으로 의로운 사람이 되지 않겠습니까? 그 상대적인 의를 말하는 것입니다.

야고보는 그런 "의인의 간구는 역사하는 힘이 크다"고 했습니다. 말로만 예수를 믿는다고 하면서 행함이 없으면 하나님이 그 기도를 들으시겠습니까? 행함이 없는 사람의 기도는 힘이 없습니다. 예수를 믿으면서 마음대로 죄를 짓고 회개하지 않는 사람의 기도는 힘이 없습니다. 회개해야 합니다. 죄를 청산해야 합니다.

"남편들아 이와 같이 지식을 따라 너희 아내와 동거하고 그를 더 연약한 그릇이요 또 생명의 은혜를 함께 이어받을 자로 알아 귀히 여기라 이는 너희 기도가 막히지 아니하게 하려 함이라"(벧전 3:7).

부부간에 도리를 지키지 않으면 기도가 막힌다고 했습니다. 남편이 아내의 인권을 무시하고 화내게 만들면 기도가 막힙니다. 혹 아내에게 화낼 만한 일을 했다면 사과하고 관계를 회복해야 합니다. 아내를 연약하고 더 귀한 그릇으로 생각해서 잘 대해주고 기도해야 기도가 막히지 않고 기도의 응답이 있습니다. 이것은 아내가 남편을 대할 때도 마찬가지입니다. 다시 말해 기도가 막히지 않게 하기 위해서는 부부간의 도리를 제대로 지키는 의인의 기도를 해야 한다는 것입니다.

이 세상에 완벽한 사람은 없습니다. 그런데 교회의 지도자들은 상대적으로 다른 사람들에 비해 바르게 살려고 애쓰는 분들입니다. 그래서 그들에게 기도 요청을 하여 도움을 받는 것이 기도 응답의 비결 중에 하나라고 하는 것입니다.

의인의 기도에는 힘이 있다

성경에 보면 아브라함과 욥의 기도가 나옵니다. 이들은 다른 사람들보다 더 바르게 사는 상대적인 의인들입니다. 하나님은 죄가 관영한 소돔과 고모라에 유황과 불을 비같이 내리게 하셨지만, "아브라함을 생각하사" 그 불구덩이 가운데서 롯을 건져내셨습니다(창 19:29).

아브라함과 마찬가지로 롯 또한 하나님을 섬겼습니다. 그러나 롯에 비해 아브라함이 상대적인 의인이었습니다. 아브라함은 롯을 위해 기도했고, 하나님께서는 의인 아브라함의 기도를 들으시고 롯을 건져내신 것입니다.

욥은 어떻습니까? 그는 그의 세 친구에 비해 상대적인 의인이었습니다. 세 친구는 고통당하는 욥을 보면서 "네가 재앙에 빠진 것은 죄를 지었기 때문이다, 회개하라"며 그를 몰아붙였습니다. 그러나 욥의 경우에 죄를 지어서 자식을 잃은 것도 아니요, 죄를 지어서 재산을 잃은 것도 아닙니다. 하나님의 특별한 섭리였습니다.

욥기 42장에서 하나님은 욥의 세 친구에게 말씀하십니다.

"내가 너와 네 두 친구에게 노하나니 이는 너희가 나를 가리켜 말한 것이 내 종 욥의 말같이 옳지 못함이니라 그런즉 너희는 수소 일곱과 숫양 일곱을 가지고 내 종 욥에게 가서 너희를 위하여 번제를 드리라 내 종 욥이 너희를 위하여 기도할 것인즉 내가 그를 기쁘게 받으리니 너희가 우매한 만큼 너희에게 갚지 아니하리라 이는 너희가 나를 가리켜 말한 것이 내 종 욥의 말같이 옳지 못함이라"(욥 42:7,8).

상대적인 의인인 욥 때문에 하나님께서는 그의 세 친구를 용서해주신 것입니다. 이렇게 의인의 기도는 역사하는 힘이 있습니다.

죄를 서로 고백하라

그런데 야고보는 환자를 위해서 기도할 때 "너희 죄를 서로 고백하며 병이 낫기를 위하여 서로 기도하라"라고 했습니다. 이 말씀에서 우리는 죄 때문에 병이 들 수도 있다는 것을 알 수 있습니다. 물론 모든 병이 다 죄 때문에 오는 것은 아니지만 죄 때문에 오는 병이 있다는 것은 성경적으로 분명합니다.

따라서 병에 걸리면 그 이유를 알기 위해 "하나님, 제가 혹시 무슨 죄를 지었습니까?"라고 질문해보아야 합니다. 그리고 하나님이 깨닫게 하시면 그 죄를 회개하고 바르게 살면 됩니다.

"너희 죄를 서로 고백하라"고 했는데, 그러면 도대체 서로 고백한다는 것은 무엇을 의미하는 것일까요? 한동안 신자들이 집회에 가서 말씀을 듣고 회개할 때 공고백(公告白)을 하는 것이 유행이 된 적이 있습니다. 어떤 책에서는 이 말씀을 근거로 들면서 사탄의 참소가 사라지기 때문에 죄책감에서 벗어나게 되니까 공고백을 해야 한다고 주장했습니다. 그런데 개인적인 죄까지 공적으로 신문에 광고를 내듯이 고백하는 것이 과연 '서로 고백한다'는 의미일까요? 이 본문은 분명히 죄의 공고백을 의미하고 있습니다. 그러나 문제는 죄를 공개 고백한다고 할 때 어느 정도로 고백해야 하느냐 하는 것입니다.

영국 웨일즈 지방의 부흥이나 우리나라의 평양 대부흥 때에도 사람들이 공고백을 했습니다. 그런데 우리는 한쪽으로 치우치는 경향이 있습니다. 성경에서 죄를 고백하라고 했다면, 어떤 의미에서 어디까지

고백하라고 했는지 성경 전체를 통해서 분명히 깨달아야 합니다.

야고보가 말한 것처럼 우리는 서로 고백해야 합니다. 단, 죄를 고백하되 성경적으로 고백해야 합니다. 개인적인 죄는 개인적으로 고백하고, 공개적인 죄는 공개적으로 고백하면 됩니다(마 5:23,24 ; 18:15). 다른 사람에게 지은 죄는 하나님과 그 사람과 또 그것을 알고 있는 사람들에게 고백하면 됩니다(눅 17:3,4). 그 죄를 아는 사람들은 그 죄를 지은 사람을 온유하게 바로잡아줄 책임이 있기 때문에, 그들에게도 고백해야 합니다(갈 6:1 ; 딤전 5:14 ; 딛 2:15).

성경의 원리대로 사적인 죄는 사적으로, 공적인 죄는 공적으로 고백하면 됩니다. 우리는 어디까지 고백할 것인가에 대한 지혜, 즉 건덕(健德)이 있어야 합니다. 서로 고백할 때에 그 고백을 해도 비밀을 지킬 수 있는 사람에게 고백해야 합니다. 그것이 성경의 원리입니다. 죄를 고백함으로 죄를 청산하고 바로 살면서 기도하면 의인의 기도를 할 수 있습니다. 그럴 때 하나님의 응답이 있습니다.

집요하고 간절하게

야고보는 믿음의 기도, 의인의 기도에 이어 엘리야가 드렸던 기도처럼 간절한 기도를 드리라고 권면했습니다.

17 엘리야는 우리와 성정이 같은 사람이로되 그가 비가 오지 않기를

간절히 기도한즉 삼 년 육 개월 동안 땅에 비가 오지 아니하고 [18] 다시 기도하니 하늘이 비를 주고 땅이 열매를 맺었느니라 약 5:17,18

엘리야는 믿음의 기도, 의인의 기도를 드리는 선지자였습니다. 그는 하나님의 말씀에 순종해서 까마귀들이 아침저녁으로 떡과 고기를 가져오는 것을 체험했고, 아합과 이세벨이 우상숭배와 온갖 죄악으로 몰아도 목숨 걸고 바로 살면서 기도했습니다. 그러나 그의 기도는 믿음과 의와 더불어 또 다른 특별함이 있었습니다. 그것은 그가 간절히 집요하게 기도했다는 점입니다.

엘리야가 지중해 연안 갈멜산 꼭대기에 올라갔을 때입니다. 그는 땅에 꿇어 엎드려 얼굴을 무릎 사이에 넣고, 사환에게 올라가서 지중해를 바라보라고 한 뒤 간절하게 기도했습니다.

사환이 엘리야가 가리키는 곳을 다녀와서 말했습니다.

"아무것도 없나이다."

사환이 여섯 번이나 같은 보고를 했지만, 엘리야는 하나님의 응답이 없어도 포기하지 않고 기도했습니다. 마침내 사환이 일곱 번째로 다녀왔을 때 엘리야는 "바다에서 사람의 손만 한 작은 구름이 일어나나이다"라는 사환의 고백을 들을 수 있었습니다. 잠시 후 하늘이 캄캄해졌고 폭우가 쏟아졌습니다. 그리고 여호와의 능력이 엘리야에게 임하는 놀라운 경험을 하게 됩니다.

엘리야는 간절히 집요하게 기도해서 3년 6개월 동안 맑았던 하늘에 먹구름이 끼고 폭우가 쏟아지게 했습니다. 그런 엘리야는 우리와 성정이 같은 사람이었습니다. 우리도 엘리야처럼 '믿음의 기도' '의인의 기도' '간절한 기도'를 하면 하나님의 응답을 받을 수 있습니다.

집요하게 간절하게 기도하는 사람은 하나님의 말씀을 붙잡고 끝까지 믿습니다. 엘리야는 "내가 비를 지면에 내리리라"라는 하나님의 말씀을 붙잡고 간절히 기도했습니다. 간절하게 기도하는 사람은 하나님의 말씀대로 순종하며 타협 없이 바르게 삽니다. 어떤 어려움이 와도 기도를 포기하지 않으며, 아무 응답이 없어도 끝까지 기도합니다. 끝까지 기다리며 기도합니다. 우리도 이런 간절한 기도를 할 때 하나님의 응답을 받을 수 있습니다.

간절한 기도, 넘치는 은혜

야고보 또한 간절하게 기도하는 사람 중 한 명이었습니다. 그가 얼마나 열심히 기도했던지 낙타 무릎이라는 별명이 있을 정도였습니다. 그는 간절하게 기도해서 응답을 많이 받기도 했습니다. 그런데 그의 이러한 기도는 그의 형 예수님으로부터 배운 것입니다.

예수님은 평소에 늘 기도하셨습니다. 십자가에 달리시기 전날, 예수님은 겟세마네 동산에서 땀이 핏방울같이 변할 때까지 간절하게 기도하셨습니다. 의학적으로 보면 감당할 수 없는 극도의 고통을 당할 때에 피땀이 흐를 수 있다고 하는데, 예수님은 그런 상태에서도 다음과 같이 기도하신 것입니다.

"아버지여 만일 아버지의 뜻이거든 이 잔을 내게서 옮기시옵소서 그러나 내 원대로 마시옵고 아버지의 원대로 되기를 원하나이다"(눅 22:42).

이는 곧 "아버지, 너무 힘이 듭니다. 이 고통을 제거해주시옵소서. 그러나 내 뜻대로 하지 마시고 아버지의 뜻대로 하시옵소서"라고 하신 것입니다. 우리는 "이 고통을 제거해주십시오"라는 기도만 하고 있지 않습니까? 혹 고통을 제거해주시지 않으면 하나님이 우리를 사랑하지 않는다고 생각하고 실망합니까? 고통을 제거해달라는 갈망이 너무 커서 "나의 뜻대로 하지 마시고 아버지의 뜻대로 해주시옵소서"라는 기도를 하기가 싫습니까?

하나님은 십자가의 잔을 옮기지 않으시고 예수께서 십자가를 지도록 하셨지만, 그 십자가를 통해 하나님의 백성들을 건져내시는 엄청난 구원을 이루게 하셨습니다. 간절하게 기도하십시오. 기도하면 하나님께서 우리에게 더 큰 그릇을 마련해주셔서 훨씬 더 많은 복이 쏟아지게 하실 줄 믿습니다.

메트로폴리탄 테버너클 교회에서 찰스 스펄전 목사님의 후임으로 목회한 그래함 스크로기(W. Graham Scroggie) 목사님은 말했습니다.

"기도하고 싶을 때 기도하세요. 기도하고 싶지 않을 때는 기도하고 싶을 때까지 기도하세요."

기도하다보면 기도하고 싶어집니다. 그러니 그렇게 될 때까지 기도하라는 것입니다. 무디(D. L. Moody) 또한 "가장 많이 무릎을 꿇은 사람이 가장 든든하게 서 있습니다"라고 했습니다. 무릎을 꿇고 가장 많이 기도하는 사람이 당당하게 복받으면서 살 수 있다는 것입니다.

즐거우십니까? 찬송하십시오. 괴로우십니까? 기도하십시오. 믿음의 기도, 의인의 기도를 하십시오. 간절하게 끝까지 기도하십시오. 그렇게 할 때 하나님께서는 우리가 기도하는 것보다 훨씬 더 넘치게 채워주십니다.

¹⁹ 내 형제들아 너희 중에 미혹되어 진리를 떠난 자를 누가 돌아서게 하면 ²⁰ 너희가 알 것은 죄인을 미혹된 길에서 돌아서게 하는 자가 그의 영혼을 사망에서 구원할 것이며 허다한 죄를 덮을 것임이라

—

야고보서 5장 19,20절

chapter 16

영혼을 사망에서
구원하라

비행기에 탄 한 남자 승객이 갑자기 소리쳤습니다.

"나는 에볼라에 걸렸다!"

그는 정말 에볼라에 감염된 것처럼 코를 풀거나 기침을 했고, 순간 동승했던 250명의 승객이 공포에 떨며 기내는 아수라장이 되었습니다. 결국 그 남자의 말이 농담으로 밝혀지며 단순한 해프닝으로 마무리되었지만, 이 사건을 통해 우리는 '사망'이라는 것이 얼마나 무서운 공포를 유발하는지 여실히 볼 수 있습니다.

사람들은 사망을 두려워하고 무서워합니다. 그렇다면 이렇게 무서운 사망에서 구원할 수만 있다면 그보다 중요한 것이 또 어디에 있을까요? 도대체 사망에서 구원한다는 것이 무슨 뜻일까요?

미혹된 자들

20절 말씀에서 "사망에서 구원한다"고 하는데, 이 사망에서 구원한다는 것은 보통 놀라운 일이 아닙니다. 그런데 야고보는 우리가 사망에서 사람을 건져낼 수 있다고 말합니다. 어떻게 우리가 할 수 있다는 것일까요?

> ¹⁹ 내 형제들아 너희 중에 미혹되어 진리를 떠난 자를 누가 돌아서게
> 하면 약 5:19

'미혹'은 헬라어 원형 '플라나오'로, "속아서 길을 잃다"(to be lead astray)라는 뜻입니다. 집 밖으로 나갔다가 돌아오려면 집으로 돌아오는 길을 따라와야 합니다. 그 길을 잃어버리면 집으로 돌아올 수 없습니다. 양이 목자를 잃으면 길을 잃고 헤매다가 결국 야수의 밥이 되는 것처럼 말입니다.

그런데 야고보는 이렇게 속아서 길을 잃은 자가 우리 중에 있다고 합니다. 알곡 속에 가라지가 섞여 있습니다. 겉으로는 분명히 예수를 믿는 자들인데 그들 중에 미혹을 받은 사람이 있다는 것입니다. 정말 충격적인 말씀이 아닐 수 없습니다.

미혹되었을 때 나타나는 첫 번째 특징은 '진리에서 떠난다'는 것, 즉 교리적 이탈을 하는 것입니다. 이때 '진리'라는 단어를 원문으로 보면 '그 진리'라고 되어 있습니다. 오직 하나밖에 없는, 유일하고 완전

하고 절대적인 진리를 말합니다. 그러니까 앞서 야고보가 말했던 믿고 따르면 구원을 받는다고 했던 그 복음 진리로부터 떠났다는 것입니다.

한 예로 프란치스코 교황은 설교 중에 예수 그리스도를 믿어야만 구원을 얻는 것이 아니라, 예수님을 믿지 않아도 착한 일을 하면 구원을 받는다고 했습니다. 심지어 무신론자들도 착하게만 살면 구원을 받는다고 했습니다. 그러나 이것은 바른 복음 진리, '그 진리'에서 떠나게 만드는 미혹하는 메시지입니다.

예수님은 "내가 곧 길이요 진리요 생명이니 나로 말미암지 않고는 아버지께로 올 자가 없느니라"(요 14:6)라고 하셨습니다. 주님의 보혈이 아니면 죄 사함이 없다고 분명히 말씀하신 것입니다. 그런데 교황은 어째서 진리에서 떠나게 만든 것일까요? 훗날 지옥에 간 많은 사람들이 프란치스코 교황에게 뭐라고 항의하겠습니까? 참으로 통탄스러운 일입니다.

미혹된 사람의 두 번째 특징은 '윤리에서 떠난다'는 것입니다. 20절 말씀을 보면 "미혹된 길"이라는 구절이 나옵니다. 미혹된 길은 진리에서 떠나 사는 길, 예수 그리스도를 주인으로 모시지 않고 자신이 주인이 되어 자기 마음대로, 자기 뜻대로 죄를 짓고 사는 삶을 말합니다. 곧 복음 진리에서 떠난 인생입니다. 진리에서 떠나면 반드시 윤리에서도 떠나게 되어 있습니다.

진리와 윤리를 떠난 삶이 얼마나 무서운지 알고 있습니까? 신천지에 빠졌던 어떤 장애인 자매는 어느 날 신천지가 이상하다고 느끼고 그곳에서 경험했던 부정적인 경험을 사이트에 올렸습니다. 그러자 그것을 알게 된 부모는 그녀에게 갖은 협박과 폭행을 가했습니다. 그 상황이 얼마나 심각했는지는 자매의 고백에서 드러납니다.

"세 시간 동안 계속 맞은 것 같습니다. 뺨을 때려 코피가 났고 머리채를 당겨 방바닥에 내동댕이쳐졌습니다. 엄마는 '왜 우리까지 위험하게 하고 피해를 입히느냐'고 화를 냈습니다. 그러고는 카페 활동은 아주 큰 죄라며 제게 사탄 마귀가 씌었다고 했습니다. 저는 계속 맞다가 목숨의 위협을 느껴 즉시 회개하겠다고 거짓말을 했습니다. 그러자 폭행이 멈췄습니다."

이 자매의 부모의 모습이 바로 윤리에서 떠난 모습입니다. 신천지에 속해 있으면서 장애인 자식에게 폭행을 가하는 행동이 어떻게 진리요 바른 윤리겠습니까? 미혹된 사람들이지요.

이런 현상은 비단 이단에서만 나타나는 것은 아닙니다. 미국 최대장로 교단인 PCSUA(미국장로교회)가 2014년 6월 14일부터 21일까지 미시간 주 디트로이트에서 열린 221차 총회에서 동성 결혼 주례를 허용하는 결의안을 통과시켰습니다. 이것은 불과 3년 전, 동성애 성직자 안수를 허용한 이후에 따라온 '예상된 결과'였습니다. 이번 법안에 따르면 "동성 결혼이 합법화된 주(州)에서 사역하는 목회자들은 공식적으로 동성 결혼식을 주례할 수 있다"라고 되어 있습니다.

1만 교회, 1,760만 명을 대표하는 미국 장로교회 지도자들이 이런 결정을 내렸기 때문에 교단 차원에서 동성 결혼으로 가는 길을 연 것입니다. 이 동성 결혼 주례가 통과되자마자 곧바로 교단 정관에 결혼에 대한 정의를 "한 남자와 한 여자 사이"에서 "두 사람 사이"로 바꾸자는 헌법 개정안까지 무난하게 통과되었습니다. 미국 장로교회 교단 내 동성애 및 양성애 옹호 운동 지지자들은 안건이 통과되자 영광스러운 날이라고 감격하기도 했습니다.

그러나 소위 미국의 정통 교단이라고 하면서 남자와 남자, 여자와 여자가 연애하는 동성애를 합법화하고 동성애 결혼 주례도 합법화하여 남자와 남자, 여자와 여자가 결혼하는 길을 활짝 열어놓다니 이 얼마나 통탄스러운 일입니까?

미혹되면 진리에서 떠나게 되고, 윤리에서도 떠나게 됩니다. 복음 진리에서 떠날 뿐만 아니라 생활 자체가 망가지게 되는 것입니다. 우리 모두가 경성(警省)해야 합니다.

죄인을 돌아서게 하라

야고보는 이렇게 미혹된 사람을 '죄인'이라고 했습니다. 그런데 여기에서 말하는 죄인은 예수를 믿으면서 죄를 짓는 사람을 말하는 것이 아닙니다. 예수를 믿지 않는 사람, 예수를 믿다가 낙심해서 주님을 버리고 떠난 사람, 진리와 윤리에서 떠난 사람을 말합니다.

성경은 이들을 "누가 돌아서게" 해야 한다고 말하고 있습니다. 그렇다면 누가 돌아서게 해야 할까요? 야고보는 '누가'라는 표현을 썼습니다. 이는 목회자나 전문 사역자만을 말하는 것이 아니라 '우리 중에 누구든지', '우리 모두'를 말합니다. 예수님을 믿는 사람 모두가 불신 가족, 친척, 친구, 이웃, 태신자, 이단에 넘어간 사람 등을 돌아서게 해야 할 중요한 책임이 있다는 것입니다.

"모든 것이 하나님께로서 났으며 그가 그리스도로 말미암아 우리를 자기와 화목하게 하시고 또 우리에게 화목하게 하는 직분을 주셨으니 곧 하나님께서 그리스도 안에 계시사 세상을 자기와 화목하게 하시며 그들의 죄를 그들에게 돌리지 아니하시고 화목하게 하는 말씀을 우리에게 부탁하셨느니라 그러므로 우리가 그리스도를 대신하여 사신이 되어 하나님이 우리를 통하여 너희를 권면하시는 것같이 그리스도를 대신하여 간청하노니 너희는 하나님과 화목하라"(고후 5:18-20).

하나님이 우리를 이 땅에 천국의 대사(大使)로 파송하셨습니다. 따라서 우리는 죄인들을 돌아서게 해야 할 책임이 있습니다. 하나님과 원수가 되어 있는 그들을 하나님과 화해할 수 있도록 복음을 전해야 하는 것입니다.

누가복음 15장에서 예수님은 잃은 양, 잃은 드라크마, 잃은 아들, 이 세 가지 비유를 통해 한 사람이 돌아오는 것을 얼마나 기뻐하시는지에 대해 말씀하셨습니다.

"내가 너희에게 이르노니 이와 같이 죄인 한 사람이 회개하면 하늘에서는 회개할 것 없는 의인 아흔아홉으로 말미암아 기뻐하는 것보다 더하리라"(눅 15:7).

"나와 함께 즐기자 잃은 드라크마를 찾아내었노라 하리라 내가 너희에게 이르노니 이와 같이 죄인 한 사람이 회개하면 하나님의 사자들 앞에 기쁨이 되느니라"(눅 15:9,10).

"이 네 동생은 죽었다가 살아났으며 내가 잃었다가 얻었기로 우리가 즐거워하고 기뻐하는 것이 마땅하다 하니라"(눅 15:32).

하나님께서는 우리가 한 사람을 돌아오게 할 때 천국 잔치를 베푸십니다. 그리고 우리는 그들을 이 기쁨의 잔치에 참여하게 만드는 귀한 사명을 맡고 있습니다. 이 기쁨의 잔치에 손님을 초청하는 것이 하나님을 영화롭게 하고 기쁘시게 만드는 일입니다. 그래서 그들을 돌아서게 만드는 것이 중요합니다.

맛있는 삶을 사세요!

우리는 음식점에 갔을 때 음식 맛이 좋으면 "맛이 정말 좋아요!"라고 말합니다. 우리의 삶도 맛이 있어야 합니다. 예수님 맛, 하나님 맛이 있어야 합니다. 예수 믿는다고 하면서 믿는 대로 행하지 않으면 누가 예수님 맛을 보려고 돌아서겠습니까? 우리의 신앙생활에 맛이 있으면 우리는 사람들을 돌아서게 만들 수 있습니다.

"저 사람은 사는 모습이 달라."

"저 친구는 예전과 달라. 변화됐어."

이렇게 될 때 주변 사람들이 우리의 영향을 받습니다. 예전과 확실히 달라진 엄마의 모습을 발견하면 그 자녀가 교회에 나옵니다. 우리를 통해서 삶의 맛을 보면 그 사람이 변화됩니다.

예수님도 이렇게 말씀하셨습니다.

"이같이 너희 빛이 사람 앞에 비치게 하여 그들로 너희 착한 행실을 보고 하늘에 계신 너희 아버지께 영광을 돌리게 하라"(마 5:16).

예수 믿는 사람답게 살 때 다른 사람들이 우리를 통해서 삶의 맛을 보고 하나님께 영광을 돌린다고 하신 것입니다. 우리가 맛있는 삶을 살면 전도할 수 있습니다. 이것이 전도의 방법입니다.

"맛 정말 좋아요" 하고 전도하십시오. 이것은 삶의 '맛', 인간의 따스한 '정', 복음의 '말'씀이 좋다는 표현입니다. 앞서 말했듯 '맛'은 삶의 맛을 뜻하고, '정'은 관심과 사랑과 배려의 정(情)을 말합니다. 요즘 세상은 제 살기도 바빠서 다른 사람에게 관심을 갖지 않습니다. 따라서 아프거나 문제가 있는 사람을 위해서 기도해주고, 늘 따스한 표정과 말로 인사해주고, 사랑해주면서 정을 나누어야 합니다.

예수님은 말씀하셨습니다.

"새 계명을 너희에게 주노니 서로 사랑하라 내가 너희를 사랑한 것 같이 너희도 서로 사랑하라 너희가 서로 사랑하면 이로써 모든 사람이 너희가 내 제자인 줄 알리라"(요 13:34,35).

예수께서 제자들의 발을 씻기신 것처럼 우리 또한 그런 자세로 정을 주어야 하는 것입니다.

'말'은 말씀, 곧 복음을 말합니다.

"예수님은 우리의 죄 때문에 죽으시고 우리에게 의를 주시기 위해서 부활하셨습니다. 예수 믿으면 구원받습니다."

이렇게 말로 복음을 전하면 됩니다. '이렇게 말을 한다고 해서 사람들이 믿나?'라는 생각이 듭니까? 하나님께서는 전도의 미련한 것으로(고전 1:21), 즉 우리의 말을 통해서 사람들을 구원하기를 기뻐하십니다. 혹여 말로 전할 능력이 없다고 생각되면 성경 말씀을 그대로 전하십시오. 성경은 하나님의 말씀이요 하나님의 능력이요 하나님의 지혜이기 때문입니다.

기독교 집안에서 자랐으면서도 복음을 한 번도 들어보지 못했던 미국의 한 과학자가 있었습니다. 그는 불가지론자(不可知論者)였지만 실은 실제적인 무신론자(無神論者)였습니다. 그는 소위 과학자이며 자칭 지식인으로, 진화론이 사실이라면 성경은 무식한 공상에 불과하다고 믿고 살았던 사람입니다.

그러던 어느 날 그의 인생이 180도 변화되는 사건이 발생합니다. 그의 친구가 미국 창조과학회에서 제공하는 '창세기로 돌아가라'(Back to Genesis)는 세미나에 함께 가자고 강권한 것입니다. 그는 창세기 1장 1절 말씀을 듣는 그 순간부터 눈물을 흘렸고 살아 계신 하나님을 만나게 되었습니다.

"나를 뒤흔들어 놓은 것은 메마른 데이터가 아니라 그 의미였습니다. 내가 하나님을 버렸던 것은 창세기 1장 1절이 틀린 것이라고 보았기 때문이었습니다. 만일 창조 기록이 사실이라면, 하나님은 진짜 살아 계신 것이고, 나는 문제에 빠지는 것입니다. 이상하게도, 그 순간 나의 강렬한 감정은 임박한 하나님의 보복에 대한 두려움이 아니라, 나를 창조하신 사랑의 하나님의 얼굴에 내가 그토록 오랫동안 침을 뱉었다는 괴로운 사실이었습니다. 몇 주 후에 나는 내 인생을 주님께 바쳤습니다."

하나님이 성경의 어떤 말씀을 사용해서 그 사람을 구원하실지 우리는 알 수 없습니다. 따라서 우리는 성경 어느 부분이든 전하면 됩니다. 하나님은 말씀을 통해서 일하기를 기뻐하십니다. 삶의 맛을 보여 주고, 인간의 정을 주고, 말씀을 전해주십시오. 불신자들이 돌아서서 예수님을 영접하는 복을 받으니 "참 좋아요"라고 할 것입니다.

사망에서 구원하라

그렇게 죄인을 돌아서게 하면 과연 어떤 결과가 있을까요?

> 20 너희가 알 것은 죄인을 미혹된 길에서 돌아서게 하는 자가 그의 영혼을 사망에서 구원할 것이며 허다한 죄를 덮을 것임이라 약 5:20

첫째, "영혼을 사망에서 구원하게" 됩니다. "영혼을 구원한다"는 표현에서 '영혼'은 헬라어로 '프슈케'입니다. 프슈케는 인간의 구성 요소인 영혼과 육체 중에서 영혼을 말하는 것이 아니라, 영혼과 육체를 포괄하는 전체적인 인간을 말합니다. 즉, 하나님이 인간을 창조하실 때 흙으로 만드시고 생명의 입김을 불어넣으셨는데, 그 영혼의 관점에서 볼 때의 '전인'(全人)을 의미합니다.

프슈케는 죽지 않습니다. 사람이 죽을 때는 이 영혼과 육체가 분리됩니다. 누가복음 16장 22절, 부자와 나사로 비유에서 나사로의 경우는 천사들에게 떠받들렸다고 표현되어 있습니다.

"이에 그 거지가 죽어 천사들에게 받들려 아브라함의 품에 들어가고 부자도 죽어 장사되매"(눅 16:22).

이처럼 예수님을 믿는 사람은 죽을 때 천사들의 손에 받들려서 천국까지 에스코트를 받습니다. 반대로 불신자는 어떻겠습니까? 불신자는 영혼이 육체에서 분리되면 천사가 아닌 악령이 이끌고 지옥으로 데려갑니다. 본문에서 말하는 "사망에서 구원한다"고 할 때의 이 '사망'은 영원한 사망, 바로 지옥을 말하는 것입니다.

만약에 예수 믿지 않고 죽었다가 지옥에 간 사람이 말을 할 수 있다면, 지옥에 간 부자가 했던 것과 동일한 말을 할 것입니다.

"불러 이르되 아버지 아브라함이여 나를 긍휼히 여기사 나사로를 보내어 그 손가락 끝에 물을 찍어 내 혀를 서늘하게 하소서 내가 이 불꽃 가운데서 괴로워하나이다… 내 형제 다섯이 있으니 그들에게 증언하게 하여 그들로 이 고통받는 곳에 오지 않게 하소서"(눅 16:24,28).

"이곳은 불구덩이야! 여기에 오면 안 돼! 제발 죽기 전에 회개하고 예수님 믿어서 천국에 가!" 하고 말입니다. 그러니 죽고 싶어도 죽지 못하고 영원히 불구덩이에서 고문당해야 하는 그곳에서 구원한다는 것은 얼마나 중요한 일입니까?

지금이 기회다!

우리가 한 사람을 복음 진리로 돌아서게 하면 그를 사망에서 생명으로 구원해주는 것입니다.

"죄의 삯은 사망이요 하나님의 은사는 그리스도 예수 우리 주 안에 있는 영생이니라"(롬 6:23).

'설마 지옥이 있을까?' 의심하며 지옥이 있다는 것을 부인하는 사람들이 있습니다. 지옥은 분명히 있습니다. 마태복음에서 예수님은 지옥이 있다는 것을 여러 차례 말씀하셨습니다. 5장에서는 "지옥 불"이라 하셨고, 13장에서는 "풀무불", 18장에서는 "영원한 불", 23장에서는 "지옥", 25장에서는 "바깥 어두운 데", "영벌"이라고 표현하셨습니다. 지옥이 확실히 있으니 예수님이 이렇게 말씀하신 것이 아니겠습니까?

만약 믿지 못하고 죽어서 지옥이 있다는 것을 알게 된 후에는 이미 때가 늦습니다. 그때는 더 이상 기회가 없습니다. 그러나 지금은 기회가 있습니다. 예수님이 그 기회를 주고 계십니다.

"내가 은혜 베풀 때에 너에게 듣고 구원의 날에 너를 도왔다 하셨으니 보라 지금은 은혜받을 만한 때요 보라 지금은 구원의 날이로

다"(고후 6:2).

예수께서는 지금 이 순간 영원한 사망에서 구원받을 수 있는 기회를 주십니다. 지금 우리가 복음을 전하면 지금은 '은혜받을 만한 때', '구원의 날'인 것입니다. 기회가 있는 지금, 우리가 사망에서 구원하는 그 일에 동참해야 합니다. 머지않아 예수님이 재림하시면 그 기회는 영원히 사라지고 예수 믿지 않는 사람에게는 영원한 사망만이 있을 뿐입니다.

예수를 믿지 않은 사람은 훗날 요한계시록 6장 말씀대로 될 것입니다.

"땅의 임금들과 왕족들과 장군들과 부자들과 강한 자들과 모든 종과 자유인이 굴과 산들의 바위틈에 숨어 산들과 바위에게 말하되 우리 위에 떨어져 보좌에 앉으신 이의 얼굴에서와 그 어린양의 진노에서 우리를 가리라 그들의 진노의 큰 날이 이르렀으니 누가 능히 서리요 하더라"(계 6:15-17).

그리고 흰 보좌에 앉으신 예수 그리스도의 최후의 심판을 받게 될 것입니다.

"또 내가 크고 흰 보좌와 그 위에 앉으신 이를 보니 땅과 하늘이 그 앞에서 피하여 간 데 없더라 또 내가 보니 죽은 자들이 큰 자나 작은 자나 그 보좌 앞에 서 있는데 책들이 펴 있고 또 다른 책이 펴졌으니 곧 생명책이라 죽은 자들이 자기 행위를 따라 책들에 기록된 대로 심판을 받으니 바다가 그 가운데에서 죽은 자들을 내주고 또 사망과 음부도 그 가운데에서 죽은 자들을 내주매 각 사람이 자기의 행위대로 심판을 받고 사망과 음부도 불못에 던져지니 이것은 둘째 사망 곧 불못이라 누구든지 생명책에 기록되지 못한 자는 불못에 던져지더라"(계 20:11-15).

예수님을 믿는 사람은 누구나 다 생명책에 그 이름이 기록되어 있어서 백보좌 심판을 받지도 않고 지옥 불못에 던져지지도 않습니다. 예수님을 믿는 사람은 누구나 다 천국에서 지복을 누릴 것입니다. 그러나 예수님을 믿지 않는 모든 사람은 누구나 다 백보좌 심판대 앞에서 자신의 죄악의 행위대로 심판을 받아 영원한 사망인 지옥 불에 던져질 것입니다.

지금 우리에게는 기회가 있습니다. 예수 믿지 않는 자들을 미혹의 길에서 돌아서게 하면 이 영원한 사망에서 그들을 구원해주는 일에 동참할 수 있습니다. 이처럼 귀한 일이 어디 있겠습니까?

허다한 죄를 덮으라

둘째, 우리가 죄인들을 돌아서게 하면 그를 구원하십니다. 어째서 그를 구원할 수 있습니까? 그의 "허다한 죄를 덮을 것이기 때문입니다." 허다한 죄를 덮는다는 것은 '죄 용서'를 말합니다. 하나님께서는 우리가 예수님을 믿으면 예수 그리스도의 죽음과 부활 때문에 우리의 과거, 현재, 미래의 모든 죄를 용서해주시고 우리에게 필요한 의(義)를 넘겨주십니다.

세계적인 전도자 루이스 팔라우(Luis Palau)의 저서 《영적인 열정을 회복하는 길》에는 다음과 같은 실화가 기록되어 있습니다.

고르바초프가 러시아의 최고 권력자로 있을 때, 지방에 있는 관료들이 레닌그라드에 있는 낡은 정교회 건물을 침례교회에 넘겨주었습니다. 그러던 어느 날 교회 예배당 안을 수리하고 있을 때 어떤 사람이 목사님을 찾아왔습니다.

"목사님, 저 바깥에 있는 사람들이 목사님을 보고 싶어 합니다."

"이쪽으로 오라고 하세요."

"이곳에는 못 들어온다고 합니다."

"그러면 제가 나가지요."

교회 밖에는 네 명의 젊은 여인이 서 있었습니다. 목사님은 손을 내밀어 악수를 청했습니다. 그러나 여인들은 하나같이 거절하며 이렇게 말했습니다.

"저희들은 창녀라서 목사님의 손을 잡을 수가 없습니다. 그러나 교회에 오면 하나님께서 저희를 용서해주실까 싶어서 왔습니다."

"네, 하나님께서 용서해주실 것입니다. 예수님을 믿으면 용서해주십니다."

목사님이 복음을 전했습니다. 그러나 그들은 다시 물었습니다.

"지금 당장 용서받을 수 있나요?"

"예, 지금 용서받을 수 있습니다. 예수님이 지금 당장 용서해주십니다."

그들은 그 자리에서 목사님께 영접 기도를 받고 예수님을 영접했습니다. 처음에 악수조차 거절했던 여인들은 목사님을 껴안았고 교회 안으로도 들어가게 되었습니다. 목사님은 여인들에게 성경을 주면서 예수 그리스도 안에서 하나님의 용서를 받고 새 생명을 받는 것이 무엇인지 더 자세히 설명해주었습니다.

대부분의 사람들은 죄책감에 시달리며 하나님의 용서와 사랑을 갈구하고 있습니다. 우리는 그들에게 복음을 전해야 합니다. 그들이 복음을 듣고 예수님을 영접하게 될 때 하나님께서는 그들의 허다한 죄를 덮어주실 것이기 때문입니다.

생명 줄을 던져라

하나님은 우리를 통해 불신자들을 돌아서게 하기를 원하십니다. 그들의 영혼을 영원한 사망에서 구원하고, 그들의 허다한 죄를 덮어주기를 원하십니다. 우리는 그 중요한 일에 동참할 수 있습니다.

세월호 사건을 기억합니까? 배가 기울어져서 침몰하는 상황에 이르렀을 때, 많은 승객들이 죽어가고 있었습니다. 그런데 선장은 그들을 구출해야 할 사명이 있는데도 불구하고 혼자 살기 위해 배를 빠져나왔습니다. 간접 살인이나 다름없습니다. 우리가 이 모습을 보고 얼마나 비판했습니까? 그러나 잘 생각해보십시오. 영원한 사망으로 가라앉고 있는 불신자들을 보면서도 나만 예수 믿고 나만 영원한 생명을 누린다면, 자기만 살겠다고 배를 빠져나온 선장과 무엇이 다릅니까?

우리 모두는 예수 그리스도의 죽음과 부활 때문에 영원한 사망에서 구원받고 죄 용서를 받았습니다. 그렇다면 이제 우리가 그 영원한 사망에서 구원받은 사람답게 다른 사람들을 위해 살아야 할 차례인 것입니다. 사망호에 타서 사망의 불구덩이 속으로 떨어지고 있는 사람들을 구경만 하고 있을 것입니까? 언제 지옥으로 떨어질지 모르는 그 사람들에게 생명 줄을 던질 기회가 있는데도 그냥 내버려둘 것입니까?

그들을 사망에서 구원할 수 있는 길이 있습니다. 바로 복음을 전하는 것입니다. 주변에 있는 불신 가족, 친척, 친구, 이웃, 태신자들에게 복음을 전하십시오. 그들을 사망에서 구원해내고 허다한 죄를 덮어주는 귀한 생명 사역에 동참하십시오. 행함이 없는 신앙은 죽은 신앙입니다. 우리 각자 자신의 신앙을 점검해보고 모두 예수님을 믿는 참된 신앙, 생생 신앙을 살기 바랍니다.

믿는 만큼 행동한다

초판 1쇄 발행	2015년 3월 9일
지은이	권성수
펴낸이	여진구
책임편집	3팀 ∣ 안수경, 유혜림
편집	1팀 ∣ 이영주, 김수미 2팀 ∣ 최지설, 김나연 4팀 ∣ 김아진, 김소연
책임디자인	오순영, 전보영 ∣ 이혜영, 마영애
기획 · 홍보	이한민
마케팅	김상순, 강성민, 허병용, 이기쁨
제작	조영석, 정도봉

해외저작권	김나은
마케팅지원	최영배, 이명희
경영지원	김혜경, 김경희

이슬비전도학교	최경식, 전우순	303비전성경암송학교 박정숙, 정나영, 정은혜
303비전장학회 & 303비전꿈나무장학회 여운학		

펴낸곳	규장

주소 137-893 서울시 서초구 매헌로 16길 20(양재2동) 규장선교센터
전화 02)578-0003   팩스 02)578-7332
이메일 kyujang@kyujang.com   홈페이지 www.kyujang.com
트위터 twitter.com/_kyujang   페이스북 facebook.com/kyujangbook
등록일 1978.8.14. 제1-22

ⓒ 저자와의 협약 아래 인지는 생략되었습니다
이 출판물은 저작권법에 의해 보호를 받는 저작물이므로 무단 전재와 무단 복제를 할 수 없습니다.

책값 뒤표지에 있습니다.
ISBN 978-89-6097-396-1 03230